Walter Lange

WARUM
MUSSTEN WIR IN DER SOWJETUNION
HUNGERN?

Walter Lange
Warum mussten wir in der Sowjetunion hungern?

1. Auflage 2010

© Lichtzeichen Verlag GmbH, Lage
Satz: Peter Lange
Umschlag: Gerhard Friesen

ISBN: 978-3-86954-017-7
Bestell-Nr. 70-5-953

Liebe Leserinnen und Leser!

Ich möchte Sie mit diesem Buch „Warum mussten wir in der Sowjetunion und Russland hungern?" auf die Bedeutung der Landwirtschaft und deren Akthören – die Bauern, so auch auf die Existenz der Staaten und den Wohlstand ihrer Bürger Aufmerksamkeit zu wecken und damit die Ehre der Bauern auf einen verdientes hohen Niveau zu bringen.

Bauern sind unsere Ernährer. Sie sorgen dafür, dass wir uns täglich mindestens drei Mal an den reichlich gedeckten Tisch setzen und mit Genuss unseren Energiebedarf für das Leben auffüllen. Leider denken wir nicht immer mit Dankbarkeit an die fleißigen Menschen, die uns mit preiswertesten Nahrungsmitteln versorgen. Auch die Politiker machen sich wenig Sorgen um die Nöten der Bauern. Es funktionierte doch alles so gut automatisch. Umgekehrt, man versucht die Subventionen für die Landwirtschaft ständig zu kürzen und die Existenz der Bauern gefährden, um ihnen das Leben noch schwerer zu machen. Aber die oft frustrierten Bauern geben nicht auf. Sie können es auch nicht, sie sind mit ihrer Solle eng verbunden und erfüllen ihre gesellschaftlich Aufgabe treu. Bauern verdienen damit die Ehre und geehrt zu werden. Ich neige mich tief vor ihnen und bete für sie.

In der Sowjetunion wurden die Bauern physisch vernichtet. Ich versuchte die schwerwiegende Folgen aus dieser Aktion in dem Ihnen vorliegenden Buch zu schildern und ans Licht zu bringen.

Mit einem herzlichen Gruß und besten Wünschen ihr

Walter Lange

Inhaltsverzeichnis

Vorwort	4
1. Mark Popowskij über die Landwirtschaft in der Sowjetunion	11
2. Hungerjahre in der Sowjetunion	23
2.1. Die Hungerjahre 1921 bis 1923	26
2.2. Auslandshilfe für die Hungernden 1921 bis 1923	33
2.3. Zwangskollektivierung	36
2.4. Die Hungerjahre 1929 bis 1933	42
2.5. Hunger in den Kriegsjahren und danach	77
3. Warum die Kolchosen und Sowchosen unproduktiv und nicht gewinnbringend waren	116
3.1. Erfolgreiche Kolchosen, Ausnahmen von der Regel, Beweis der potenziellen Möglichkeiten der Landwirtschaft Russlands	145
4. Selbstversorgung und private Hauswirtschaften, Rettungsmaßnahmen gegen den Hunger	160
5. Meine Zugehörigkeit zur Landwirtschaft der Sowjetunion	167
5.1. Studium in Semipalatinsk	174
5.2. Meine Arbeit in der Kolchose „Proletarischer Wille"	190
5.3. Aspirantur in Moskau	194
5.4. Umzug nach Kabardino-Balkarien	196
5.5. Direktstudium als Aspirant in Moskau	198
5.6. Umzug mit meiner Familie nach Spakowka	199
6. Agrarwissenschaft und Agrarforschung in der Sowjetunion	207
7. Fehlerhafte politische Entscheidungen in der Landwirtschaft	211
8. Die Landwirtschaft Russlands heute	223
8.1. Missachtung der Tierzucht und ihre dramatische Auswirkung auf die Landwirtschaft	231
Schlusswort	238
Quellennachweis – Zeittafel	244

Vorwort

Meine Vorfahren kamen vor 200 Jahren als Bauern nach Russland. Sie waren von der zaristischen Regierung willkommen geheißen. Mit der Einladung der Deutschen nach Russland verfolgte die Regierung zwei Ziele: *einmal*, das brachliegende Land urbar zu machen und der russischen Bevölkerung modernste Methoden der Landbewirtschaftung beizubringen.

Das *zweite Ziel* war, die Deutschen am Rande des russischen Reiches anzusiedeln, um so die Grenzregionen zu stabilisieren. Die Siedlungen an der Wolga sollten das russische Reich vor den moslemischen Völkern (Tschuwaschen, Udmurten, Tataren, Kalmyken und anderen) im Osten schützen. Am Dnjepr und am Don, wie auch im Gebiet Odessa, hat man sich von den Krimtataren abgegrenzt, in der Altairegion von den Mongolen und Chinesen. Im Nordkaukasus entlang der Bergkette wurden Kosaken und Deutsche angesiedelt, um den Schutz vor den Gebirgsvölkern zu gewährleisten.

So entstanden im Süden des Reiches am Schwarzen Meer auf den von den Türken befreiten Territorien viele deutsche Dörfer, zum Beispiel Chortiz, Gnadenfeld, Orloff, Kronsweide und andere. Im Kaukasus waren es Tempelhof, Orbeljanowka, Olgino, Romanowka und Gnadenburg. In allen Dörfern lebten Bauern, Handwerker, Lehrer. In jedem Dorf gab es eine Kirche, eine Schule, in der der Unterricht in deutscher und russischer Sprache stattfand.

Die deutschen Bauern waren von jeher als fleißige, geschäftstüchtige Menschen bekannt. Sie waren mit dem Land, das ihnen von der zaristischen Regierung zugewiesen worden war, eng verbunden. Nach viel schwerer Arbeit und geschicktem Handeln wurden sie mit der Zeit wohlhabend. Der russische Staat profitierte von diesem Reichtum. Die eigene Bevölkerung wurde mit Nahrungsmitteln versorgt, Getreide und andere landwirtschaftliche Produkte verkaufte Russland auch auf dem Weltmarkt. In der sowjetischen Statistik verglich man sich volumenmäßig mit dem Jahr 1913, also der Zeit vor Beginn des Ersten Weltkrieges. Die Getreideproduktion in der Sowjetunion erreichte in den späteren Jahren nie das Niveau des Jahres 1913. Nach der Oktoberrevolution 1917 entwickelte sich die Sowjetunion von einem Exportland zu einem Importeur von Getreide und anderen Lebensmitteln, und zwar auch noch 47 Jahre nach dem Zweiten Weltkrieg. Auch heute, im Jahr 2009, leidet Russland an Lebensmittelmangel und ist auf Hilfe von außen angewiesen. Deutschland ist einer von vielen Staaten, die an Russland Lebensmittel verkaufen. Gegenwärtig kann sich Russland das noch leisten, da es reich an Rohstoffen ist, besonders an Energieträgern (Erdöl und Erdgas).

Die wachsende Erdbevölkerung leidet Mangel an Nahrungsmitteln; in vielen afrikanischen Staaten herrscht Hunger. Nicht überall sind die klimatischen Bedingungen für die Produktion von Nahrungsmitteln optimal. Dürre und Winderosion sind die entscheidenden negativen Ursachen.

Nach dem letzten UNO-Bericht ‚Brot für die Welt', der im Oktober 2009 veröffentlicht wurde, ist die Zahl der hungernden Menschen auf der Erdkugel von 2000 bis 2009 von 850 Millionen auf eine Milliarde hundertzwanzig Millionen gestiegen, mit weiter steigender Tendenz. Damit steht die Lösung des Hungerproblems für die Weltgemeinschaft an erster Stelle. In der Zeit der Globalisierung und der Finanz- und Wirtschaftskrise werden von den Politikern noch größere Anstrengungen verlangt, um den Hunger auf der Erde zu bekämpfen.

Ich kenne die gegebenen Bedingungen für die Herstellung landwirtschaftlicher Produkte in Russland und sage mit tiefster Überzeugung, dass Russland nicht nur genug Nahrungsmittel für den eigenen Bedarf produzieren könnte, sondern auch als wichtiger Lieferant auf dem Weltmarkt zusammen mit anderen Staaten auftreten und an der Hungernothilfe im Rahmen der UNO teilnehmen könnte.

Laut Prognosen von Experten der Vereinten Nationen steigt die Weltbevölkerung bis zum Jahr 2050 von jetzt sechs auf neun Milliarden. Wie die Ernährung für alle diese Menschen nachhaltig sichergestellt werden kann, haben das Agrarforschungsinstitut INRA und das Forschungsinstitut für Entwicklungshilfe im Agrarbereich CIRAD untersucht. Sie haben im Oktober 2009 in Paris die Ergebnisse ihrer Studie „*Agrimonde*" vorgestellt.

Die französischen Forscher haben zwei Szenarien durchgespielt, mit denen die Ernten gesteigert werden können. *Option 1:* Ein radikaler Kurswechsel zu ökologischen Anbaumethoden. *Option 2:* Vermehrter Einsatz von Technik, also Kunstdünger, Pestiziden, produktivem Saatgut bis zur Gentechnik. Die Autoren der Agrimonde-Studie halten fest, dass es in beiden Fällen möglich ist, die Weltbevölkerung zu ernähren.

In der optimistischen Zukunftstudie von Agrimonde geht es auch um Problemregionen: Nordafrika und der Mittlere Orient, Asien, vor allem aber Schwarzafrika. Diese Regionen werden sich nicht selber ernähren können, heißt es in der Studie. Die europäischen Staaten, Lateinamerika und Russland werden sie dann mit Nahrungsmitteln versorgen müssen. Dazu braucht man eine neue Politik, den künftigen Handel zu regulieren. Das bedeutet, die notleidenden Staaten müssen in der Lage sein, die Produkte zu kaufen und zu bezahlen.

Die Studie der französischen Forscher bestätigt meine Behauptung: Russland könnte mehr Nahrungsmittel produzieren, als für die eigene Bevölkerung benötigt wird, und damit Lieferant für den Weltmarkt werden.

Das ist ein politisches Problem. Die lähmende und schlecht funktionierende Landwirtschaft in der ehemaligen Sowjetunion und heute auch in Russland ist in erster Linie eine Folge falscher politischer Entscheidungen und Maßnahmen. In der Sowjetunion gab es im Prinzip keine Bauern mehr; auch heute gibt es sehr wenige. Durch Enteignungen und Zwangskollektivierung wurden die Bauern als Klasse liquidiert. Am Ende gab es nur unqualifizierte, gleichgültige (ich möchte das Wort ‚faule' nicht unbedingt verwenden, aber es wäre das richtige Wort) Landarbeiter, die für das Resultat ihrer Arbeit auch nicht verantwortlich waren und sind. Es fehlt an Können, Fleiß und Engagement einzelner Unternehmer, so auch an klugen Entscheidungen der Regierung Russlands, nicht an Diktaten von oben, sondern an zielstrebiger moralischer, finanzieller und materieller Unterstützung. Landwirtschaft war schon immer und bleibt auch heute ein schwieriger, aber sehr wichtiger Wirtschaftszweig.

Was ich jetzt behaupten werde, ist für mich ein ungeschriebenes Gesetz: aus einem Industrie- oder auch Landarbeiter kann kein richtiger Bauer mehr werden. Ein Bauer muss in der Bauernfamilie geboren sein, auf dem Bauernhof aufwachsen, Landwirtschaft studieren, im Betrieb seiner Eltern arbeiten und bereit sein, ihn auch später zu übernehmen und erfolgreich weiter zu führen. Die Gebundenheit des Bauern, wie man so sagt, ‚an seine Scholle' ist so stark, dass man ihn nur mit Gewalt von ihr trennen kann. Mit Gewalt hat man die Bauernschaft in der Sowjetunion in den 30er Jahren des 20. Jahrhunderts zerschlagen. Was daraus geworden ist, sehen wir noch heute. Dasselbe passierte auch in der DDR und anderen sozialistisch und kommunistisch regierten Staaten der Welt. Die Kollektivwirtschaften brauchten keine echten Bauern mehr. Die Kinder der ehemaligen Bauern wurden entweder zu gleichgültigen Landarbeitern degradiert oder sind in die Städte gezogen und aus der Landwirtschaft ganz ausgeschieden. Das sieht man am Beispiel der DDR. Nach der Wiedervereinigung gab es die Möglichkeit für die ehemaligen Bauern, ihr Land wieder zurück zu bekommen. Sehr wenige wagten, diesen Weg zu gehen. Das wiedergewonnene Land haben sie lieber an Großbetriebe verpachtet. Das kenne ich aus der Zeit meiner Arbeit im Forschungsinstitut für Energie und Transport in der Landwirtschaft in Meißen. Alle meine Kollegen in der Abteilung Technologie (vier junge Männer) waren Bauernsöhne. Nach der Wende hätten sie alle wieder Bauern werden können, aber keiner tat es.

Bauern haben kein leichtes Leben. Sie müssen viel und schwer arbeiten. Besonders schwer haben es die Milchbauern. Die Kühe müssen auch an den Wochenenden und Feiertagen gefüttert und gemolken werden. Es ist nicht verwunderlich, dass, wenn ein Bauernsohn eine Familie gründen will, er keine Frau findet, die ihn heiratet. Eine gebildete, emanzipierte Frau heiratet keinen Bauern; sie weiß, was auf sie zukommen würde.

Bauern haben Respekt und Ehre verdient. Sie sorgen dafür, dass wir uns jeden Tag mindestens dreimal an einen reichlich gedeckten Tisch setzen können, und wir vergessen dabei, woher das alles kommt. Viele Stadtbewohner sind „überzeugt", dass ‚die Brötchen nur vom Bäcker kommen'.

Noch mehr ist es verwunderlich, dass die etablierten politischen Parteien, wie in Russland auch in Deutschland, die Interessen und Probleme der Bauern nicht genügend in ihren Programmen berücksichtigen und im Parlament vertreten. Bauern haben keine Lobby, im Gegenteil, Grüne, SPD, FDP, die Industriegewerkschaften sind grundsätzlich gegen Investitionen in der Landwirtschaft. Es ist gut, dass es in der EU noch Staaten gibt, wie z.B. Frankreich, die die Interessen der Bauern tatkräftig vertreten und unterstützen.

Ich war in der Sowjetunion 29 Jahre lang als Fachmann mit der Landwirtschaft eng verbunden und kann aus Überzeugung sagen, dass in meiner Zeit das existierende System und die verfehlten Reformen der 20er und 30er Jahre nie offen als Ursache für die Misserfolge in der Landwirtschaft diskutiert und genannt wurde. Sozialismus schließt jede Form von privatem Eigentum an Produktionsmitteln aus. Das bedeutete, dass das schlecht funktionierende Kolchos-Sowchos-System unantastbar war und nie in Frage gestellt wurde.

Ich erinnere mich an einen Fall, der bei einer Diskussion im Forschungsinstitut für Landwirtschaft in Stawropol im November 1977 stattfand. Wir erhielten den Besuch des damaligen ersten Sekretärs der Kommunistischen Partei der Region Stawropol *Michail Gorbatschow*, der uns bat, offen über die Probleme in der Landwirtschaft zu diskutieren. Wir – das waren Abteilungsleiter und führende Fachspezialisten, insgesamt ca. 25 Männer und Frauen. Moderiert wurde die Diskussionsrunde vom Direktor des Instituts, Professor *Alexander Alexandrowitsch Nikonow*.

Ich als Abteilungsleiter der Abteilung Tierproduktion war auch eingeladen. So naiv, wie ich war, stellte ich die Frage, ob man auch über das existierende System diskutieren könne. Prompt bekam ich zur Antwort: „Über die organisatorische Struktur in der Landwirtschaft wird nicht diskutiert". Also konnte man nur über die Form der Bodenbearbeitung, über Bodenerosion, Bewässerung, Mangel an Mineraldünger, über Futterprobleme bei der Nutztierhaltung und andere agrartechnische Probleme diskutieren; also nichts Neues, alles blieb beim Alten.

Die Diskussion dauerte ca. drei Stunden. Jedem Teilnehmer standen fünf Minuten zu. Ich sprach über die Probleme der Milchproduktion in den Kolchosen und Sowchosen. Mangel an Futtermitteln, unqualifiziertes, oft wechselndes Pflegepersonal, defizitäre Mechanisierung in den Kuhställen – das alles wurde von mir beim Namen genannt.

Die Reden und Vorschläge wurden durch eine Stenotypistin protokolliert. Ein zusammenfassendes Dokument wurde *Gorbatschow* übergeben.

Milcherzeugung war in der Sowjetunion schon immer ein ganz oben stehendes Problem. Die Betriebe bekamen jedes Jahr erhöhte Planauflagen, die sie sehr selten erfüllen konnten, besonders in extrem trockenen Jahren. Die Erfüllung des Staatsplanes für die Milcherzeugung stand ständig unter der Kontrolle von Partei- und Staatsführung. Der Brigadier einer Kuhfarm musste jeden Morgen die erzeugte Menge des Vortages an die Zentrale der Kolchose oder Sowchose melden. Die Gesamtmenge des Betriebes wurde dann an die Landwirtschaftsverwaltung des Kreises weitergemeldet usw. So konnte Herr Gorbatschow oder sein Stellvertreter täglich prüfen, wie es mit der Milchlieferung an den Staat und der Planerfüllung im Stawropoler Krai aussah.

Im Januar jedes Jahres gab es in der Stadt Stawropol eine Beratungskonferenz für Tierzüchter, Melkerinnen und Melker, Betriebsleiter, landwirtschaftliche Verwaltungen, Vertreter der Parteiführung usw. Im Staatstheater der Stadt versammelten sich um die 800 Männer und Frauen. So eine Konferenz gab es auch im Januar 1976. Die besten Leute der Branche wurden mit Prämien und Orden ausgezeichnet. Im Präsidium saß auch Michail Gorbatschow. Er ergriff dann das Schlusswort. Mit erhobenem Finger appellierte er an die Anwesenden: „Um von einer Kuh Milch zu erwarten, muss diese wenigstens gefüttert werden!" Was für eine „Erkenntnis!" Im Saal hörte man ein leichtes Gelächter, das dann durch lautes Klatschen übertönt wurde. So wurde Gorbatschows Patsche zu einer Anekdote, die man sich später in vertrautem Kreise erzählte.

1. Mark Popowskij über die Landwirtschaft in der Sowjetunion

Das waren einzelne Episoden aus meinem Leben und meiner Arbeit in der Landwirtschaft der Sowjetunion. Ausführlich komme ich später auf meine Arbeit als Zootechniker zurück. Jetzt aber wende ich mich dem Grundproblem, der Versorgung der Bevölkerung der Sowjetunion mit Nahrungsmitteln, zu. In diesem Zusammenhang zitiere ich einen Artikel des kritischen sowjetischen Journalisten *Mark Popowskij*, der in der Zeitung ‚Washington Post' im Juni 1978 erschienen ist und von mir aus einer Radiosendung des Senders ‚Stimme Amerikas' in russischer Übersetzung aufs Tonband aufgenommen wurde. Das Wort hat Mark Popowskij:

„Im Jahr 1978 muss die Sowjetunion mehr als sechs Millionen Tonnen Getreide importieren. Als ich aus den amerikanischen Zeitungen erfahren habe, dass der Landwirtschaftsminister der USA, *Herr Berklend*, in die Sowjetunion reisen werde mit dem Ziel, neue Verträge zum Verkauf von Getreide abzuschließen, erinnerte ich mich an eine alte Anekdote: Zwei Studenten waren nach einer Vorlesung unterwegs in ihr Studentenheim. Einer fragt den anderen: ‚Wie denkst du, siegt die Weltrevolution?' - ‚Ich bin sicher, die Weltrevolution siegt', antwortete der andere, ‚aber gleichzeitig stellt sich die Frage: wo werden wir dann Getreide kaufen?'

Diese Anekdote hat eine direkte Beziehung zur Reise des Ministers in die Sowjetunion. Was soll ein normal denkender Mensch, der auf dem Lande lebt und arbeitet, denken, wenn er immer wieder aus inoffiziellen Quellen erfährt, dass die Sowjetunion gezwungen ist, um Hunger im Land zu vermeiden, gewaltige Mengen Getreide im Ausland zu kaufen? Diese Gedanken erwecken ein Schamgefühl, entlarven die Lügen, die aus den falschen Versprechungen der Partei- und Staatsführer an das eigene Volk klar geworden sind. Ungeniert und offen in diesem Zusammenhang regte sich der bekannte Akademiker *S.I.Lukjanenko*, Leiter des Forschungsinstituts für Getreideproduktion im Kubangebiet, auf. Als Folge verlor er seinen Posten; aber er konnte als Wissenschaftler weiterarbeiten. (Lukjanenko kam oft zu uns nach Stawropol, und ich kannte ihn persönlich. Sein Schicksal ist mir bekannt – W.L.)

Zu dem Problem Getreidekauf gab es auch andere Meinungen. Anderthalb Jahre sind vergangen, als ich (M. Popowskij – W.L.) ein Treffen im Forschungsinstitut für Physikalische Chemie im Städtchen Tschernogolowka bei Moskau mit dem Leiter des Instituts, Professor *Schilow*, hatte. Zum Getreidekauf in den USA äußerte er sich wie folgt: ‚Dass wir Getreide kaufen – eine gute Sache! Stalin quälte unser Volk mit Hunger. Unsere heutigen Führer tun alles, um das Volk nicht hungern zu lassen. Das ist gut so. Wir müssen Partei- und Staatsführung dafür sehr dankbar sein!'

Professor Schilow äußerte dabei nicht nur seine eigene Meinung. Das ist der offizielle Standpunkt der Kommunistischen Partei, der geheim verbreitet wird und als Rechtfertigung für die verfehlte Politik dient.

Es sind 61 Jahre vergangen, seit die Oktoberrevolution gesiegt hat, und seit 50 Jahre gibt es nur Kolchosen und Sowchosen; die Kulaken (reiche Bauern – W.L.) sind als Klasse und ‚Feinde des Volkes' liquidiert. Die Vernichtungstat wird von der Kommunistischen Partei mit der Sorge um das Wohl des eigenen Volkes gerechtfertigt. Gleichzeitig wird der Kauf von Getreide im Ausland in der sowjetischen Presse grundsätzlich nie erwähnt.

In der ganzen Welt ist bekannt, dass Herr Berklend in die Sowjetunion reist, um zu klären, wieviel Getreide die Sowjetunion im laufenden Jahr in den USA zu kaufen gedenkt. Aber die zentralen Zeitungen ‚*Prawda*' und ‚*Iswestija*' berichten über den feierlichen Empfang des hohen Gastes in Moskau. Sogar dann, als am 15. Mai

1978 der Vorsitzende des Ministerrates, *N.A.Kossygin*, ein Treffen mit Berklend hatte, wurde das Thema ihres Gespräches verschwiegen. Es gab auch keine gemeinsame Pressekonferenz. Die Zeitungen haben berichtet, dass es einen Meinungsaustausch gegeben habe über die aktuellen ökonomischen und wissenschaftlichen Probleme, über den Schutz der Umwelt u.a.

Separat traf sich der Minister der USA mit den Journalisten. Er hat sein Treffen etwas anders beschrieben. Er sei in die Sowjetunion gekommen, um seine Kenntnisse über die Landwirtschaft der Sowjetunion zu präzisieren, um sich über die Ernteerwartungen auf den Getreidefeldern zu informieren und so die Getreideeinkäufe in den USA abzuschätzen.

Dass solche Käufe auch im Jahr 1978 stattfinden, wird in den Vereinigten Staaten nicht bezweifelt. In den letzten sechs Jahren gab es 1973 und 1976 in der Sowjetunion relativ gute Ernten. In den anderen vier Jahren gab es nur Missernten. Die Fachspezialisten in den USA sind überzeugt, dass Missernten nicht nur von Wetterkapriolen abhängig sind, vielmehr handelt es sich um ein organisatorisches Problem.

1977 zahlte die Sowjetunion an die Farmer der USA 1 Milliarde 800 Millionen Dollar für 13 Millionen 300 Tausend Tonnen Getreide. Selbstverständlich gewinnen die Farmer dabei und freuen sich über diese Käufe. Aber es gibt dabei auch eine negative Erscheinung, die der Administration der USA Sorgen bereitet. Die gewaltigen Mengen an verkauftem Getreide führen zu steigenden Preisen auf dem Markt in den USA und weltweit.

So eine Preisverschiebung gab es schon im Jahr 1972, als die Sowjetunion eine ebenso große Menge Getreide in den USA kaufte. Die Administration in Washington ist strikt dagegen, dass als Folge von Getreideeinkäufen der UdSSR auf dem Weltmarkt die Bürger der USA höhere Preise für Brot, Fleisch, Milch, Geflügel und Fisch zahlen müssen.

Minister Berklend stellte konkrete Fragen an Premier Kossygin. Er wollte wissen, wieviel Geld die Sowjetunion bereit sei, im Jahr 1978 für den Einkauf von Getreide zu auszugeben. Die Zeitungen in den USA berichteten, dass die Antwort des Premierministers verschwommen wäre und dass keine konkrete Zahl genannt worden sei.

Herr Kossygin war enttäuscht, als Berklend berichtete, dass die USA die Preise für Getreide erhöhen würden. Das gefiel dem sowjetischen Premier gar nicht. So lauteten die Meldungen amerikanischer Journalisten.

Mittlerweile isst das sowjetische Russland amerikanisches Brot, und nicht nur Brot, die Sowjetunion importiert aus den USA Sojabohnen. Vor einem Jahr wurden 200 Tausend Tonnen gekauft. Unlängst gab es neue Berichte: es wird auch Zucker gekauft.

Es stellt sich die grundlegende Frage: wie lange noch wird die Weltmacht Sowjetunion landwirtschaftliche Produkte auf dem Weltmarkt einkaufen? Die Frage stellt sich jedes Mal, wenn man bedenkt, dass die eigenen Möglichkeiten auf den vorhandenen riesigen Ackerflächen und auch die technischen und menschlichen Reserven nicht genutzt werden, um die eigene Bevölkerung mit Nahrungsmitteln zu versorgen.

Die Kommunisten und die sowjetische Regierung weigern sich immer noch, mit dem eigenen Volk über dieses merkwürdige Problem offen zu sprechen. Trotzdem gibt es in der Presse, die von oben gelenkt wird, Andeutungen, dass vieles von der Struktur und Organisation der Arbeit in der Landwirtschaft abhängt. Vor kurzem hat das zentrale Organ der Kommunistischen Partei, die Zeitung ‚Prawda', die privaten Gärten der Kolchosbauern und Sowchosarbeiter ins Visier genommen. Noch vor ein paar Jahren wurde über die Gärten und Nutztiere in privaten Haushalten kritisch diskutiert. Von den Parteifunktionären wurde behauptet, dass die Menschen durch die Arbeit in den Gärten und die Züchtung von Nutztieren, besonders von Kühen, davon abgelenkt würden, für die Gesellschaft mehr zu leisten. Das alles soll also für den Sozialismus schädlich sein. Die Möglichkeit, privat Landwirtschaft zu betreiben, wurde durch Gesetze immer wieder eingeschränkt. Zuletzt wurde offiziell nur gestattet, bis zu 0,25 Hektar Land pro Person zu bewirtschaften.

In der Chruschtschow-Ära wurden den Familien die Kühe mit Gewalt abgenommen und die Weideflächen umgepflügt, um sie zu Neuland zu erklären. So wurde die Kuh als Produktionsmittel anerkannt, und der Sozialismus ist nicht denkbar, wenn sich Produktionsmittel im Privatbesitz befinden. Der Besitz von Pferden war schon in den 30er Jahren in der Zeit der Kollektivierung streng verboten.

Jetzt, unerwartet, wird die private Landwirtschaft auf den Seiten der ‚Prawda' dem Volk ganz anders vorgestellt. Es stellt sich heraus, dass der Flächenanteil der Privatgärten an der gesamten landwirtschaftlich genutzten Fläche unter 2,0 Prozent liegt und trotzdem für die Ökonomie des Landes sehr wichtig ist. Die Gärten liefern anteilsmäßig ab: Gemüse 27 Prozent, Fleisch und Milch 30 Prozent, Eier 37 Proz. und Kartoffeln 72 Proz.

Gleichzeitig beklagt die Zeitung, dass in den Kleingärten nur Handarbeit herrsche und die Gartenbesitzer die Produktion noch steigern könnten, wenn sie mit entsprechender Technik, mit Mineraldünger und Pflanzenschutzmitteln versorgt würden.

Für den Leser, der keinen engen Bezug zur Landwirtschaft hat, wurde es klar, dass die Kleingärten blühen und ein großes Potential in der Landwirtschaft steckt, wenn sie sich in den Händen engagierter und verantwortungsbewusster Besitzer befindet. Es wurde auch klar, dass man in der Zukunft von der sozialistischen Landwirtschaft mit der Kolchos-Sowchos-Struktur nicht viel erwarten kann.

Nach dem Treffen zwischen Kossygin und Berklend ist doch etwas außerordentlich Wichtiges durch die

Presse in den USA der Öffentlichkeit bekannt geworden. Es gibt im Rahmen der UNO eine Getreideunion, die Vorräte an Weizen, Reis, Sojabohnen, Zucker und anderen Lebensmitteln anlegt, um notleidende Menschen nach Dürre, Überschwemmungen, Erdbeben und anderen Naturkatastrophen vor dem Hungertod zu retten. Die Sowjetunion hat sich viele Jahre geweigert, Mitglied dieser Union zu werden. Jetzt bat Premier Kossygin den Landwirtschaftsminister der USA um Unterstützung bei den Bemühungen der Sowjetunion, Mitglied dieser Union zu werden. Dabei sollte die Sowjetunion nicht als Lieferant, sondern als notleidender Staat aufgenommen werden. Damit stellte sich die Sowjetunion in eine Reihe mit den armen Ländern in Asien, Afrika und Lateinamerika. Somit wurde offiziell eingestanden, dass die Sowjetunion ein landwirtschaftlicher Bankrottstaat ist, ein Staat mit unerschöpflichen Reserven, der in Zukunft viele Jahre auf Hilfe von außen angewiesen sein wird und betteln geht, um fremdes Brot zu bekommen.

Seine Vorlesungen vor Studenten der Moskauer Timirasjew-Akademie für Landwirtschaft beginnt Professor *Sergej Iwanowitsch Schatilow* mit den Worten: ‚Ein Agronom darf bei seiner Arbeit keine Fehler machen, weil er diese beim besten Willen nur ein Jahr später wiedergutmachen kann. Leute unseres Berufes dürfen nur gut überlegte Entscheidungen treffen. Ein routinierter Agronom wird versuchen, seine Entscheidungen mit vielen Varianten zu vergleichen, um die Richtige zu finden.'

Ich habe mich an die Worte des Rektors der Timirasjew-Akademie Sergej Iwanowitsch erinnert, weil in den letzten Monaten viele Dokumente verabschiedet wurden, die der Rolle der Agronomen und Zootechniker in landwirtschaftlichen Betrieben gewidmet sind. Das Zentralkomitee der Kommunistischen Partei und der Ministerrat der UdSSR haben einen Beschluss gefasst, mit dem finanzielle Stimuli geschaffen werden sollen, um die Agronomen und Zootechniker als Leiter in den Feldbrigaden und Kuh-Schweine-Geflügelfarmen in den Kolchosen und Sowchosen zu gewinnen. Bald danach hat das Landwirtschaftsministerium eine Geschäftsordnung publiziert, mit der Pflichten, Rechte und Privilegien für Agronomen und Zootechniker in den Betrieben festgelegt wurden. Laut dieser Geschäftsordnung sollte die Autorität der Spezialisten gestärkt werden.

Welche Ehre! Man könnte denken, dass das Selbstbewusstsein und die Selbständigkeit von Agronomen und Zootechnikern dadurch gestiegen sind und ihr Handeln vom Einfluss der Parteifunktionäre frei geworden ist.

In Wirklichkeit sieht es aber ganz anders aus. Kein Agronom und kein Zootechniker kann in Ruhe überlegend handeln und seine Strategie und Pläne in die Tat umsetzen. Die Parteifunktionäre werden es nie zulassen, dass Fachmänner in den Kolchosen und Sowchosen das Sagen bekommen.

Punkt 2 der Geschäftsordnung lautet: ‚Ein Fachmann in der Landwirtschaft ist verpflichtet, hartnäckig und kontinuierlich daran zu arbeiten, die Beschlüsse von Partei und Regierung zur Entwicklung des Kolchos-Sowchos-Systems entsprechend seiner führenden Rolle und Kompetenz in die Tat umzusetzen.'

Aber wer bestimmt, welchem Kader die führende Rolle und Kompetenz erteilt wird? Das sind dann wieder die Parteifunktionäre in den Obkomen und Raikomen, ist wieder dieselbe schlecht ausgebildete, aber mit viel Macht herrschende Parteinomenklatura. Wenn sie befehlen: ‚die Aussaat beginnt', bewegt sich der Agronom aufs Feld. Wenn gesagt wird: ‚ernten', beginnt der Agronom zu ernten. Seine Menschlichkeit und Professionalität spielen dabei keine Rolle. Wenn der Agronom sich weigert, den Befehlen zu folgen, verliert er seine Anstellung, seinen Arbeitsplatz. Ungehorsamkeit wird bei uns hart bestraft. So ein Schicksal erlebte Akademiker *Wa-*

wilow, der den Karrieristen *Lyssenko* für seine utopischen, aber kommunistisch geprägten Theorien kritisiert und ihm widersprochen hatte. Sein Leben endete in einem GULAG.

In der heutigen realen sowjetischen Wirklichkeit gibt es eine Vielzahl von Beispielen, dass nicht nur Agronomen, sondern auch Hochschullehrer, Agrarwissenschaftler, Betriebsleiter und andere Sowjetbürger das Schicksal von Wawilow erlebt haben. (Ich kenne auch mehrere Persönlichkeiten dieser Art, über ihr Schicksal wird weiter unten berichtet – W.L.).

Das Frühjahr 1953 erlebte ich (Mark Popowskij) in der Altairegion. In dieser Zeit hat der Generalsekretär der Kommunistischen Partei, *N. S .Chruschtschow*, einen wichtigen Beschluss der Partei veröffentlicht. Es sollten in Kasachstan, Sibirien und Altai 13 Millionen Hektar Neuland in Ackerland umgewandelt werden. Damit sollte das Getreideproblem in der Sowjetunion auf ewige Zeiten gelöst werden. ‚Neuland unter dem Pflug!' Mit dieser Kampagne suchte man eine Lösung für die ‚schwer kranke' sowjetische Landwirtschaft.

Aber auch diese Kampagne konnte nicht die Landwirtschaft aus einer Krise, die durch die Zwangskollektivierung noch in den 30er Jahren durch *Stalins* Reformen entstanden ist, retten. Zwar war auch die Kollektivierung damals eine sozialistische Rettungsaktion. Die Devise lautete: ‚In jedem Dorf schaffen wir eine Kolchose, vertreiben und vernichten die Kulaken. Kein Eigentum von Land und Boden, so ist ein sorgloses Leben für die Kolchosbauern gewährleistet.'

Aber auch Stalin war nicht der erste, der die Zukunft der Landwirtschaft in Russland in rosigem Licht sah. Auf dem VIII. Parteitag der RKP(B) begeisterte *W.I.Lenin* die Parteimitglieder und das Volk Russlands mit den Worten: ‚Wenn wir schon morgen den Bauern 100 Tausend Traktoren geben könnten, auf denen ausgebildete Traktoristen sitzen, und die Traktoren mit Treibstoff versorgen könnten, so würde der Bauer schon heute sagen: Ich bin für den Kommunismus.' Gerechterweise sagte Lenin noch: ‚Es ist für alle klar, dass die Verwirklichung dieses Programms viele Jahre in Anspruch nehmen wird, aber das Ziel müssen wir kontinuierlich verfolgen. Um das Ziel zu verwirklichen, müssen wir die Industrie aufbauen.' Die Industrialisierung des Landes war das nächste große Ziel, das auf dem Rücken der Bauern erreicht werden sollte. Am Ende diente die Industrialisierung in erster Linie der militärischen Aufrüstung und der Vorbereitung für einen neuen Krieg.

Lenins Nachfolger waren überzeugt, dass jede neue Idee die notleidende sowjetische Landwirtschaft retten könnte. Zu Beginn der 70er Jahre begann eine neue Kampagne – Irrigation und Melioration der landwirtschaftlichen Nutzflächen im europäischen Teil Russlands, im Nordkaukasus, in Mittelasien und Kasachstan. Die Propagandisten versprachen laut mündlich und schriftlich: ‚Wir legen ... Millionen Hektar sumpfiges Land trocken, und noch ... Millionen Hektar bekommen ausreichend Wasser und dann ...!'

Die Kampagne zur Neulandgewinnung hatte keinen großen Erfolg. Durch Wind- und Wassererosion wurde viel fruchtbarer Boden vernichtet. Über diesen Schaden wurde nicht mehr geredet. Jetzt rückte ins Zentrum die Melioration der Region nordöstlich von Moskau, wo es viele sumpfige Flächen gibt. In der Zeitschrift ‚Ökonomie der Landwirtschaft' gab es Veröffentlichungen, in denen mit Begeisterung berichtet wurde: ‚Es wird ein gewaltiges Meliorationsprogramm in Angriff genommen. Es werden agrarindustrielle Zentren aufgebaut, neue Dörfer entstehen und vieles mehr. In dieser Region werden 58 Millionen Menschen leben können. Es werden 10 Millionen Hektar Land trockengelegt, die Getreideproduktion steigt bis 1990 von Null auf 43 Millionen Tonnen im Jahr.' In der Tat grandiose Pläne!

Bei der Berechnung der Effektivität dieser Maßnahmen wurde eine einfache Formel gewählt: Zwischen der Investitionssumme und der Ertragsteigerung besteht eine Proportionalität – je mehr man investiert, umso höher ist der Gewinn. Andererseits ist das eine einfache Milchmädchenrechnung; in der Natur stimmt das nicht immer. Vier Jahre sind es her, dass das Programm gestartet wurde. Gewaltige Summen sind schon investiert, aber die von Generalsekretär *L.I.Breschnew* prognostizierte Proportionalität ist noch nicht sichtbar. So gibt es in der Zeitung ‚Selkaja Shisen' (Landwirtschaftliches Leben) vom 9. Juni 1978 einen Bericht aus dem Twerskoj Gebiet (Oblast Kalininskaja), in dem steht: Auf den meliorisierten und veredelten Flächen hat man im Jahr 1977 600 Kilogramm Getreide und 5000 Kilogramm Kartoffeln je Hektar geerntet. Das heißt, man hat die ausgesäte Menge zurückbekommen, nicht viel mehr.

Wo liegen denn die Ursachen dieses Misserfolgs? Die Zeitung nennt sie:

– Die optimalen Aussaat- oder Erntezeiten wurden nicht eingehalten.

– Es fehlten mineralische und organische Dünger.

– Die organischen Dünger vergammelten am Feldrand oder im Stall und wurden nicht effektiv genutzt.

Das bedeutet, der Boden wurde nicht ‚gefüttert', und ihm wurde nicht das zurückgegeben, was durch die früheren Ernten entzogen worden war.

Bei so einer Art des Wirtschaftens bringen die Investitionen in die Melioration sumpfiger Böden keinen Nutzen. Nach Meldungen mehrerer Zeitungen sieht es in anderen Regionen im nordwestlichen Teil Russlands nicht besser aus.

Die Meliorationsarbeiten gehen auch schleppend voran. Die dazu gebildeten staatlich gestützten mechanisierten Einheiten (Brigaden) sind mit schwerer Technik schlecht ausgerüstet. Es fehlen Ersatzteile, oft auch Treibstoff und qualifizierte Mechaniker. Es fehlt ..., es fehlt ..., es fehlt ... usw.

Es werden Sumpfgebiete trockengelegt. An Partei und Regierung gehen nur optimistische Berichte: ‚Der Plan ist erfüllt, der Boden ist für die Aussaat vorbereitet.' In Wirklichkeit stimmt das überhaupt nicht – eine propagandistische Lüge, für die niemand verantwortlich ist. Es ist wieder eine vom Kreml initiierte Rettungsaktion, die an den Bodenressourcen des Landes und der Natur noch mehr Schaden anrichtet. Für die Bauern ist es nochmals eine Bestätigung, dass das Kolchos-Sowchos-System nicht fähig ist, die Probleme in der Landwirtschaft zu lösen.

Als ich in den Jahren davor im Lande unterwegs war, traf ich mich mit Bauern der älteren Generation. Sie waren sehr pessimistisch gestimmt, drückten Müdigkeit und Gleichgültigkeit aus: ‚Wir haben keine Lust, immer wieder für neue unüberlegte Ideen von Partei und Regierung zu arbeiten.'

Ich bin weit davon entfernt, W.I. Lenins Wunsch, mehr als 100 Tausend Traktoren für die Landwirtschaft zu liefern, für Unsinn zu halten. Nebenbei gesagt, gibt es in den Dörfern gegenwärtig schon viel mehr als 100 Tausend. Auch ohne Übertreibung hat die Neuland-Kampagne einen Sinn. Die Meliorationsarbeiten in der Mitte Russlands dienen demselben Zweck – der Versorgung der eigenen Bevölkerung mit Nahrungsmitteln.

Nicht *L.I. Breschnew* war der erste Initiator, das sumpfige Land trocken zu legen und urbar zu machen, sondern die ersten Arbeiten in dieser Richtung begannen in Russland 1870. 100 Jahre sind vergangen, seit im Gebiet Rjasan eine Expedition unter Leitung des berühmten Topographen *Stanislaw Belinskij* ohne Traktoren, ohne LKW und ohne viel Tamtam 25 Tausend Hektar trockenlegte, 200 Kilometer Abwasserkanäle gegraben und Dutzende kleine Flüsse gereinigt hat. Die Früchte dieser Arbeit kann man heute noch sehen.

Das Schlimme ist nicht, dass man die alten Kanäle nicht säubert, sondern wieder neue gräbt, auch ist nicht schlecht, dass man in das Programm mehr als 7,0 Milliarden Rubel investiert hat, das Schlimme ist, dass auch dieses Programm, wie alle anderen, als ein Wunder proklamiert und verkauft wird, als eine Rettung für die gesamte Landwirtschaft. Das Ziel bleibt unerreichbar.

Und wie schon immer, darf man die Entscheidungen, die im Kreml getroffen werden, nicht kritisieren. Sie sind nicht verhandelbar. Und wie schon immer werden bei der Realisierung solch wichtiger Programme die Bauern nicht gefragt; mit ihnen wird nicht diskutiert. Aber für die Fehler, die dabei gemacht werden, sind allein die Bauern schuld. *Breschnew* berechnet den signifikanten Nutzen zwischen dem Meliorationsprogramm und den künftigen Ernteerträgen, und die offizielle Propaganda unterstützt ihn dabei mit viel Tamtam. In Wirklichkeit bleibt aber alles nur auf dem Papier. Das war und bleibt so, weil es zwischen dem Volk und den Parteibossen keine lebendigen menschlichen Beziehungen gibt."

So pessimistisch beendet *Mark Popowskij* seinen Artikel in der amerikanischen Zeitung „Washington Post". Ich kann diesen Pessimismus und die Auslegungen des Autors gut verstehen und vollständig bestätigen. Im Jahr 1978 war ich schon 21 Jahre als diplomierter Landwirt in der sowjetischen Landwirtschaft tätig, und vieles geschah vor meinen Augen.

2. Hungerjahre in der Sowjetunion

Hungersnot in Russland und in der Sowjetunion tritt in unregelmäßigen Abständen immer wieder auf. Die Ursache dafür sind die Missernten durch Trockenheit in unterschiedlichen Regionen. Aber der Hunger in großem Stil, der sich im 20. Jahrhundert mehrmals wiederholt hat und viele Menschenleben kostete, entstand ausschließlich durch politische Fehlentscheidungen der kommunistischen Führung.

Besonders schreckliche Hungerjahre mit Millionen von Toten waren 1921 bis 1923 und 1929 bis 1933, so auch die Jahre des Krieges und danach bis 1950.

Was ist Hunger? Warum sterben Menschen, wenn sie längere Zeit, eine Woche oder mehr nichts gegessen haben oder nicht ausreichend Nahrung bekommen und dabei noch schwer arbeiten müssen? Auf diese Frage antwortet weiter unten *Gerhard Wolter*. In Deutschland hungert niemand, ausgenommen Kinder, die von ihren Eltern eingesperrt werden und kein Essen und Trinken bekommen. Diese Eltern sind Verbrecher und werden dafür schwer bestraft.

Ich musste in den Kriegsjahren in Kasachstan 1942–1944 hungern. Darüber werde ich hier noch berichten. Davon ist aber Folgendes zurückgeblieben: ich kann es nicht mitansehen, wenn die „satten" Menschen Brot, Fleisch, Wurst und anderes in die Mülltonne werfen. Man muss sparsam sein und verstehen, dass viel Arbeit dahinter steckt, diese Nahrungsmittel zu produzieren.

Wie Menschen durch Kälte, schwere Arbeit und Hunger sterben, ist im Buch von *Gerhard Wolter* „Die Zone der totalen Stille" sehr treffend beschrieben. Ich zitiere:

„Die Jugend der 80er und 90er Jahre und des 21. Jahrhundert, die vom Krieg, von der Trudarmee und vom Massensterben in den Kriegsjahren in der Sowjetunion nur aus Erzählungen ihrer Vorfahren Kenntnis hat, zweifelt oft, ob wirklich gesunde Menschen in kurzer Zeit (drei bis vier Wochen), wenn sie nur 600 Gramm Brot und leere Suppe (Balanda) bekommen und noch schwer arbeiten müssen, so abmagern, dass an ihnen nur Haut und Knochen bleiben oder sie sterben." „Ich sage eindeutig Ja" – behauptet Herr Wolter, der selbst ein Opfer des Hungers war und viele Menschen beim Verhungern erlebt hat. Er schreibt weiter:

„Bei einer so armen Nahrung, bei 11 bis 12 Stunden schwerer Arbeit, Kälte und noch dazu moralischer Unterdrückung, Schädigung und Ungerechtigkeit – das sind die wahren Gründe."

Herr Wolter hat diesen Prozess an vielen Trudarmisten beobachtet. Am Anfang rutschen die Hosen herunter. Die Männer werden wieder schlank wie in jungen Jahren. Der Körper greift seine Reserven an. Zuerst werden die Fettpolster verbraucht, später auch die Muskeln. Es bleiben dünne Haut und Knochen. Der Mensch ‚frisst sich selber auf'. Aber das ist noch nicht alles, das ist noch nicht das Ende. Das Ende kommt, wenn das Gesicht und der Körper, besonders die Beine, sich mit Wasser füllen. Die Haut wird dünn und verliert die Farbe, wird blass; man sieht auch die Blutadern nicht mehr. Und zuletzt – hört der Mensch auf, um sein Leben zu kämpfen; er sagt sich auch vom Essen ab. Um den Menschen in einem solchen Zustand vor dem Tod zu retten, muss mit viel Vorsicht gehandelt werden. Er bekommt eine Zeitlang mehrmals am Tag nur flüssige Speise, bis sein Magen wieder zu funktionieren beginnt. Erst nach vier bis fünf Tagen kann er wieder normal essen. Gerhard Wolter schreibt weiter:

„In den Konzentrationslagern der Trudarmee wurden Männer und Frauen in solchem Zustand in der Regel in eine gesonderte ‚Gesundheitsbaracke' verlegt. Oft wurde der kritische Moment verpasst, und die Betroffenen starben nachts, ohne dass es jemand merkte. Auch aus der Gesundheitsbaracke kamen nur wenige erholt wieder zurück. Für viele war es zu spät; niemand konnte ihnen helfen; sie starben auch dort.

Die gesetzlichen Bestimmungen in den Lagern der Trudarmee waren so, dass eine sichtbare Schwäche einzelner Trudarmisten nicht als Grund galt, ihn oder sie von der Arbeit zu befreien. Man brauchte Arbeiter, um die Industrialisierung des Landes voranzubringen. ‚Dawai! Dawai!' = ‚Los! Los! Arbeiten, keine Zeit zum Krankmachen!' Nur bei hohem Fieber konnte der Arzt den Kranken von der Arbeit befreien. Aber bei geschwächten Menschen kommt es selten zu hohem Fieber, eher ist es umgekehrt. Die innere Krankheit beschleunigt den ‚Abgang zum Himmel'. Die Ärzte in den KZ wurden streng kontrolliert, und eine Arbeitsbefreiung war bei ihnen schwer zu bekommen.

Bei der Ankunft neuer Trudarmisten konnte man schon im Voraus sagen, wer zuerst zu einem ‚Dochodjaga' (ein Mensch vor seinem Hungertod, – buchstäblich am Ende seines Lebens) absackt und eventuell auch sterben wird. Das waren großgewachsene und kräftige Männer. Sie konnten schwer arbeiten, mussten aber auch für zwei essen. Im KZ bekamen sie dieselbe Norm an Brot und Balanda wie alle anderen, ohne Rücksicht auf ihr Körpergewicht.

Die Körperreserven waren schnell verbraucht, und die ehemalige große und kräftige Gestalt ähnelte jetzt einer Vogelscheuche: die Kleider hingen von dem abgemagerten Körper herunter wie von einem Holzkreuz. Diese Männer sahen keinem Menschen mehr ähnlich. Sie konnten sich nur noch langsam mit viel Mühe bewegen und auch jede Minute bewusstlos zusammensacken.

In der zweiten Reihe der Kandidaten fürs Sterben waren Männer, die bis zur Einberufung in die Trudarmee ihren Arbeitsplatz am Schreibtisch hatten und zu den Intellektuellen zählten: Lehrer, Musiker, Ingenieure, Gelehrte u.a. Ihr Schicksal war besonders tragisch. Sie waren es nicht gewohnt, körperlich zu arbeiten, hatten auch keine Kenntnisse dazu. Ihnen wurde von den Brigadieren oft mit Absicht die schwerste Arbeit überlassen, um sich über diese ‚faschistischen, arbeitsscheuen Nichtskönner' zu amüsieren.

Auf diese Art und Weise wurde schon in der ersten Hälfte des Jahres 1942 die deutsche Intelligenz praktisch ausgerottet."

2.1. Hungerjahre 1921 bis 1923

Über den Hunger an der Wolga berichtet *A.A.Germann* im Heimatbuch 1997-1998 der Landsmannschaft der Deutschen aus Russland, S.72. Er schreibt:

„Über das Hungerjahr 1921 in Russland ist bereits viel geschrieben worden. Dennoch können sich Zeitgenossen (also wir in Deutschland lebende – W.L.) kein realistisches Bild von dem wahren Ausmaß der Hungersnot und ihren schrecklichen Folgen machen. Verbreitet ist viel mehr die Meinung, dass die Hungersnot im Sommer 1921 ausbrach und nur einige Monate dauerte. In Wirklichkeit hat sich alles viel komplizierter zugetragen. Eine Analyse der Archivquellen und Publikationen aus den Jahren ab 1920 führt zu dem Schluss, dass die Hungersnot im Gebiet der Wolgadeutschen Ende 1920 einsetzte und mit zeitweisen Abschwächungen oder Verstärkungen bis 1925 anhielt."

A.A.Germann nennt die Ursachen: „1921 kam die Frühjahrsaussat auf dem Gebiet der späteren Autonomen Republik der Wolgadeutschen praktisch zum Erliegen. Die Anbaufläche für Roggen fiel 1921 gegenüber 1920 von 170.000 auf 142.000 Hektar, verringerte sich also in nur einem Jahr um 16,5 Prozent. Das war noch erträglich. Aber bei Weizen war der Rückgang von 378.500 auf 34.000 Hektar geradezu tödlich. Nur 9,0 Prozent der Fläche wurden neu bestellt. Schlimm war es auch bei Hafer und Gerste (Rückgang von 38.000 auf

4.500 Hektar, d.h. um 88,0 Prozent) und bei Kartoffeln (von 9.800 auf 3.700 Hektar gleich 60,2 Prozent).

Der verhältnismäßig hohe Bestellungsgrad bei Roggen hatte seinen Grund darin, dass die Aussaat bereits im Herbst 1920 erfolgt war, als die Situation im Gebiet schon kritisch, aber doch noch wesentlich besser als in den ersten Monaten 1921 war. Im Frühjahr 1921 konnte nach den winterlichen Aktivitäten der Beschaffungskolonnen (*Prodotrjad*) und der Ausplünderung der Saatgutreserven im Zuge dörflicher Gewaltaktionen so gut wie nichts mehr bestellt werden... Es war auf jeden Fall schon im Frühjahr 1921 klar, dass es zu einem sehr kargen Herbst und in dem Gebiet zu einer Hungersnot kommen würde."

An dieser Stelle muss ich dem deutschen Leser erklären, was *Prodotrjad* bedeutet und wie er die Beschaffungsmaßnahmen durchführte. Prodotrjad ist eine Abkürzung von Prodowolstwennyj Otrjad (auf Deutsch – eine paramilitärische Einheit mit der Aufgabe, Nahrungsmittel für die Stadtbewohner zu beschaffen).

Nach dem zerstörerischen Bürgerkrieg 1919 bis 1922 herrschte in der jungen Sowjetunion eine Hungersnot. Der Lebensmittelmarkt funktionierte nicht mehr, weil die private Landwirtschaft nicht ausreichend Nahrungsmittel produzierte. Die Kommunisten verbreiteten unter der Bevölkerung durch Propaganda die These, dass die privaten Bauern, besonders die reichen Kulaken, die Lieferung von Nahrungsmitteln an die hungernden Stadtbewohner sabotierten. Das Getreide würden sie in der Erde vergraben, das Vieh abschlachten und seien so an dem Hunger im Land schuld. Nur mit Gewalt könne man sie dazu zwingen, das Getreide und andere Nahrungsmittel an den Staat abzuliefern. Dazu wurden dann die Prodotrjady gebildet. Sie fuhren in die Dörfer, und das, was sie fanden, wurde sofort annektiert und abgeliefert – eine totale Rechtlosigkeit. Oft wurde den Bauern auch das Saatgut abgenommen.

Die Folgen der Hungersnot an der Wolga beschreibt A.A.Germann wie folgt: „Die Appelle an die Regierung in Moskau und die Bitten um Hilfe hatten keinen Erfolg. Aus dem Zentrum kam die Antwort: ‚Vor der Ortsverwaltung steht als konkrete Aufgabe, die Raswjerstka (Zwangsverteilung der Nahrungsmittel) zu erfüllen.' Aber es gab nichts zum Verteilen. Den Forderungen des Volkskommisariats wurde stets durch Verhaftungen und andere Drohungen Nachdruck verliehen. Es gab auch Hinrichtungen. Sabotage und Befehlsverweigerungen standen im Raum."

Damit schloss sich der Kreis. Zwischen dem deutschen Wolgagebiet und der Zentrale hatte sich eine hohe Mauer des gegenseitigen Nichtverstehens aufgebaut. Die Probleme des Gebiets an der Wolga erwiesen sich für die ‚dort oben' als zu unbedeutend, um überhaupt Beachtung zu finden.

Unmittelbar nach Erhalt des Telegramms aus Moskau tagte das Präsidium der Kommunistischen Partei und das Exekutivkomitee des Wolgagebietes, wobei die Haltung der Zentrale kritisiert und gleichzeitig beschlossen wurde, den Vorsitzenden des Exekutivkomitees *Alexander Moor* (später verhaftet und als Feind des Volkes ins Gefängnis gesteckt, wo er auch gestorben ist, siehe Heimatbuch 1990/91) mit einem Bericht nach Moskau zu schicken. In dem Bericht war vermerkt, dass es schon zu Beginn des Jahres 1921 in vielen Dörfern kein Brot mehr gegeben hatte. Ohne Unterstützung mit Lebensmitteln sei die Bevölkerung gezwungen gewesen, zuerst Teile des Viehs und später unkontrolliert den gesamten Viehbestand zu schlachten.

In dem Bericht heißt es unter anderem: „Zurzeit zeigt sich folgendes Bild: Ein großer Prozentsatz der armen und mittleren Schicht hat sein Inventar, sein Vermögen und sogar seine Gebäude verkauft oder getauscht und stirbt. Diese Menschen haben kein Geld und keine sonstigen Mittel mehr, um sich auf dem freien Markt Brot zu besorgen... Infolge der kolossalen Nachfrage nach Brot haben Inventar, Gebäude, Maschinen, Bekleidung und Schuhe fast jeden Wert verloren. (Für eine Nähmaschine bekommt man einen Laib Brot.) Die Bevölkerung ernährt sich von verschiedenen Gräsern, Zwiebellauch, von Abfällen, Hunden, Katzen, Ratten, Fröschen, Zieselmäusen und Fischen. Manche schlachten und essen die Reste ihrer letzten Milch- und Zugtiere."

Die Außerordentliche Gebietskommission erklärte in ihrem Bericht auch, dass im Zusammenhang mit dem Hunger und dem hoffnungslosen Zustand des Gebietes (unbestellte Felder, Dürre seit Mai) die Bevölkerung, die mit keiner Hilfe von außen mehr rechne, ihre Häuser verlasse und in Scharen nach Sibirien, Turkestan, an den Kuban, nach Aserbaidschan usw. ziehe. Die Flucht nehme panikartige Ausmaße an und verstärke sich jeden Tag. Allein aus dem Kreis Panin seien im Mai und Anfang Juni 655 Familien ausgereist – 10% der Gesamtbevölkerung des Kreises. Im gleichen Kreis Panin seien zwischen Februar und Juni 510 Personen an Hunger gestorben. Nicht besser sehe es auch in anderen Kreisen aus.

„Der Hunger aber", schreibt A.A.Germann weiter, „schritt unaufhaltsam vorwärts. Im August 1921 hungerten 33.373 oder 56,7 Prozent aller Familien im deutschen Wolgagebiet. Im September stieg diese Zahl auf 46.820 (79,6 Prozent), im Oktober auf 52.630 (89,5 Prozent), im November auf 55.117 (93,7 Prozent), im Dezember auf 56.219 (95,6 Prozent) und im Januar 1922 auf 57.017 (96,9 Prozent) der Höfe. Leider gibt es keine Zahlen für die Monate Februar, März und April 1922, in denen am ärgsten gehungert wurde, da es keine wilden Gräser und in den Gärten noch keine Früchte gab.

Am meisten litten die Kinder an Hunger. Sie wurden in andere Regionen, wo der Hunger nicht so grausam war, evakuiert. Dort wurden sie auf Bauernhöfe verteilt, oft ohne Einverständnis der Bauern. Die großen Kinder, die schon arbeiten konnten, wurden irgendwie akzeptiert, schlimmer war es mit den kleinen. Insgesamt wurden 3.660 Kinder evakuiert, und bei weitem nicht alle sind zurückgekehrt. Ihr Schicksal blieb unbekannt."

Heute kann man sich schlecht vorstellen, welche Gründe die kommunistische Führung der Sowjetunion dazu bewogen haben mag, sich gegenüber den Deutschen des Wolgagebietes so zu verhalten. Über viele Jahre waren die deutschen Dörfer die vorbildlichsten nicht nur an der Wolga, sondern in ganz Russland. Sie hatten stabile, hohe Ernten aufzuweisen. Getreide war ihr wichtigstes Gut, das sogar ins Ausland verkauft wurde. Man kann nur vermuten, dass das ein Vorbote der später einsetzenden Bewegung gegen die reichen Bauern (Raskülatschiwanije) war. Man hat unter dem Motto gehandelt: „Wer was hat, dem kann man auch was abnehmen." Den deutschen Bauern an der Wolga hat man mit Gewalt alles abgenommen und so den großen Hunger verursacht.

Über den Hunger an der Wolga in den Jahren 1921-1923 lesen wir im Buch „Archipel Gulag" des berühmten russischen Schriftstellers *A.I.Solschenizyn*: „Dem Ende des Bürgerkrieges folgte logischerweise im Lande eine schreckliche Hungersnot, besonders stark traf sie die Menschen an der Wolga. Da dies den Erfolg der Sieger nicht besonders beschönigte, wurde in der Öffentlichkeit darüber auch wenig berichtet. Tatsächlich führte der Hunger zu Kannibalismus, Eltern verspeisten eigene Kinder. So einen Hunger gab es in Russland auch in den dunklen Zeiten der Geschichte nicht. Das beweisen die Geschichtsschreiber der Russischen Orthodoxen Kirche.

Über den Hunger dieser Jahre gibt es keinen Film, keine Romane, keine statistischen Untersuchungen. Er sollte schnellstens vergessen werden. Vergesslichkeit ist bei uns Russen unsere Schwäche. Wir vergessen besonders schnell unsere bösen Taten. Außerdem machen wir es uns ganz einfach; auch für den Hunger haben wir sehr schnell die Schuldigen gefunden – das sind die Kulaken. Wer waren diese Kulaken? Viele von ihnen sind auch verhungert, weil der Staat sie beraubt und vertrieben hat; sie wurden physisch vernichtet. Die wichtigsten Produktivkräfte sind verschwunden. Kommunisten haben unser Land in die Armut getrieben. Mit Waffen und Gewalt wollten sie unsere Probleme lösen.

Die Bauern haben das Vertrauen an den Staat verloren, weil ihnen alles abgenommen wird. So schließt sich der Kreis...

Der ‚genialste Politiker aller Zeiten' (gemeint ist Lenin – W.L.) hat aus der Katastrophe an der Wolga wiederum für sich einen Nutzen gezogen: Die Kirchen sollten jetzt den Hungernden helfen, sie sind es doch, die schon immer als Christen den Notleidenden zu helfen bereit waren – so sein Argument. Wenn sie dagegen sind, werden wir sie zerschlagen, und sie tragen dann auch noch die Schuld an dem Hunger. Wenn sie einverstanden sind zu helfen, dann verkaufen wir alles Kostbare, was die Kirchen besitzen. So oder so füllen wir dabei unsere Staatskasse."

Der Patriarch *Tichon* zeigte seinen guten Willen. Am 19. Februar 1922 schickte er einen Brief an alle Kirchen Russlands, dass sie freiwillig kostbare Gegenstände verkaufen und das Geld in einen Fond zur Hilfe für die Hungernden einbringen sollten.

Die Verkaufsaktion konnte man nicht so einfach den Kirchen überlassen. Am 26. Februar, also nur eine Woche später, erschien ein Dekret vom WZIK (Allunions-Vollzugskomitee), in dem es hieß: „Alle kostbaren Gegenstände werden aus den Gotteshäusern konfisziert und die Mittel als Hilfe für die Hungernden verwendet."

Patriarch Tichon wollte diese Willkür des Staates nicht akzeptieren und wandte sich an *M.I.Kalinin* (Vorsitzender des Obersten Sowjets der UdSSR), der aber auf die Beschwerde nicht reagierte. Am 28. Februar 1922 verschickte Patriarch Tichon an die Kirchen einen neuerlichen Brief, in dem es hieß, dass die gewaltsame Entfernung der Kostbarkeiten ein Verbrechen gegen die Kirchen und ihr Eigentum sei.

Gleich danach begann in den Zeitungen eine Hetzjagd gegen den Patriarchen und andere führende Persönlichkeiten der Kirche. Aber auch in den Kirchenkreisen gab es keine eindeutige Einstimmigkeit. Metropolit *Benjamin* in Petersburg plädierte für die freiwillige Abgabe der Kostbarkeiten. Die Regierung entschied sich unter dem Motto ‚Wir sind der Staat und brauchen eure Geschenke nicht' für ein totales Konfiszieren von allem, was einen Wert hatte und ins Ausland verkauft werden konnte. Die Hungernden an der Wolga haben aber davon nichts gespürt. Die angebliche Hilfe war nur ein Vorwand, um die Kirchen auszurauben. Die Kirchen haben gegen die Willkür des Staates protestiert. Nun gab es einen Grund, gegen die Kirchen Gerichtsprozesse zu führen, deren Ergebnis im Voraus bekannt war.

Natürlich wäre es interessant zu erfahren, wie die Gerichtsprozesse in jener Zeit und auch später in den 30er Jahren in der Sowjetunion geführt wurden; aber über sie ausführlich zu berichten, würde den Rahmen dieses Buches sprengen. A. Solschenizyn schreibt, dass es 22 Gerichtsverfahren gegen die Kirchen gab. Mir bleibt nur, über zwei von ihnen kurz zu berichten.

1. Moskauer Gerichtsprozess (26. April bis 7. Mai 1922): Beschuldigt waren 17 führende Kirchenmänner. Ihre Schuld war, dass sie Patriarch Tichon unterstützten, der in seinem letzten Schreiben die Abgabe befürwortet hatte, aber die Gewalt des Staates ablehnte. Diese 17 Männer lieferten die wertvollen Gegenstände ihrer Kirchen freiwillig aus, waren aber gleichzeitig der Meinung, dass keine Gewalt ausgeübt werden sollte. Also hatte der sowjetische Staat nach ihrer Meinung ein Verbrechen begangen. Von den 17 Männern wurden fünf erschossen.

Selbst Patriarch Tichon wurde arretiert und im Kloster *Donskoi* unter strengster Bewachung festgehalten. Er war von der Außenwelt total isoliert und hatte auch keine Kontakte mehr zur Kirche.

2. *Petersburger Gerichtsprozess* (9. Juni bis 5. Juli 1922): Dieses Mal waren mehrere Dutzend Kirchenmänner angeklagt, die gegen die Ausraubung der Kirchen durch den Staat Widerstand geleistet hatten. Als Erster wurde Metropolit *Benjamin* arretiert. Erschossen wurden 10 Männer, unter ihnen Metropolit Benjamin, Archimandrit Sergij, das ehemalige Mitglied der Staatsduma, Professor des Rechts P.Nowizkij und Kirchendiener Kowscharow. Hingerichtet wurden sie in der Nacht vom 12. auf den 13. August 1922.

A. Solschenizyn macht noch eine Bemerkung, dass der Staatsanwalt *Smirnow* die Todesstrafe für 16 Mitglieder der Kirche verlangt hatte. Der Zweite Staatsanwalt *Krasikow* verlangte die Schließung aller Kirchen.

So war für die Kommunisten die Hungersnot 1921-1925 ein Anlass, eine verbrecherische Kampagne gegen die Kirchen anzuzetteln. Dadurch wurde in den Zeitungen nicht über den Hunger berichtet, sondern über die Prozesse gegen die Kirche – ein politisch gewolltes Ablenkungsmanöver.

2.2. Auslandhilfe für die Hungernden in den Jahren 1921 bis 1923

Bei *A.A.Germann* lesen wir weiter: „Am 21. August 1921 unterschrieben der stellvertretende Volkskommissar des Außenministeriums, *Litwinow*, und der Leiter der Amerikanischen Hilfsorganisation (APA), *Hooven*, in Riga eine Vereinbarung über humanitäre Hilfe für die hungernde Bevölkerung Russlands. Die US-Amerikaner versprachen, dass die ersten Waggons mit Lebensmitteln sofort abgeschickt und monatlich für diesen Zweck 1,2 bis 1,5 Millionen US-Dollar zur Verfügung gestellt würden.

Sechs Tage später unterschrieb der bekannte Polarforscher *Fridtjof Nansen* für den ‚Internationalen Fonds für Kinderhilfe' (russische Abkürzung MSPD), der 67 Wohlfahrtsverbände aus vielen europäischen Ländern vereinigte, eine ähnliche Deklaration, und Mitte Oktober besuchten Vertreter von APA und MSPD das Gebiet der Wolgadeutschen. Es wurde beschlossen, mit der Verpflegung der Kinder zu beginnen. Man wollte mit der Essenausgabe für 8.000 Kinder beginnen, um dann nach und nach auf 75.000 zu erhöhen. Dafür benötigte man um die 100 Küchen.

Im Gegensatz zu den staatlichen Stellen der RSFSR (Russische Föderale Sowjetrepublik) handelten die internationalen Organisationen schnell, unbürokratisch und entschlossen. In kurzer Zeit trafen die ersten Lebensmittel ein, und bis Ende November 1921 versorgte man im Wolgagebiet 53.000 Kinder unter 15 Jahren.

Am 30. November besuchte Nansen in Marxstadt die mit seiner Hilfe funktionierenden Einrichtungen für Kinder und verfügte die Einrichtung von weiteren 10 Kinderhilfsstationen. Ende 1921 wurden schon 80.000 Kinder verpflegt, und nach den schwersten Monaten waren es zum 1. April 1922 bereits 158.000, die man vor dem Hungertod rettete.

Im April 1922 begannen die US-Amerikaner, Maisrationen an insgesamt 181.000 Erwachsene abzugeben. Im Juli wurden 180.000 Kinder und 255.864 Erwachsene als Hungernde registriert, die auch Hilfe bekamen.

Neben den Unterstützungen durch die offiziellen amerikanischen bzw. internationalen Hilfsorganisationen kam auch Hilfe von verschiedenen karitativen und kirchlichen Organisationen (Adventisten, Quäker, Mennoniten u.a.) und daneben auch aus Deutschland.

Motor dieser Hilfsbewegung waren die nach Amerika und Deutschland emigrierten Landsleute, deren ‚Hilfswerk der Wolgadeutschen' vom Sommer 1922 bis Ende 1923 eine entscheidende Rolle im Kampf ums

Überleben zusteht. Erwähnt werden muss im Zusammenhang mit den Hilfen auch das im September 1921 in Berlin gegründete ‚Komitee zur Hilfe für die hungernden Gebiete in Sowjetrussland'. Die Hilfe bestand hauptsächlich in Geldüberweisungen, die es jedem Gebiet ermöglichte, Lebensmittel einzukaufen. Ein Teil dieser Mittel wurde willkürlich vom Staat zum Ausbau der Industrie verwendet.

Es muss allerdings noch bemerkt werden, dass die Regierung sich den vielen Hilfen gegenüber sehr reserviert verhielt. In den Köpfen der Machthaber spukte wie eh und je die Vorstellung, dass die Helfer Vertreter jener bourgeoisen Schichten waren, die es darauf abgesehen hatten, durch die Verstärkung ihrer Positionen einen erfolgreichen Kampf gegen das neue Sowjetsystem führen zu können. Dabei wurde jedem Vertreter des Hilfswerks ein geheimer GPU-Mann zugeteilt.

Auf der anderen Seite waren die Gebietsorgane aber auch daran interessiert, dass sich das Gebiet mit der Unterstützung des Hilfswerks bald erholen würde."

Gehungert wurde nicht nur an der Wolga, sondern im ganzen Land. Durch die im Bürgerkrieg zerstörte landwirtschaftliche Struktur und zusätzlich durch die Dürre verbreitete sich der Hunger flächendeckend. Im Sommer 1921 erlebte das Land einen nationalen Notstand. Der Historiker *J.Poljakow* weist nach, dass der Hunger das ganze Wolgagebiet, den Ural, Teile Kasachstans, des Dongebiets und Westsibiriens und den Süden der Ukraine erfasst hatte. Nach seiner Berechnung hungerten 25 Prozent der Landbevölkerung.

Der große Hunger hörte auf, und auf dem Lande fand eine Belebung statt, nachdem *W.I.Lenin* seine *Neue Ökonomische Politik* (NEP) durchgesetzt hatte. Zwar gab es seit 1918 kein Eigentum an Land und Boden mehr, alles gehörte dem Staat, aber durch die NEP war es den

Bauern gestattet, ihre Betriebe weiter zu führen. Die Prodotrjady stellten ihre Tätigkeit ein, und der Staat kaufte die Produkte von den Bauern zu fairen Preisen ab. Die Bauern schauten wieder optimistisch in die Zukunft. Doch dieser Optimismus konnte sich nur wenige Jahre halten. Die Ära der Kollektivwirtschaften begann.

Das waren die ersten schrecklichen Hungersjahre in der jungen Sowjetrepublik. Die weiteren folgten.

2.3. Zwangskollektivierung

Der Sozialismus duldet kein privates Eigentum an Land und Boden, auch nicht an anderen Produktionsmitteln. Schon deswegen konnte die NEP nur eine Übergangslösung sein. Wie es mit der Landwirtschaft weiter gehen sollte – diese Frage beschäftigte die Kommunisten schon immer. Im Politbüro des Zentralkomitees des WSDPdB (später KPSS) wurde kräftig diskutiert. Am Ende siegten *Stalin* und seine Anhänger, die für Kollektivwirtschaften auf dem Lande plädierten. Schon 1928 wurde die NEP eingestellt und mit der Zwangkollektivierung auf dem Lande begonnen.

Als wichtigstes Ziel in der Entwicklung der Sowjetunion sahen die Kommunisten die Industrialisierung des Landes. Dazu brauchte man viel Geld und neue freie Arbeitskräfte, die nach der Enteignung der Bauern der Industrie zur Verfügung standen. Außerdem konnte die Regierung mit den gebildeten Kolchosen leichter verhandeln als mit einzelnen privaten Bauern. Jede Kolchose bekam eine Planauflage zur Lieferung landwirtschaftlicher Erzeugnisse, die sie ohne Rücksicht auf den eigenen Bedarf erfüllen musste.

Um Devisen zu beschaffen, verkaufte die Sowjetunion in den 30er Jahren Getreide ins Ausland, obwohl die eigene Bevölkerung hungern musste.

Ein kurzes Zitat aus den Buch von Frau *Johanna Jenn*: „Die Geschichte einer Familiengeneration": „1932-1933 gab es die zweite große Hungersnot an der Wolga, in der Ukraine, im Kaukasus und im ganzen Land. Das war die Folge der Zwangskollektivierung. Der Hunger traf die Landbevölkerung besonders hart. Die Hungersnot war von Stalin geplant, eine Rache an die Bauern."

Frau Jenn wurde 1925 geboren und hat den Hunger 1932-1933 selber erlebt. Sie nennt auch Zahlen von an Hunger gestorbenen Menschen. In den Hungerjahren 1921-23 waren es etwa fünf Millionen, in den Jahren 1932-33 ca. zehn Millionen Menschen. Diese Zahlen werden auch von anderen Autoren genannt, zum Beispiel vom Schriftsteller *L.Hermann* in seinem Buch „Woshdi".

Wie die Kollektivierung verlief, möchte ich am Beispiel der deutschen Kolonie *Olgino* zeigen, wo meine Vorfahren ihre Bauernwirtschaften hatten und als reiche Bauern (Kulaken) enteignet und vertrieben wurden. Zu Wort kommen zwei Zeitzeugen, *Max Bretschneider* und *Wieland Rempel*. Bei Max Bretschneider lesen wir in seinen Erinnerungen:

„Die Stalin-Ära hatte begonnen. Mit großem Tamtam wurde 1928 der erste ‚*Fünfjahresplan*' verkündet. Die Perspektiven waren märchenhaft: hinter dem Ural, wo Erz- und Kohlevorräte am gleichen Fundort lagern, wurden Projekte geplant, von deren Ausmaßen der westliche Kapitalismus keine Vorstellungen hatte. Riesige Industriekombinate sollten in kurzer Zeit aus dem Boden gestampft werden. Gleichzeitig ging man daran, neue Städte zu bauen, in denen die Werktätigen in modernen, komfortablen Wohnungen leben sollten. Eine komplette Elektrifizierung des Landes wurde geplant. Aus einem Agrarland sollte in kurzer Zeit ein Industriestaat entstehen. Im Kreml saßen Planer und Visionäre.

Diese Projekte trugen alle die Handschrift der sowjetischen Gigantomanie. Auf Verlangen der Partei musste jedes geplante Objekt größer und leistungsfähiger sein als alle in westlichen Staaten gebauten Werke.

Der Fünfjahresplan zog große Belastungen der Bevölkerung nach sich. Der Staat brauchte Geld, und er brauchte Brotgetreide, Fleisch und Milch. Um jedes dieser Bedürfnisse erfüllen zu können, wurden ‚Beschaffungskampagnen' ausgedacht, die dann landesweit und mit Zwang durchgeführt wurden.

Die ‚*Geldbeschaffungskampagne*': Sie sollte durch massenhaften Verkauf von staatlichen Obligationen erzielt werden. Die Durchführung legte man in die Hände der zuständigen Parteisekretäre. Sie erhielten jetzt Gelegenheit, ihre Parteitreue unter Beweis zu stellen. Je höher die Summe der abgesetzten Obligationen, desto mehr würden sie ‚von oben' Anerkennung bekommen. Der in Olgino im Dorfsowjet sitzende Parteisekretär machte das, wie alle anderen auch, auf folgende Weise: er bestellte die Landwirte der Reihe nach – immer einzeln und immer während der späten Nacht – zu sich, forderte ohne Umschweife zum Kauf der Obligationen auf und nannte die Summe. Bei der geringsten Gegenrede kam schon der Revolver auf den Tisch mit der Drohung, wer sich weigere, könne als ‚Volksschädling' sofort verhaftet werden. Der Staat versprach, die Obligationen nach 25 Jahren wieder zurück zu kaufen, aber durch 100 Prozent und mehr Inflation verloren sie ihren Wert und wurden von den Besitzern weggeworfen.

Die ‚*Brotbeschaffungskampagne*': Für Brot und Brotgetreide verwendet man in russischer Sprachregelung dasselbe Wort ‚*Chleb*'. Die Kampagne zielte also auf die Beschaffung von Getreide ab. Nach der in Diktaturen üblichen Sprachregelung bedeutete ‚beschaffen' nichts anderes als zwangsweise eintreiben. Dafür wurden Einsatzkommandos der Jugendorganisation Komsomol mobilisiert und in die Dörfer geschickt mit dem ‚Kampfauftrag', Getreidevorräte ausfindig zu machen und abzutransportieren. Diese Kampagne wurde ganz brutal mit Kämpfen und Opfern vollzogen. Den Bauern wurde alles bis auf das letzte Korn konfisziert, oft sogar das Saatgut. Das führte zu Ernteausfällen und zu der nächsten großen Hungersnot 1930 bis 1933 mit Millionen von Opfern. Das war ‚Kommunismus pur'.

Die ‚*Fleisch- und Milchbeschaffungskampagne*': Wieder zogen die Einsatzkommandos über die Dörfer und requirierten Schlachtvieh. Auch hier, wie bei der Getreidebeschaffung, lautete pauschal die Parole, die Kulaken würden sich weigern, die Arbeiter- und Stadtbevölkerung mit Fleisch zu versorgen. In Olgino wurde so der Rinderbestand beträchtlich verringert. Wer noch eine Kuh hatte, war verpflichtet, 250 bis 300 Liter Milch oder 10 Kilogramm Butter je Kuh dem Staat kostenlos zu liefern. Diese Milchsteuer hatte Bestand auch in den Kriegsjahren und danach bis 1960.

Für die Hungersnot im Lande wurden wieder die privaten Bauern verantwortlich gemacht. Mit den Aktionen hatte Stalin seine Machtposition gefestigt. In der Folge befahl der Diktator, die Kollektivierung verstärkt voranzutreiben. Sein gefährlichster Rivale *Trotzki*, der gegen die stalinsche Politik auf dem Land war, wurde wegen Abweichung von der Parteilinie aus der Partei ausgeschlossen und des Landes verwiesen und später durch Stalinagenten im Exil ermordet.

Schon zuvor, als die privaten Landwirte aufgefordert wurden, sich freiwillig zu Kollektivwirtschaften zusammenzuschließen, bildeten sich in Olgino einige kleine Genossenschaften zur gemeinsamen Bearbeitung des Bodens. Man hoffte, auf diese Weise den angekündigten Maßnahmen des Staates zuvorzukommen, um sich einen gewissen Grad an Selbstverwaltung zu erhalten. Doch angesichts des verstärkten Drucks von ‚oben' schien es geboten, eine einzige Kollektivwirtschaft zu gründen. So entstand der Staatsbetrieb (Sowchos) ‚Kolos Nivy' (Kolos = Ähre, Niva = Getreidefeld), in den alle nicht vertriebenen Bauern als Landarbeiter aufgenommen wurden. Später wurde dieser Betrieb noch einmal umbenannt. Er nannte sich dann ‚Put k Kommunismu', auf Deutsch ‚Weg zum Kommunismus'.

Der Zusammenschluss der Gemeinde zu einem einzigen Staatsbetrieb veränderte das Leben in Olgino wesentlich. Aber es war noch einigermaßen erträglich, solange die Familien in eigenen Häusern wohnten. Doch dann wurden 1930 den Familien auch die Häuser abgenommen.

Obwohl landesweit die programmierte totale Enteignung und Kollektivierung durchgeführt war, also auch die letzten Einzelbauern entweder enteignet und liquidiert oder zwangsweise in die Kollektive oder Staatsbetriebe eingegliedert worden waren, gingen die Erträge an Getreide und Schlachtvieh rapide zurück. An diesem Misserfolg konnte nach Meinung der Partei nicht das Kollektivsystem, sondern nur der ‚Klassenfeind' schuldig sein. Der musste jetzt ‚entlarvt' werden. Und findige Parteifunktionäre hatten ihn auch sofort entdeckt. Es waren schon wieder die ‚Kulaken'! Die hätten sich scheinheilig und mit List in die Kollektive ‚eingeschlichen', um von innen heraus die Wirtschaft zu sabotieren!

Anfang August 1932 unterschrieb Stalin ein Dekret, das mit wenigen Zeilen und dürren Worten die Ausrottung jener Bevölkerungsschicht verfügte, die bisher im Agrarsektor die bedeutende Rolle gespielt hatte, nämlich die Schicht der vormals freien und selbständigen Bauern Russlands. Der Text lautete: „Die Erzeugung des Getreides durch die Kulaken wird ersetzt durch die Getreideproduktion der Kolchosen und Sowchosen. Das gibt der Bolschewistischen Partei die Möglichkeit, das Volk von der neuen Politik der totalen Kollektivierung und Liquidierung der Kulakenschaft als Klasse zu überzeugen."

Dieses Dekret sollte jene Parteifunktionäre und Staatsorgane zu erhöhter Aktivität anstacheln, die nach Stalins Meinung zu selbstgefälliger Bequemlichkeit neigten.

Als zweitem erteile ich das Wort Herrn *Wieland Rempel*: „1929 wurden die ‚reichen' Bauern (Kulaken) enteignet. Dazu gehörte auch mein Vater David Rempel. Die Taktik der Regierung war: jedem Privatbauern wurden individuell hohe Steuern auferlegt. Wenn der Betroffene sie bezahlt hatte, wurde ihm eine noch höhere Summe auferlegt, bis er schließlich nicht mehr zahlen konnte. Danach wurde die Familie enteignet und von Haus und Hof gejagt. Die Kampagne dauerte ein Jahr, bis schließlich im Sommer 1930 in Olgino keine Einzelbauern mehr übrigblieben. Alles, totes und lebendes Inventar, auch die Häuser, gehörten jetzt dem Staatsbetrieb, der zuletzt den Namen ‚Put k Kommonismu' (Weg zum Kommunismus) bekam. Das Schicksal der Familien war sehr unterschiedlich. Viele wurden nach Sibirien verschickt, weil die Kulaken nicht in die Kolchose aufgenommen wurden. Manche flohen in unbekannte Richtung, weil sie sich geweigert hatten, nach Sibirien umzusiedeln, so die Familie *Friedrich Lange* (mein Großvater – W.L.) und noch die Familien von drei meiner Brüder *David, Johannes und Dietrich Rempel*. Sie flohen heimlich nach Aserbeidschan in der Hoffnung, dort eine Bleibe zu finden. Später wurden sie auch dort aufgefunden und verhaftet. Ihre Schicksale endeten tragisch. Friedrich Lange ist im Gefängnis in Baku 1932 an Herzversagen gestorben. Mein Vater David Rempel wurde 1937 in Pjatigorsk erschossen. Seine Brüder Johannes und Dietrich verschickte man als Gefangene in den hohen Norden, wo sie am Bau des berüchtigten Belamor-Kanals teilnahmen und dort ums Leben kamen. Meine Brüder Helmut, Raimund und Guntram wurden 1941 durch Erschießen hingerichtet. So wurde mit den ungehorsamen Bauern und ihren Kulakenkindern verfahren."

Mein Onkel *Johannes Lange* wurde als Kritiker der Zwangskollektivierung 1938 in Krasnodar (Nordkaukasus) erschossen – W.L.

2.4. Die Hungerjahre 1929 bis 1933

Die nächste Hungersnot im ganzen Lande begann 1929 und dauerte bis 1933. Dieses Mal begann man mit der Zwangskollektivierung in der Landwirtschaft.

Die landwirtschaftliche Struktur wurde zerstört durch flächendeckenden brutalen Eingriff des Staates. Die Anbauflächen von Getreide und anderen Feldkulturen sanken drastisch. Auch der Viehbestand reduzierte sich sehr. Hierzu verfüge ich leider nicht über statistische Zahlen. Aber eine solche Auswirkung war unvermeidlich. Beispielhaft beschreibt diese Entwicklung in den Kosakendörfern am Don *M.Scholochow* in seinem Roman „Neuland unter dem Pflug", der in deutscher Sprache erschienen ist.

Auch die Erträge sanken stark. Die Bauern mit guten Erfahrungen und Kenntnissen wurden aus dem Produktionsprozess ausgeschlossen. Die Viehbestände und ihre Produktivität gingen drastisch zurück.

Alles zusammen führte zu einer Hungersnot im ganzen Lande mit entsprechenden Folgen.

Im Buch *„Der ukrainische Hunger-Holocaust"* schreibt *Dr. Dmitro Zlepko*: „Hervorgehoben werden muss, dass die Ukraine bis in die 30er Jahre immer noch ein bäuerliches Land war. Das echte Proletariat existierte nur in größeren Städten und war in nationaler Zusammensetzung mehrheitlich russisch. Daher ist es nicht verwunderlich, dass der Sieg des Sozialismus insbesondere das Dorf erfasste und die ukrainischen Kommunisten hier ihre Machtbasis gewinnen mussten. Durch die NEP (Neue Ökonomische Politik), die Privatbesitz erlaubte, erlangte das Bauerntum auch Macht als eigenständiger Faktor. Stalin erkannte diese Tatsache und schrieb 1925 an das Zentralkomitee der WKP(b): „Das Fundament der nationalen Frage, ihr inneres Wesen basiert auf der Bauernfrage. Schon dadurch erklärt sich, dass das Bauerntum die Hauptarmee der nationalistischen Bewegung darstellt."

Um den Kampf zu gewinnen, musste die Enteignung der Privatbauern und die Kollektivierung stattfinden. Nach den Beschlüssen der ukrainischen Kommunisten vom 25. Dezember 1929 sollten bis Oktober 1930 nur 21,6% der Landwirtschaften kollektiviert werden. Die Entscheidung der Moskauer Zentrale, die 10 Tage später getroffen wurde, sah den 100%igen Abschluss der Kollektivierung in der Ukraine bis 1932 vor. Ukrainische Proteste nutzten nichts. Auf Befehl Moskaus kamen an die 112.000 Funktionäre, überwiegend aus anderen Republiken, in die Ukraine. Bis zum Jahresumschwung 1930/31 war der Plan der ukrainischen Kollektivierung übererfüllt: 70% der Ackerfläche standen unter Kolchosverwaltung. Aus der Sowjetukraine verschickte die Kremlführung 1930 7,7 Millionen Tonnen Getreide, das in den Export ging. Das entsprach 33,0% der ukrainischen Gesamternte. Im Vergleich zur Sowjetunion betrug das Ernteaufkommen der Ukraine 1930 noch 27%; sie hatte aber die Verpflichtung, 38% des Aufkommens der gesamten Getreidereseven zu stellen. Die Bestände des Saatgutes in der Ukraine für die Aussaat 1932 schätzte man im Herbst 1931 als sehr knapp ein.

Der Plan für das Jahr 1931 sah 7.7 Millionen Tonnen Getreideabgabe der Ukraine an die SU vor. Die Ernte 1931 erbrachte nur 5,5 Millionen Tonnen. Für den Einzelbauern, den Kulaken, blieben für das Jahr 1931 nur 112 Kilogramm Brot, d.h. nur 300 Gramm Brot pro Person für jeden Tag des Jahres.

In der amtlichen Parteigeschichte der KP der Ukraine heißt es dazu lapidar: Bis Ende 1931 „konfiszierte man annähernd 200.000 Kulakengüter. Den Besitz übergab man dem Sozialfond der Kolchosen. Den schlimmsten und aktivsten Teil des Kulakentums verschickte man in andere Gebiete des Landes." Auch so kann Verschickung und Tod von ca. 1.2 Millionen ukrainischen Bauern 1931

Der ukrainische Hunger-Holocaust

Stalins verschwiegener Völkermord 1932/33
an 7 Millionen ukrainischen Bauern
im Spiegel geheimgehaltener Akten
des deutschen Auswärtigen Amtes

Eine Dokumentation, herausgegeben und eingeleitet von
Dr. Dmytro Zlepko

Verlag Helmut Wild

Dem größten Völkermordverbrechen unseres Jahrhunderts, dem von Stalin inszenierten Hunger-Holocaust in der Ukraine in den Jahren 1932/33, fielen zwischen 7 und 10 Millionen Menschen zum Opfer. 3,5 Millionen davon waren Kinder.

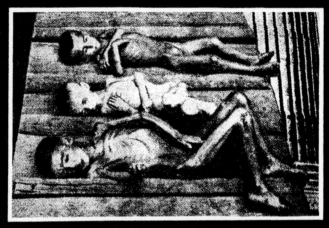

Die gesamte Ukraine wurde damals in ein überdimensionales Todeslager verwandelt. Im Irrsinn des Hungers, den sicheren Tod vor Augen, verzehrten Menschen das Fleisch verhungerter Kinder und die Weichteile von Leichen.

Bezeichnend für das perfekte Zusammenspiel westlicher „Sozialisten" und bolschewistischer Propagandisten ist der Besuch des ehemaligen französischen Ministerpräsidenten Herriot im August 1933 in der Ukraine. Gewissermaßen auf dem Gipfel der höchsten Leichenberge unseres Jahrhunderts erklärte Herriot die Ukraine zum blühenden sozialistischen Paradies.

Anderes berichten die hier vorgelegten Dokumente des deutschen Auswärtigen Amtes aus der Zeit von 1930 bis 1934 — ein historisch unzweifelhafter Bericht über den ukrainischen Hunger-Holocaust, der bis heute auch im Westen nicht zur Kenntnis genommen wird.

Verlag Helmut Wild   7419 Sonnenbühl 3

umschrieben werden. Die Verschickten landeten in Sibirien und Kasachstan. Die zurückgebliebenen Familienmitglieder, insbesondere Frauen, Kinder und Alte, starben. Hinzu kam die brutale Art, wie kollektiviert wurde. Der nach Westen emigrierte *Lew Kopelew* nahm an Getreiderequirierungen teil. Er beschreibt die Vorgänge in seinem Buch so: „Bewaffnete Jungkommunisten unter GPU-Schutz raubten das letzte Kilo Getreide aus der Bauernkate. Ihnen folgte der Hungertod mit Epidemien, Bauch-und Magenkrankheiten, das Totumfallen auf offener Straße. Die Vorgänge selbst waren staatlich sanktioniert und angeordnet, die Jungkommunisten waren nur die Gehilfen des Todes."

Im Frühjahr 1932 wurde das Getreide knapp. Es begann der große Hunger, freilich nicht für alle. Die Parteibrigaden hungerten nicht. Da Bauern da und dort Widerstand leisteten, begleiteten GPU-Abteilungen die Getreideeintreiber. Es entstand die paradoxe Situation, dass der Geheimdienst die raubenden Parteibrigaden – Diebe – vor den Eigentümern schützte. Auch die Geheimdienstler waren wohlgenährt. Nur die Bauern verstanden nicht, warum gerade sie als Einzige hungern und mit ihren Familien zu Grunde gehen sollten. Paradox klingt es, wenn der Bauer sein letztes Saatgut zu Brot macht. Aber es ist sehr logisch, wenn er es heute isst, um nicht morgen zuzusehen, wie Jungkommunisten es ihm unter GPU-Schutz gewaltsam wegnehmen.

Es verwundert nicht, dass die ukrainischen Felder im Frühjahr 1932 nur zu 10 Prozent bestellt wurden. Aber auf die Ernte musste noch gewartet werden. Es häuften sich Meldungen von Hungernden und Toten auf den Straßen. Sogar Kannibalismus wurde gemeldet.

Die ukrainischen Kommunisten protestierten. Aber Moskau ließ die Einwände nicht gelten. Nur der Plan musste erfüllt werden. Die Dritte Allukrainische Konferenz der KP der Ukraine, die im Juni 1932 tagte, hatte nur ein Thema: die kritische Situation des ukrainischen

Bauerntums. Auf alle Einwände der Ukrainer hatte Stalin nur eine Antwort: „Konzessionen oder Zugeständnisse irgendwelcher Art in Bezug auf die Erfüllung der von Partei und Sowjetregierung an die Ukraine gestellten Aufgaben wird es nicht geben."

Die Umstände und die Lage der Bauern in der Ukraine waren allen bekannt. Freilich nicht alle zogen daraus die Konsequenz, wie es der ukrainische Kommunist *Mykola Chwylowyj* tat. Er erschoss sich am 13. Mai 1932. Viele ehrliche Kommunisten folgten ihm. Sie hatten in ihrem Kommunistendasein die Empfindsamkeit des Menschen bewahrt.

Gleichzeitig konnte die Kremlführung nicht deutlicher zeigen, dass es hier nicht um irgendeinen Kommunismus/Sozialismus in der Ukraine, sondern um die Wahrung des alten imperialen Einheitsstaates unter russischer Federführung im neuen revolutionären Gewande ging.

„Ukrainische Kommunisten" und NEP-Bauern bedrohten das neue Imperium. Sie mussten schnellstens wieder unter Kontrolle des Kreml gebracht werden. Dazu waren alle Mittel, auch dem des Hungers, recht. Noch Ende 1932 bestand ja die Möglichkeit, dass der Staat der Bauernschaft, den Kolchosbauern wie den Einzelbauern, helfen konnte. Es gab noch Reserven an Getreide.

Im Spätherbst 1932 begann man mit dem Aufstellen von „Schwarzen Listen" (Proskriptionslisten) derjenigen Landkreise, in denen die Vorgaben der Getreideaufbringungskampagne nicht erfüllt wurden. Bekanntlich folgten solchen Abmahnungen Taten. Sie ließen nicht lange auf sich warten. Am 6. Dezember 1932 entschied das ZK der KP der Ukraine, dass die staatlichen Organe der Ukraine gegen den Versuch der Bauern, die Getreideablieferung zu sabotieren, Repressionen anwenden würden. Daher wurden in den Kreisen, die auf die Proskriptionslisten gerieten, folgende Maßnahmen ergriffen:

1. Die Versorgung mit Bedarfsartikeln wurde gestoppt.
2. Der Warenhandel für den täglichen Bedarf, der bis dahin von den Einzelbauern betrieben wurde, wurde verboten.
3. Kredite wurden gesperrt.
4. Säuberungen in den örtlichen Administrationen und Wirtschaftsbetrieben wurden durchgeführt.
5. Aus den Kolchosen wurden alle unzuverlässigen Elemente entfernt.

Die Maßnahmen galten für alle 86 Kreise der Sowjetukraine. Es war die berühmte *Zweite Russische Revolution von oben*, wie Stalin die Kollektivierung später nannte. Verwirklicht wurde sie durch ‚Krieg', wie es der deutsche Diplomat in Moskau *Gustav Hilger* in seinen Memoiren nannte:

„Krieg gegen die Bauern, die ihren Lebensstandard während der NEP verbessert hatten, Krieg gegen die Händler, die kleinen Unternehmer, die bürgerlichen Spezialisten, Krieg gegen alles, was der früheren herrschenden Klasse angehört hatte, und schließlich auch gegen den noch verbliebenen Einfluss der Gewerkschaften.

Um diesen Kurs der forcierten Industrialisierung und Kollektivierung in einem halsbrecherischen Tempo durchführen zu können, wurde jede Opposition zerschmettert. Mehr noch: jeder, der es an Bemühungen, Begeisterung und blindem Gehorsam gegenüber der kommunistischen Führung fehlen ließ, wurde zunächst mundtot gemacht und dann physisch ausgeschaltet."

Nach diesem „Krieg" gegen alles, der Einstellung der Versorgung mit Gebrauchs- und Nahrungsmitteln in der Ukraine durch den Staat begann die Abwanderung der Dorfbewohner in die Stadt. Hier hofften sie, bessere Bedingungen fürs Leben vorzufinden.

Auf diese Abwanderungsbewegung reagierte der Staat sofort. Am 27. Dezember 1932 erfolgte die Einführung des Pass-Systems. Niemand durfte ohne Erlaubnis seinen Ort verlassen. Diese erzwungenen Beschränkungen wurden jedoch nicht befolgt. Im Winter 1932/33 gehorchte der ukrainische Bauer dem Hunger, nicht staatlichen Gesetzen. Zusätzlich stoppte die GPU die einsetzende Landflucht. Die Grenzen zur Russischen Föderativen Republik wurden gesperrt. Der Versuch, die Ukraine illegal zu verlassen, wurde mit Erschießung an der Grenze beantwortet. Es entstanden zum Jahreswechsel 1932/33 die ersten entvölkerten Gebiete. Es häuften sich Meldungen von Kannibalismus. Hungertote lagen unbeachtet auf den Straßen größerer Städte. Nachts brachten Spezialtrupps die Hungerleichen hinter die Stadtgrenzen und verscharrten sie in Massengräber. In dieser Zeit werden an die 25.000 Hungertote pro Tag geschätzt.

Auf die geschwächten Bauern, die Verhungernden (insbesondere Kinder) und auf die Realität wurde keine Rücksicht genommen. Im Frühjahr 1933 setzte der Hunger voll ein. Dem größten Völkermordverbrechen des 20. Jahrhunderts, dem von Stalin inszenierten Hunger-Holocaust in der Ukraine in den Jahren 1932/33, fielen zwischen 7 und 10 Millionen Menschen zum Opfer. 3,5 Millionen davon waren Kinder. Diese Zahl gibt der Landwirtschaftsexperte der deutschen Botschaft in Moskau, *Otto Schiller*, in seinen Berichten an.

„Die gesamte Ukraine wurde damals in ein überdimensionales Todeslager verwandelt. Im Irrsinn des Hungers, den sicheren Tod vor Augen, verzehrten Menschen das Fleisch verhungerter Kinder und die Weichteile von Leichen." So schilderte Dr. Dmytro Zlepko die Lage in der Ukraine während der Zwangskollektivierung Anfang der 30er Jahre des 20. Jahrhunderts.

Über den Hunger in der Ukraine in den 30er Jahren schreibt *Heinrich Mantler* in seinem autobiographischen Buch „Kimpersai". Herr Mantler ist als Mennonit 1919 in der Ukraine geboren und hat alle Strapazen des Sozialismus in der Sowjetunion miterleben müssen. Das bedeutet, dass er als 11-14jähriger Junge die Zwangskollektivierung und Entkulakisierung miterlebt hat. Vor seinen Augen wurden sein Vater und der ältere Bruder verschleppt. 1938 wurden beide erschossen. 1941 wurde er mit Mutter und anderen Geschwistern, wie auch alle Deutschen, nach Kasachstan deportiert und sofort noch in demselben Jahr in die Trudarmee mobilisiert. *Kimpersai* nannte sich das Lager für Trudarmisten, in dem Herr Mantler fünf Jahre gefangen gehalten wurde, schwer arbeiten musste und wie ein Wunder die Zeit überlebte. Viele seiner Mitstreiter sind verhungert oder tragisch umgekommen.

Herr Mantler schreibt über den Hunger in der Ukraine Folgendes: „Der Hunger in der Ukraine war so schrecklich, dass ganze Dörfer ausstarben. Es gab mehrere Ursachen dafür. Erstens gab es trockene Jahre, die mit Ernteausfall verbunden waren. Zweitens haben sich durch Enteignung und Kollektivierung die Anbauflächen von Getreide verkleinert. Und drittens, und das war für den großen Hunger das Entscheidende, hat der Staat den Bauern alles weggenommen; sogar das Saatgut wurde konfisziert. In von Ukrainern bewohnten Dörfern gab es Fälle, wo die Eltern ihre eigenen verstorbenen Kinder verspeisten. Ein Zeuge, der selber als Bettler im Dorf um Nahrungsmittel bettelte, erzählte, dass eine Frau Körperteile von ihrem Kind gekocht und gegessen habe. Im Sommer ernährten sich die Menschen von Gräsern, Zieselratten, Fischen. Katzen und Hunde verschwanden aus den Dörfern."

Über Kannibalismus in der Ukraine schreibt auch *Hartmut Rempel* in seinen Erinnerungen. Er war als Häftling am Bau eines Dammes am Fluss Dnjepr im Jahr 1933 beteiligt. Es seien auf dem Basar Buletten aus menschlichem Fleisch verkauft worden. Das wurde von der Miliz entdeckt, und es gab nicht nur Gerüchte, sondern auch Gerichtsprozesse.

Über die Hungerjahre 1931-1935 lesen wir im Bericht des Lehrers *Artur Reiche* „So sah es 1931-1935 in den deutschen Dörfern Kandel, Mannheim und Straßburg bei Odessa aus" (Heimatbuch 1995-1996, S.76). Die Darstellungen des Autors sind authentisch und zeigen anhand von Erlebnissen und Beobachtungen einen Abschnitt der Zeitgeschichte zwischen der *Leninschen* „Neuen Ökonomischen Politik – NEP" und dem Zerfall der deutschen Kolonien im Zuge der Kollektivierung und deren Weiterentwicklung:

„Es hat sich vieles verändert seit dem Einzug des Sozialismus mit Hunger und wirtschaftlichem Ruin in den satten Kolonien, die zwar noch leben, aber bereits vom Tode gezeichnet sind. Die Familie meines Freundes *Leo Hoyer* ist entkulakisiert worden, obwohl Leos Vater nur ein tüchtiger Wagenbauer war. Niemand weiß, wo die Familie geblieben ist.

Die große *Familie Marquart* mit Großvater, Vater, Mutter, Söhnen, Töchtern, Schwiegersöhnen, Schwiegertöchtern und Enkeln ist verschwunden, obwohl diese Familie keine fremden Arbeitskräfte beschäftigte, sondern alles mit eigenen Kräften bewirtschaftete. Als ihr ehemaliger Nachbar weiß ich das ganz genau. Jetzt sind sie alle in Sibirien oder sonstwo im Norden, wenn sie nicht vorher beim Transport an Hunger oder Entbehrungen zugrunde gegangen sind.

Von meinen Klassenkameraden sind nur noch Wenige da. Viele wurden mit ihren Familien entkulakisiert. Bis jetzt ist jede vierte Familie enteignet worden. Doch die Seuche der Entkulakisierung, begleitet von Hunger, frisst sich immer weiter, fordert mehr und mehr Opfer.

Die verbliebenen Kolchosbauern (oder rechtlosen Landarbeiter) haben es nicht leicht. Auf die ihnen zustehenden Zuteilungen müssen sie bis zum Jahresende warten, um etwas Getreide zu bekommen – wenn sie überhaupt etwas bekommen. Denn das Plansoll für Getreide ist besonders hoch, Saatgut muss abgestellt werden, und das Kolchosvieh braucht Futter, um in seinem Bestand nicht gefährdet zu sein. Unter diesen Umständen bleibt nicht viel übrig, was man unter die Kolchosbauern verteilen könnte.

So musste der Kolchosbauer ständig gegen den Hunger kämpfen, obwohl er der Lebensmittelproduzent ist."

An den Hunger und die Leiden der Menschen in den Jahren 1929 bis 1935 erinnert sich auch *Maria Schumm* im Heimatbuch 1995/1996, S. 70, „Meine Mutter und die Kulakenkinder": „Während ich den Leidensweg meiner Mutter niederschreibe, denke ich an alle Mütter, die ein ähnliches Schicksal hatten, und das war die überwiegende Zahl der russlanddeutschen Mütter.

1931 begann man in den deutschen Dörfern die Kirchen zu schließen, die Pfarrer zu verhaften und sakrale Gegenstände zu plündern, zu schänden oder zu vernichten. In diesem Jahr führten wir noch unsere private Bauernwirtschaft. Eines Tages wurde mein Vater ‚abgeholt' und in das Gefängnis der 30 Kilometer entfernten Stadt Odessa gesteckt. Er sollte gestehen, wo er das Getreide versteckt hatte, das er dem Staat abliefern sollte. Vater konnte nichts gestehen, denn er hatte wirklich kein Getreide mehr. Sogar das Saatgut für das kommende Jahr wurde konfisziert. Das Ablieferungssoll war so hoch, dass niemand die Norm erfüllen konnte. Unsere Familie lebte nur noch von Maismehl, Kartoffeln und Rüben. Trotzdem wurden wir bald darauf zu Kulaken abgestempelt und enteignet.

Es war an einem kalten Sonntag, vormittags, als drei bewaffnete Männer polternd in unser Haus kamen, meiner Mutter ein Papier unter die Nase hielten und barsch erklärten: ‚Sie sind als Feinde unseres sowjetischen Staates entlarvt. Sie haben unverzüglich Haus und Hof zu verlassen. Ihr ganzer Besitz wird zum Eigentum des Staates erklärt.' Wir standen obdachlos, weinend und frierend buchstäblich auf der Straße. Die Schwester unseres Vaters, eine Witwe mit zwei Töchtern und einem kleinen Häuschen, nahm uns schließlich zu sich auf, obwohl es verboten war, Kulaken aufzunehmen.

Es begann eine schwere Zeit für Mutter und uns Kinder. Die wenigen Lebensmittel, die wir mitnehmen konnten, waren bald aufgebraucht. Zum Glück hatte Mutter so manches gute Stück an Geschirr und Wäsche in Vorahnung der Dinge, die auf uns zukommen würden, bei guten Bekannten untergebracht. Jetzt ging sie Tag für Tag in benachbarte Ortschaften, um dafür Lebensmittel einzutauschen. Aber das war gefährlich, und wenn man erwischt wurde, so war man nicht nur seine Ware los, sondern kam auch noch als ‚Spekulant' ins Gefängnis.

Mutter musste nicht nur unsere Mäuler stopfen, sondern auch noch Vater im Gefängnis versorgen. Ohne ihre Hilfe wäre er mit einem Liter Wasser und 200 Gramm Gerstenbrot pro Tag verhungert.

Als Kulaken hatten wir weit und breit kein Wohnrecht und Recht auf Arbeit. Wir hatten auch keine legalen Personalausweise. Meine Mutter suchte aber einen Ausweg aus dieser Situation. In einem staatlichen landwirtschaftlichen Betrieb konnte sie mit Genehmigung des Leiters illegal als ‚Hackerin' auf den Gemüsefeldern arbeiten. Dort bekamen wir auch eine Bleibe. Als Lohn gab es Naturalien. Wir haben immer noch gehungert, sind aber am Leben geblieben. Der Leiter des Betriebes hatte Mitleid mit uns. Mutter bedankte sich überschwenglich bei ihm, denn so waren wir gerettet.

In diesem Jahr 1933 starben in der Sowjetunion Millionen Menschen den Hungertod, Russen, Ukrainer, Deutsche. Zu ihnen gehörte auch die Schwester meines Vaters aus unserem Heimatdorf, die mit ihrem Mann und fünf von sieben Kindern innerhalb von neun Monaten nach Enteignung und Vertreibung verhungerte."

Der russisch schreibende deutsche Schriftsteller *Leo Hermann* beschreibt in seinem Buch „Woshdi" (die Führer), wie in der Sowjetunion unter Leitung von Stalin die Kollektivierung in der Landwirtschaft durchgeführt wurde. In dem Abschnitt „Vernichtung der Bauernschaft", S. 252, lesen wir:

„Den Auftrag einen Plan auszuarbeiten, wie man die Bauern enteignet und dabei die reichen Bauern (Kulaken) vernichtet, bekam sein Stellvertreter *Wjatscheslaw Molotow*. Zu den Kulaken zählten die Bauern, die mehr als zwei Pferde besaßen und in der Erntezeit Landarbeiter beschäftigten. Sie wurden nach Molotows Plan total enteignet, und die Familien sollten in den Hohen Norden, nach Sibirien, Kasachstan oder in den Fernen Osten verschickt werden. Die Wenigen, die Widerstand leisteten, wurden verhaftet, kamen auf viele Jahre ins Gefängnis oder wurden durch Erschießen hingerichtet. Diesen Vorgang nannte man *Entkulakisierung*. Die ärmeren Bauern wurden auch enteignet, und es wurden Kollektivwirtschaften (Kolchosen) gegründet. Mit der Vernichtung der Kulaken und der Zwangskollektivierung begann man 1928. 1933 gab es in der Sowjetunion keine privaten Bauernwirtschaften mehr. Es wurde nicht lange experimentiert, und als Folge dieser Umstrukturierung brach in dem großen Land eine Hungersnot mit Millionen von Toten aus."

Die Enteignungen und Zwangskollektivierungen liefen unter tatkräftiger Unterstützung der landlosen, armen Landbevölkerung ab. In der Zeitung „Prawda" schreibt *I.Wareikis*, Mitglied der Molotow–Kommission: „Die Entkulakisierung schreitet mit Erfolg voran mit aktiver Unterstützung der armen Landbevölkerung... Die armen Männer und Frauen dringen zusammen mit den ausführenden Behörden in die Höfe der reichen Bauern ein und holen sich Vieh, Getreide und Hausratsgegenstände, also alles was sie dort finden, heraus. Aus eigener Initiative bewachen sie nachts die Wege, um die Flucht fliehender Kulaken zu verhindern. Das war eine voluntaristische Plünderung, Raub mit Zustimmung und Bevormundung der Machthabenden."

An dieser Stelle füge ich einige Szenen aus meinem Buch ‚Der Steinige Weg' ein, die aus den Erinnerungen von *Maria Dyck*, geb. Schmidt, und ihrem Ehemann *Dietrich Dyck* stammen: „Dank unserer geographischen Lage befand sich Olgino gerade auf der Linie, in der die Fronten der kriegerischen Parteien fortwährend wechselten. Da uns die Roten, unterstützt durch kämpferisch gestimmte Knechte und Tagelöhner, mehrmals beraubten und zu ermorden drohten, suchten wir Schutz bei den Weißen. Wir hatten auch eine Nachricht bekommen, dass eine Reihe von namhaften Landwirten ermordet werden sollte. Der Schutz durch die Weißen garantierte uns keine Sicherheit, da beim ersten Anrücken der Roten die Kosakenregimenter den Rückzug antraten. Uns blieb also kein anderer Ausweg übrig, als in schneller Flucht Olgino zu verlassen...

Wie gut es war, dass wir uns durch die Flucht zurückgezogen hatten, wurde durch traurige Tatsachen bestätigt. In unserer Abwesenheit wurden die in Olgino zurückgebliebenen drei Frauen, die zwei Schwestern *Maria* und *Helene Rempel* und auch das alte *Ehepaar Pankratz* zu den leidenden Personen. Sie waren während unserer Flucht zu Hause geblieben, um das Vieh zu versorgen. Als Helene bei der Arbeit war, kam zu ihr in den Stall ein betrunkener Soldat von den Roten und vergewaltigte sie. Dann forderte er ein Pferd und einen Sattel. Helene verweigerte die Herausgabe. Der Soldat zog den Säbel, bedrohte sie und schrie: ‚Das alles gehört uns!' Als die Frau fliehen wollte, rannte ihr der Mann nach und hieb ihr den Kopf ab. Auf das Geschrei im Stall eilte die Schwester zu Hilfe. Sie wurde ebenfalls erbarmungslos niedergemetzelt.

Der alte Pankratz leistete auch Widerstand, wurde dabei an seinem Haus erschossen. Das alles erzählte uns Frau Pankratz, als wir nach Olgino zurückkehrten. Im Nachbardorf Romanowka wurden eine Frau und ein Mann von den bösen Leuten mit Säbeln zusammengehackt. Das lässt ermessen, welches Blutbad es hätte geben können, wenn wir in den Orten geblieben wären. In Romanowka wurde auch noch *Frau Zacher* (Witwe des in Palästina verstorbenen Lehrers Christian Zacher) von den roten Banden auf bestialische Art ermordet. Nach der Rückkehr von der Flucht fand man ihren Körper mit abgehacktem Kopf."

Aus den Schilderungen von Maria Dyck ist ersichtlich, unter welchen bedrohlichen Umständen die Deutschen in ihren Dörfern leben mussten. Der Hass hatte sich seit vielen Jahren entwickelt, angefangen bald nach der Massenansiedlung in der Zeit, als die Zarin *Katharina II.* an der Macht war. Schon die Privilegien (Steuererleichterungen, Befreiung vom Wehrdienst, Tolerierung der Glaubensrichtung, deutsche Schulen u.a.), die den Deutschen durch Gesetze garantiert waren, riefen bei der heimischen Bevölkerung Neid und Hass hervor.

Die Privilegien wurden schon im 19. Jahrhundert Schritt für Schritt abgebaut. So hat Zar *Alexander III.* 1871 durch Gesetze die Selbstverwaltung der deutschen Kolonien aufgehoben. Es wurde auch die allgemeine Wehrpflicht eingeführt. In den Schulen wurde Russisch als Hauptsprache eingeführt. Hinzu entwickelte sich unter der russischen Bevölkerung eine panslawistische Bewegung, die das Ziel hatte, alle nationalen Minderheiten im Zarenreich zu russifizieren. Außerdem gehörten die deutschen Bauern aufgrund von Fleiß und Unternehmungslust überwiegend zu den Reichen. In den Erntezeiten beschäftigten sie aus den Nachbardörfern kommende Landarbeiter. Russisch nannte man sie *Batraki* (Tagelöhner, Knechte). In der Sowjetzeit verstand man unter diesem Begriff einen unterdrückten, rechtlosen Sklaven. Durch die russische Revolution sollten Batraki und Batratschistwo (Knechtstum) verschwinden. Die Wut des armen Teils der Russen auf die deutschen Bauern war groß; aber noch größer waren die Differenzen zwischen der Bevölkerung und den russischen Großgrundbesitzern (Pomeschtschiki). Ihre Güter wurden durch die aufgebrachten Massen gestürmt, ausgeraubt, zerstört und in Brand gesteckt, und zwar gleich nach der Oktoberrevolution, also zehn Jahre vor der Zerschlagung der privaten Bauernwirtschaften und der Zwangskollektivierung. Das waren die Zeiten der Gesetzlosigkeit und des Bürgerkrieges in den Jahren zwischen 1918 und 1922.

Die Oberhäupter der Familien, die in Olgino blieben, wurden verhaftet und später gezwungen, nach Sibirien umzusiedeln. So geschah es mit der Familie des Gemeindeältesten und geistlichen Führers *Dietrich Dyck*. Seine Frau *Maria Dyck* erzählt:

„Am 27. Januar 1930 sitzen wir abends um unserem Tisch herum wie gewohnt. Dann steht mein Mann auf und meint, es sei Zeit zum Schlafengehen. Er geht in die Küche, um seine Zähne zu putzen. In dem Moment höre ich an der Tür ein Klopfen. Ich gehe an die Tür und frage: ‚Wer ist da?' Als Antwort höre ich: ‚Öffnen sie sofort, Hausdurchsuchung!' Drei uniformierte Männer stürzen in die Wohnung. Dietrich fragte, was sie als Erstes sehen wollten. ‚Legen sie erst mal alle Dokumente und Papiere auf den Tisch, so auch alle von ihnen erhaltenen Briefe!' – verlangte der Eine.

Zwei dieser Männer setzten sich an Dietrichs Schreibtisch, um alle Dokumente und vorgelegten Papiere und Briefe zu studieren. Der erste, anscheinend ihr Vorgesetzter, stellte Fragen: 'Haben Sie Waffen im Haus? Kennen Sie jemanden, der Waffen besitzt?' usw. Dietrich antwortete etwas aufgeregt, aber ich bewunderte seine Ruhe. Dann rollten sie die Briefe und sämtliche Papiere zusammen und forderten ihn auf, sich bereit zu machen. Er erschrocken: ‚Ich werde arretiert?' – 'Ja' – Ein schmerzlicher Ausruf: ‚O Gott!' Und fort ging's. Käthe half ihm seinen Mantel anzuziehen, suchte ihm seine Galoschen, rollte seine Wattedecke zusammen, weil der Eine meinte, man solle ihm etwas Warmes mitgeben.

Ich stand unter Schock und war erst zurückhaltend; dann ging ich in die Küche und rief: 'Wie? Den alten Mann zur Nacht hinausjagen?' Ach, nicht einmal 'Gute Nacht!' hat man sich gesagt. Mein lieber Guter rief noch vom Hof aus: ‚Gehabt euch wohl!'"

Dietrich Dyck wurde nach einem halben Jahr wieder freigelassen, und die ganze große Familie (zwei Söhne, Nikolai und Dietrich junior, mit Familien und drei Töchter mit Familien) zogen nach Beresniki in den nördlichen Ural, wo er 1937 starb.

Was weiter mit der Familie geschah, schildert sein Enkel *Dietrich Dyck jun.*, der in der Stadt Beresniki am Fuße des Uralgebirges (Russland) auch heute noch wohnt:

„Nach der Entlassung meines Großvaters *Dietrich Dyck* aus dem Gefängnis wurde das Leben der Familie in Olgino unerträglich. Am 27. August 1931 starb meine Großmutter *Maria Dyck*, geb. Schmidt.

Schon sieben Tage davor wurden mein Vater, auch *Dietrich Dyck*, und sein älterer Bruder *Nikolai* durch die von dem neuen Dorfrat vorgenommene politische Säuberung zu Kulaken erklärt. Das geschah trotz ihrer fast dreijährigen Zugehörigkeit zum Kollektiv (Kolchose). Sie wurden aus der Kolchose ausgeschlossen und noch mit je 300 Rubel Strafe belegt. Das bedeutete, dass sie Olgino verlassen mussten. Gegen den Beschluss des Dorfrates konnte man keine Beschwerde einlegen; sie war endgültig. Sämtliches Inventar, inklusive Möbel, Wäsche und Betten, wurde konfisziert.

Mein Vater und mein Onkel liquidierten kurz entschlossen die ihnen auferlegte Pflichtzahlung und begaben sich schon am 22. August auf die Arbeitssuche weit weg von Olgino."

In diesem Zusammenhang schreibt *Dietrich Dyck* sen. in seinen Erinnerungen:

„So waren wir also endgültig von unserer Scholle und von unserem Heim losgerissen worden; und die Zerstreuung unserer Familie hatte ihren Anfang genommen. *Nikolai und Dietrich* waren unterdessen auf ihrer Arbeitssuche in den Norden vorgedrungen und hatten sich in Beresniki, einer neuaufsprießenden Industriestadt, sesshaft gemacht, d.h. sie hatten dort eine lohnende Beschäftigung gefunden. Erwerblich fanden sie sich so gut situiert, dass sie es wagen konnten, ihre Familien nachkommen zu lassen. Diese kamen denn auch noch vor Weihnachten 1931 dort an. So hatte sich also für unsere Familie ein gewisser Sammelplatz im hohen Norden Russlands gebildet."

Dazu muss bemerkt werden, dass Dietrich Dyck und seine Söhne zu den Menschen gehörten, die den Umwälzungen in der Landwirtschaft sehr loyal gegenüberstanden. Sie sind in die neugegründete Kolchose eingetreten, wurden aber später als Kulakenkinder ausgeschlossen und vertrieben. Dietrich Dyck sen. starb 1937, seine Söhne Dietrich und Nikolai und auch der Enkel Werner Tietz wurden ein Jahr später verhaftet und hingerichtet. Das Schicksal der Kulakenkinder hatte sie eingeholt.

So verlief in der Sowjetunion die Kollektivierung in der Landwirtschaft, begleitet durch die Entkulakisierung. Und was ist daraus geworden? Eine schreckliche Hungersnot mit Millionen von Toten und Hinrichtungen.

Ich zitiere weiter aus dem Buch des Schriftstellers *Leo Hermann* „Woshdi":

„Die Molotow-Kommission, die das Ziel hatte, das Land von den reichen Bauern zu befreien, hat ihre Arbeit in den 30er Jahren intensiv fortgesetzt. An Stalin wird in einem Rapport berichtet: ‚In den Norden Russlands wurden bis Ende 1932 50.000 Familien umgesiedelt.' Zu diesem Zeitpunkt waren in den Wäldern des Nordens nur für 20.000 Familien Baracken gebaut, und die waren ohne Licht und Heizung. Das bedeutete, dass 30.000 Familien in selbstgebauten Erdhütten wohnen mussten. Niemand kümmerte sich um die Versorgung der Übersiedler mit warmen Kleidern und Nahrungsmitteln. Durch Frost und Hunger starben die Menschen massenhaft.

Stalin telegrafierte an den Sekretär des Sibirkreikomitees der KP(b), *Eiche*: ‚Dringend müssen Maßnahmen ergriffen werden, damit bis Mitte April 1932 zusätzlich noch mindestens 15.000 Familien übernommen werden können.'

Diese Befehle wurden auch pünktlich erfüllt. Nicht nur in den Wäldern Sibiriens, sondern in der menschenleeren Steppe Kasachstans wurden Menschen aus den Viehwaggons ausgeladen und sich selber überlassen. Oft waren das Steppengebiete, wo nur strukturloser Salzboden vorhanden war, auf dem praktisch keine Kulturpflanzen wachsen."

„Diese fruchtlose Steppe kenne ich sehr gut", schreibt L. Hermann, „in den 50er Jahren bin ich dort viele Kilometer als Geologe zu Fuß unterwegs gewesen."

Trotz allem, die Menschen mussten dort bleiben und bauten Erdhütten und gründeten Siedlungen. So eine Siedlung, die von Kulakenfamilien aus der Ukraine gegründet wurde, ist auch mir bekannt (W.L.). Im Dezember 1941 während der Deportation wurden ich und meine Familie (Mutter, Schwester, Tante und Großmutter) in einer solchen Siedlung, *Iwanowka*, untergebracht. Armut, Elend, Verzweiflung bestimmten das Leben der armen Leute. Darüber können Sie, lieber Leser oder liebe Leserin, in meinem Buch „Schicksal der Deutschen in der Sowjetunion" nachlesen.

L.Hermann schreibt weiter: „Die Kampagne zur Vernichtung der reichen Bauern wurde auch durch die neue sowjetische Intelligenz unterstützt. So schrieb der bekannte Schriftsteller *M.Gorkij* an das ZK KP(b) der Ukraine: ‚...Säuberung der Zentren von menschlichem Müll – ist eine wichtige unvermeidbare Sache...'

‚Es muß ein schwerer, vernichtender Schlag die Kulaken treffen...' – schrieb das Mitglied der Molotow-Kommission und Mitglied des Zentralkomitees der KP(b), *S.Kossior*.

‚Kolonnen von Traktoren graben Gräber für die Kulaken' – sagte in seinen Reden *S.Kirow*, der bald danach selber in einem solchen Grab landete.

Anfang der 30er Jahre traf der Hunger die Ukraine am stärksten. Vor Hunger gestorbene Menschen lagen auf der Straße, und niemand hatte die Kraft, sie zu beerdigen. Ich habe das mit eigenen Augen gesehen."

Der Hunger war künstlich organisiert. In der Stadt *Browary*, nicht weit von Kiew, gab es einen großen Getreidespeicher mit einer Million Tonnen Weizen. Dieser Vorrat wurde nicht angetastet. Er war für den Krieg bestimmt. Mit Beginn des Krieges wurde dieser Speicher gesprengt und das Getreide verbrannt.

Gleichzeitig verkaufte die Sowjetunion Getreide ins Ausland, um neue Technik und Industrieanlagen zu kaufen und die Industrialisierung des Landes voranzutreiben. 1930 exportierte die Sowjetunion 3,0 Millionen Tonnen Getreide. 1931 waren es 3,2 Millionen, 1932 1,1 Millionen. Sogar im Jahr 1933, in dem die Hungersnot am größten war, wurde eine halbe Million Tonnen verkauft. Man brauchte Geld für die Industrialisierung des Landes. Dass die Menschen durch den Hungertod massenhaft starben, hat den ‚großartigen Führer aller Völker' am wenigsten interessiert und aus der Ruhe gebracht. Mit Blut, Schrecken und Hunger trieb er die großen Pläne der Industrialisierung voran.

Im Zuge der Enteignungen und Zwangskollektivierung verließen die ehemaligen Bauern massenhaft die Dörfer und zogen in die Städte. Dort wurden sie teilweise zu billigen Arbeitskräften, teilweise zu Vagabunden und obdachlosen Bettlern. Laut Bericht des GPU (Staatliche Politische Verwaltung) haben in kurzer Zeit mehr als zwei Millionen Menschen die Dörfer verlassen und sind in die Städte gezogen.

Um das zu stoppen, hat Stalin auch hier schnell eine die Menschen diskriminierende Idee entwickelt. Jeder Bürger bekam einen Personalausweis, nur die Kolchosmitglieder bekamen keinen. Dadurch war ihre Mobilität beschränkt. Wer ohne Personalausweis erwischt wurde, kam ins Gefängnis oder in ein GULAG-Lager, wo er zu Zwangsarbeit in der Industrie verpflichtet wurde. So entstand auf viele Jahre für die Dorfbewohner eine staatliche Leibeigenschaft. Erst in den 60er Jahren wurde das Gesetz abgeändert. Besondere Jagd hat man auf solche *Kulaken* und ihre Kinder betrieben, die aus den Dörfern ohne Personalausweis vertrieben wurden und sich geweigert hatten, nach Sibirien umzuziehen.

Ein solches Schicksal erlebten meine Großeltern und meine Eltern und auch andere Olginoer, als sie als Kulaken aus ihrem Dorf *Olgino* vertrieben wurden und für sich eine Bleibe suchten. Ich zitiere aus meinem Buch „Der steinige Weg":

„Im Lauf der Jahre 1930-1932 waren die meisten deutschen Familien gezwungen, Olgino zu verlassen und für sich eine neue Bleibe zu suchen. Einige zogen nach Berdjansk am Asowschen Meer, nach Kuban (Kropotkin), nach Sotschi (*Armin Lange mit Familie*), an den Ural (Beresniki: *Familie Dyck und andere*), nach Aserbeidschan (Lenkoran: *Friedrich Lange, die Brüder Rempel*), nach Georgien (Luxemburg: *Rolf Lange mit Geschwistern*) usw. Doch mit dem Verlassen des Dorfes hatten sich die Olginoer nicht in Sicherheit gebracht. Es war ihnen nur gelungen, sich der Verfolgung für einige Zeit zu entziehen. Denn Stalins Rachsucht, den ‚Klassenfeind' (sprich Kulaken und ihre Kinder) aufzuspüren und zu vernichten, erlosch nicht; er schürte sie unerbittlich. Alsbald legten ihm seine treuen Parteibürokraten den Entwurf einer Maßnahme vor, mittels der die gesuchten Klassenfeinde, in welchem entlegenen Winkel der UdSSR sie sich auch verkrochen haben mochten, ermittelt und dingfest gemacht werden konnten. Der Arbeitstitel dieses Projektes hieß schlicht: ‚*Pasportisazia*'. Bis dahin und auch viele Jahre später besaßen die Dorfbewohner in Russland keine Personalausweise, also hatten die abgewanderten Olginoer auch keine Pässe.

Der Erlass verlangte, dass jeder volljährige Bürger mit einem gültigen Inlandspass versehen werden musste, wenn er in einer Stadt wohnen wollte und Arbeit suchte. Dieses Dokument war künftig bei jeder Behörde oder Arbeitsstelle als Ausweis vorzulegen.

Der Erlass schrieb auch verbindlich vor, dass der Pass nur gültig sei, wenn die vorgeschriebenen ‚Angaben zur Person' vom Standesamt des Geburtsortes bestätigt und besiegelt waren. Das hieß, dass jeder, der nicht mehr an seinem Geburtsort wohnte, gezwungen war, sich bei seiner alten Heimatbehörde zu melden. Auf diese Weise erhielten die Behörden Kenntnis davon, wo sich ihre abgewanderten Bewohner aufhielten.

Nun saßen Millionen ‚Klassenfeinde' in der Falle. Denn der Eintrag der Heimatbehörde in der Spalte ‚soziale Herkunft' entschied über Leben und Tod. Nur wer aus dem Stand der ‚Proletarier', ‚landlosen Bauern' oder ‚Tagelöhnern' stammte, galt als unbescholten und hatte auch das Recht auf Arbeit. Also waren die ehemaligen Kulaken und ihre Kinder rechtlose Menschen und zu *Vagabunden* verurteilt, oder sie schlossen sich der billigen Arbeitsmasse in Sibirien an.

Auch wenn sie illegal Arbeit fanden, entdeckten die NKWD-Funktionäre sie schnell und verhafteten sie. Viele Olginoer, überwiegend Männer, kamen auf diese Art ins Gefängnis und wurden zu vielen Jahren Haft oder sogar zum Tode verurteilt."

An dieser Stelle ist es angebracht, die Opfer aus *Olgino, Romanowka und Miropol* – Templer vom Nordkaukasus, die in den 20er, 30er und 40er Jahren viele Jahre in den Gefängnissen verbracht haben, verhungert oder hingerichtet wurden - namentlich zu nennen. Allen, ohne Ausnahme, wurde als Schuld „konterrevolutionäre Tätigkeit" vorgeworfen (Artikel 58 des Strafgesetzbuches). Alle waren ohne Ausnahme unschuldig und wurden später nach Stalins Tod rehabilitiert, leider meistens erst nach ihrem eigenen Tod. Ihre Verurteilung war eine politische Aktion. Das waren die schrecklichen 30er Jahre. Im Parteijargon der damaligen Zeit lief die Kampagne unter dem Stichwort „*Die große Säuberung*". Begründet wurde sie mit der „weit vorausschauenden Wachsamkeit des großen Führers, Lehrers und Lenkers der Sowjetunion - *Stalin*".

Mehrere Jahre Gefängnisstrafe bekamen:

Der Bruder meiner Mutter *Dietmar Lange*, geboren am 23.03.1904 in Olgino – acht Jahre in einem GULAG-Lager im nördlichen Ural.

Mein Vater *Rolf Lange*, geboren am 06.03.1908 in Olgino – zehn Jahre in einem GULAG-Lager in Karaganda (Kasachstan).

Meine Mutter *Isolde Lange*, geb. am 06.10.1906 in Olgino, wurde zu vier Jahren Gefängnis verurteilt, weil sie aus der Trudarmee zu ihrem Sohn geflohen war.

Hartmut Rempel, geb. am 25.02.1909 in Olgino – fünf Jahre Zwangsarbeit im hohen Norden Russlands.

Hingerichtet durch einen Knickschuss: *Herbert Arndt, Nikolai und Dietrich Dyck junior, Werner Tietz, Waldemar und Bertram Lange, Kurt Schmidt, Armin und Johann Lange (mein zweiter Onkel), Nelly und Artur Pfanzler, Georg und Nikolai Giesbrecht, Heinrich Martens, Abraham Peters, Friedrich Seemann.*

Spurlos verschwunden sind: *David, Erich und Johannes Rempel*, so auch *Philipp Gengenbach* und *Christoph Lange*. Sie waren zu 25 Jahren Haft verurteilt, weil sie ohne gültige Papiere Olgino und die Kolchose verlassen hatten, ebenso auch *Leon* und *Nikolaus Strecker.*

Im Gefängnis an Herzinfarkt in der Stadt Baku ist mein Großvater *Friedrich Lange* am 8. April 1932 gestorben. Der Tod hat dafür „gesorgt", dass ihm das Erschießen erspart blieb. Im Gefängnis gestorben sind *Daniel Strecker* und *Friedrich Fast*.

In der Trudarmee in den 40er Jahren sind verhungert *Hans Fast, Harald* und *Erika Lange* – Cousins meiner Eltern – wie auch *Arnold Lange, Irma Fast, Margarete Bretschneider* und viele andere.

Hier folgt die Liste mit detaillierten Angaben:
Bretschneider, Margarete (1892-1943), verhungert 1943 in Beresniki (Ural),

Derks, Gottlieb – Freund von Johann Lange, beide 1938 erschossen in Krasnodar,

Dyck, Cornelius (1883-1929), gestorben an Herzversagen bei der Enteignungsaktion,

Dyck, Dietrich (1896-1938), Sohn von Dietrich Dyck sen., erschossen 1938 in Perm,

Dyck, Gertrud (1893-1938), verhungert 1938 in Sibirien,

Dyck, Nikolai (1891-1938), erschossen in Perm (Ural), Sohn des Dietrich Dyck sen.,

Fast, Christina (1859-1929), starb in Olgino an Herzinfarkt, als sie aus ihrem Haus gejagt wurde,

Fast, Alfred (1894-1942), verhungert in der Trudarmee am 07.05.1942,

Fast, Dietrich (1893-1937), erschossen 1937 in Pjatigorsk, Nordkaukasus,

Fast, Friedrich (1891-1937), 1937 durch Folterungen im Gefängnis zu Tode gequält,

Fast, Hans (1900-1944), verhungert in der Trudarmee am 27.02.1944,

Fast, Irma (1929-1941), verhungert in Kasachstan bald nach der Deportation 1941,

Fast, Therese (1886-1941), gest. während der Deportation in der Stadt Woronesch (Herzversagen),

Fischer, Klemens – Freund von Johann Lange, beide 1938 in Krasnodar erschossen,
Friedhelm, Karl – Freund von Johann Lange, beide erschossen 1938 in Krasnodar, Nordkaukasus,
Glaum, Wilhelm (geb. 17.10.1914), verschollen als Soldat der Roten Armee 1942,
Glaum, Wilhelm (1884-1942), erschossen durch die Konvoire beim Fluchtversuch am 20.08.1942,
Kliever, Heinrich (1913-1949), inhaftiert und verschollen im Fernen Osten Russlands,
Köhler, Karl, Bauer in Gnadenburg, 1937 verhaftet und 1938 in Pjatigorsk erschossen,
Köhler, Paul, Pfarrer in Gnadenburg, 1937 verhaftet und spurlos verschwunden,
Köhler, Wilhelm, Bauer in Gnadenburg, 1938 verhaftet und in demselben Jahr erschossen,
Lange, Adolf (1901-1950), zu 10 Jahren Gefängnis verurteilt, gestorben auf Kolyma,
Lange, Armin (1904-1942), erschossen 1942 in Rostow am Don,
Lange, Arnold (1907-1942), verhungert in der Trudarmee im Mai 1942,
Lange, Erika (1906-1944), verhungert in der Trudarmee,
Lange, Bertram (1903-1938), erschossen 1938 in Rostow am Don,
Lange, Carmen (1938-1942), durch schlechte Ernährung und Krankheit 1942 gestorben,
Lange, Irmgard (1904-1938), gestorben im Gefängnis in Stawropol, Russland,
Lange, Dietmar (1904-1983), zu 8 Jahren Gefängnis verurteilt in Turinsk, Ural,
Lange, Friedrich (1876-1932), gestorben in Baku im Gefängnis nach Folterungen,
Lange, Harald (1907-1943), verhungert 1943 in der Trudarmee,
Lange, Johann (mein Onkel – W.L.), erschossen in Krasnodar 01.11.1938,

Lange, Philippine, geb. Schmidt (1878-1943), verhungert 1943 in Kasachstan,
Lange, Rolf (1908-1982), zu 10 Jahren Gefängnis verurteilt in Karaganda, Kasachstan,
Lange, Waldemar Hans (1896-1937), erschossen 1937 in Beresniki, Ural,
Lange, Eduard (1866-1928), Bauer, gestorben bei der Enteignung in Olgino,
Rempel, Almut (1910-1945), verhungert am 10.02.1945 in Kasachstan,
Rempel, Arwid (1914-1943), verhungert am 06.04.43 in der Trudarmee, Pawlodar,
Rempel, David (1871-1937), erschossen 15.08.1937 in Pjatigorsk, Russland,
Rempel, Erich (1903), 1937 verhaftet und spurlos verschwunden,
Rempel, Guntram (1908-1941), erschossen in Baku am 24.06.1941,
Rempel, Helmut (1904-1943), in Baku nach Folterungen im Gefängnis verstorben,
Rempel, Herta (1911-1919), vergewaltigt und ermordet durch die roten Banditen 06.11.1919,
Rempel, Ilse (1950-1951), als Kleinkind durch schlechte Ernährung in Kasachstan gestorben,
Rempel, Johannes (1873-1932), in Baku am 08.07.32 verhaftet und spurlos verschollen,
Rempel, Käte (1941-1944), verhungert in Kasachstan,
Rempel, Raimund (1906-1942), erschossen in Baku am 11.05.1942, Aserbaidschan,
Rempel, Rothraut (1914-1946), verhungert 1946 in Kasachstan,
Schmidt, Elisabeth (1861-1942), verhungert 1942 in Kasachstan,
Schmidt, Heinrich (1882-1929), gestorben in Olgino an Herzversagen bei den Enteignungen,
Schmidt, Johann (1893-1937), erschossen am 16.08.1937 in Pjatigorsk,

Seemann, Friedrich (1907-1937), Ehemann von Sina Schmidt, erschossen 1937 in Sibirien,
Tietz, Erik (1918-1946), verschollen in Sibirien, vermutlich verhungert in der Trudarmee,
Tietz, Werner (1914-1937), erschossen 1937 in Swerdlowsk (Ekaterinburg),
Tietz, Wilhelm (1891-1942), verhungert in der Trudarmee in Sibirien,
Zacher, Maria, Witwe von Chr. Zacher, ermordet 1918 durch Rote Banden im eigenen Haus.

Diese Liste erhebt keinen Anspruch auf Vollständigkeit. Sie ist entstanden aus Dokumenten und Befragungen von Angehörigen. Von insgesamt 57 Personen sind 19 Männer und Frauen an Hunger gestorben.

Ich komme wieder zurück zu *L. Hermann*: „Die Bildung von Kollektivwirtschaften wurde von der sowjetischen Propaganda als eine große Errungenschaft proklamiert. Ende 1933 gab es in der Sowjetunion keine privaten Bauernwirtschaften mehr.

Noch Anfang August 1932 unterschrieb Stalin ein Dekret, das mit wenigen Zeilen und dürren Worten die Ausrottung jener Bevölkerungsschicht verfügte, die bisher im Agrarsektor eine bedeutende Rolle gespielt hatte, nämlich die Schicht der formal freien und selbständigen Bauern Russlands. Der Text lautete:

‚Die Erzeugung des Getreides durch die Kulaken wird ersetzt durch die Getreideproduktion der Kolchosen und Sowchosen. Das gibt der Bolschewistischen Partei die Möglichkeit, das Volk von der neuen Politik der totalen Kollektivierung und der Liquidierung der Kulakenschaft als Klasse zu überzeugen. Die Säuberung unserer Gesellschaft von den Feinden des Volkes muss fortgesetzt und schleunigst beendet werden.' – gez. I. Stalin.

Dieses Dekret sollte jene Parteifunktionäre und Staatsorgane zu erhöhter Aktivität anstacheln, die nach Stalins Meinung zu selbstgefälliger Bequemlichkeit neigten.

Die ehemaligen, freien Bauern wurden damit nach der Vertreibung und Vernichtung der Kulaken zu initiativlosen Landarbeitern degradiert, denen das Ergebnis ihrer Arbeit unwichtig war. Die Leitung in den Kolchosen und Sowchosen übernahmen Parteifunktionäre, die keine landwirtschaftlichen Kenntnisse besaßen und auf ihre Untertanen nur Druck und Gewalt ausübten. Ihr wichtigstes Ziel war, den von oben auferlegten Plan zu erfüllen. Oft war es so, dass am Jahresende nichts mehr übrig blieb, das unter den Kolchosmitgliedern zu verteilen gewesen wäre. Die Menschen waren zu Hunger und zum Stehlen gezwungen. Gestohlen wurde Tag und Nacht, um sich vor dem Hungertod zu retten.

Am 7. August 1932 erschien ein Gesetz, das strenge Strafen für gestohlene Produkte vorsah. Aber das Gesetz konnte den Diebstahl nicht verhindern. Solange Kolchosen existierten, wurde immer gestohlen. Gestohlen wurde aus Not, weil den Bauern und ihren Familien sonst der Hungertod gedroht hätte.

Die Strafen waren außerordentlich streng. Schon für eine kleine Zahl von Getreideähren bekam der Erwischte bis zu 10 Jahren Gefängnis in einem Erziehungslager (GULAG). Den Sträflingen, die 10 Jahre bekamen, wurde das Recht auf Briefwechsel und Besuche von Angehörigen entzogen. Das hatte ganz schlimme Folgen: Familien wurden zerstört, die Verurteilten verschwanden spurlos. So wurde auch mit politischen Häftlingen umgegangen. Für größere Diebstähle war die Todesstrafe vorgesehen."

„Der Hunger tobte im Lande", schreibt *L. Hermann* weiter. „Schuld daran waren nach Überzeugung der kommunistischen Führung die Kulaken, die ihr Getreide angeblich versteckt hatten und nicht freiwillig dem Staat abgeben wollten. Anderseits suchte man die Schuldigen für den Hunger auch unter den Verwaltungen des Landwirtschaftsministeriums (Narkomsem), der Bezirke (Oblasti) und Kreise. Im Januar 1933 berichtete I. Stalin auf dem ZK WKP(b) über die großen Erfolge im Prozess der Kollektivierung, und schon im März desselben Jahres wurden auf Beschluss des GPU (Staatliche Politische Verwaltung) ohne Gerichtsverfahren 35 führende Mitarbeiter erschossen. Ihnen wurde Sabotage, Diversionstätigkeit und nichtkonsequentes Handeln vorgeworfen."

Über die Vernichtung der Kulaken, über die Zwangskollektivierung in den 30er Jahren in den deutschen Dörfern auf der Krim und die Hungersnot schreibt im Heimatbuch 1992-1994 (S.69) *Artur Hörmann*:

„An einem dunklen Herbstabend rief man in *Karassan* die Dorfbewohner zu einer allgemeinen Versammlung zusammen. Wir waren disziplinierte Leute und kamen alle, jung und alt. In scharfem Ton erklärte man uns, der Einzelbauer als Eigentümer sei ein Feind der Sowjetmacht; alle bewussten Bauern müssten in die Kolchose eintreten. Wir hatten von den Entkulakisierungen und anderen Zwangsmaßnahmen, von der ‚Liquidation der Kulaken als Klasse' in den Nachbardörfern gehört, und so brachten wir unter Schreck am anderen Morgen unsere Pferde und die landwirtschaftlichen Geräte auf den Kolchoshof. Nicht alle taten es sofort. In den dunklen Herbstnächten wurde in Karassan geschlachtet, aber man schlachtete keine Schweine wie sonst zu dieser Zeit, sondern mit Tränen in den Augen Pferde, prächtige Schimmel, Füchse und Rappen. Es war geradezu eine Sünde, den treuen Tieren den Hals abzuschneiden. Aber was sollten wir tun? Morgen würden sie kommen und uns alles wegnehmen. Lieber also den Schimmel aufessen, als ihn vom Hof führen zu lassen.

Die gewaltsame Kollektivierung zeigte bald ihre Früchte. Die ‚Vollstrecker' des Marxismus-Leninismus hatten sich zum Ziel gesetzt, auch die Bauern in Proletarier, in Habenichtse, zu verwandeln, und man muss zugeben, dass die Verarmung der Bauern erfolgreich voranschritt. 1933 waren die Produzenten der Nahrungsmittel selbst aller Existenzmittel beraubt. Das Sagen hatten die Staatsorgane, die Partei-, Sowjet- und NKWD-Funktionäre, die von allen gehasst und gefürchtet wurden. Zwar verhungerten nur wenige deutsche Bauern auf der Krim, nicht so wie in der Ukraine, aber viele der anderen überlebten nur deshalb, weil sie auf irgendwelche ‚Reserven' zurückgreifen konnten: eine Henne, ein Kaninchen, einen Strohschober im Hinterhof, den man nach einzelnen Weizenkörnern durchschütteln konnte, Zieselmäuse im Frühling, verschiedene essbare Kräuter. Manchmal kam auch ein Paket vom Internationalen Roten Kreuz an, dessen Empfang man als Glückstag beging. Später wurden alle, die eine solche Hilfe erhalten hatten, als Volksfeinde verhaftet.

Zu leiden hatten neben den Menschen auch die Tiere. Die Pferde fielen um und krepierten vor Auszehrung, und solange sie noch lebten, band der Pflüger Schrauben an die Peitschenriemen, damit das arme Tier den Hieb besser spürte. Der Pflüger hatte eine Norm zu erfüllen, und er wollte nicht als Saboteur gelten. So eine Misshandlung des Pferdes, des stummen Helfers der Bauern seit undenklichen Zeiten, deutete zugleich auf den sittlichen Verfall der Bauern hin. Wie es der kalmückische Volksdichter *Kugultinow* auf einer Sitzung des Obersten Sowjets der UdSSR ausdrückte: ‚Mit dem Boden hat man den Bauern die Seele geraubt'.

Die Wasserleitungen in Karassan verfielen, die Buntglasfenster in der Kirche wurden von Randalierern eingeschlagen. Selbst die prächtige Kirche wurde ausgeplündert, das Kirchengebäude mit dem Glockenturm in einen ‚Kulturherd' verwandelt. Es wurde viel billiger Schnaps getrunken, und schon bald kam es zu Schlägereien. Das war der Stil, in dem es von nun an weiterging. Die Dörfer büßten ihre Gepflegtheit und Ordentlichkeit ein. Die Zäune, mit denen man die Vorgärten von der Straße abtrennte, wurden zerbrochen; niemand besserte sie aus, es war sowieso alles sinnlos. Das Vieh ging durch die ehemaligen Blumengärten, fraß, was zu fressen war, und trampelte das Übrige nieder. So sah es jetzt also bei uns aus, egal welche schmucken Namen sich die Kolchosen zugelegt hatten: ‚Neues Leben', ‚Neuer Weg', ‚Weg zum Kommunismus', ‚Morgenrot', ‚Roter Pflüger', ‚Rote Flur' usw."

Die von Artur Hörmann beschriebene Situation war typisch für alle Kolchosdörfer in der ganzen Sowjetunion. Darüber berichteten mehrere Zeitzeugen. Zum Beispiel auch *Maria Schumm* im Heimatbuch 1995/1996 (S.70), „Meine Mutter und ihre Kulakenkinder".

Noch einen Bericht gibt es in demselben Heimatbuch über die Zwangskollektivierung und Entkulakisierung in den deutschen Dörfern an der Wolga, der von Professor *W.R. Durow-Wasenmüller* stammt. Sein Heimatdorf hieß Mühlberg. Auf S.54 schreibt er: „Im Oktober 1929 begann unter Führung der Kommunistischen Partei die massenhafte Kollektivierung und die Liquidierung des ‚Kulakentums'. Dabei wurde getreu der Losung vorgegangen: ‚Wer nicht mit uns ist, der ist gegen uns. Wenn der Feind sich nicht ergibt, dann wird er vernichtet'.

Mit den Worten Stalins hörte sich das so an: ‚Der Kulak ist aus dem Leben zu streichen!' Der Befehl der Sowjetregierung war noch deutlicher: ‚Als Schädling muss der Kulak enteignet werden und mit Stumpf und Stiel ausgerottet werden.' Und am eindeutigsten wurde die Parteipolitik von der örtlichen Obrigkeit interpretiert: ‚Die Kulaken sollen krepieren'.

1929-1930 war die schrecklichste Zeit für die Mühlberger gekommen, die Zeit der zwangsmäßigen Kollektivierung und endgültigen Entkulakisierung. Am Anfang hieß es noch: ‚Der Kolchos ist eine freiwillige Sache. Wenn du willst, schreib dich ein, wenn nicht, bleibst du draußen. Wenn wir alles in einen Topf schmeißen, kommt nichts Gescheites heraus.' Aber die Kommunisten entschieden: ‚Wenn du deine Pferde, Ochsen, Geräte nicht in die Kolchose einbringst, bist du der Feind der Sowjetmacht, bist du gegen den Sozialismus, gegen die helle Zukunft der Werktätigen in der ganzen Welt.'

Pferde, Ochsen und Kühe, bis auf eine solche, wurden den Bauern einfach weggenommen. Das Dorf summte wie ein gestörter Bienenstock. Ein bedeutender Teil der Mittelbauern, der Hauptgetreideproduzenten, wurde in der Kulakenliste erfasst und enteignet. Alle wohlhabenden Bauern, die mehr als vier Pferde besaßen, fast ein Drittel des Dorfes, wurden nach Mittelasien in die Hungersteppe ausgesiedelt, wo sie in den Stalinlagern Sklavenarbeit verrichten mussten.

Offiziell wurde die Mühlberger Kollektivwirtschaft ‚Neuer Weg' an einem Samstagabend Anfang März 1930 gegründet. Das war ein Musterbeispiel der ‚schöpferischen organisatorischen Fähigkeiten' der Partei.

Mit der Bildung der Kolchose und Vertreibung der wohlhabenden Bauern (Kulaken) kehrte noch lange keine Ruhe in das Dorf ein. Die nüchternen Bauernköpfe spürten die nahende Gefahr – die zweite Enteignungswelle. Manche bemühten sich noch, das überzählige Vieh spottbillig zu verkaufen und die geplante Aussaat einzuschränken, um nicht auf die Kulakenliste zu kommen.

Niemals in der Geschichte des Dorfes wurde so viel geschlachtet wie im Frühjahr 1930. Das Todesquieken der Schweine war den ganzen Tag zu hören. Und wieder handelte die Partei schnell und stellte mit dem Beschluss ‚Maßnahmen zur Bekämpfung des böswilligen Schlachtens' die Ordnung wieder her. Und wieder wurde ein Dutzend Männer streng bestraft und in Haft genommen.

In der neuen Kollektivwirtschaft entwickelte sich bei den ehemals fleißigen Landwirten und ihren Nachkommen eine große Verantwortungslosigkeit an Ort und Stelle, eine Abneigung gegenüber dem Land.

Nach jeder Ernte wurde das Getreide aus dem Kolchos blitzsauber ausgefegt. Man brauchte es für den Export, um Devisen für die zügellos aufgebaute Industrie zu haben. Für die Arbeitseinheiten, die jeder unbedingt abarbeiten musste, bekamen die Bauern so gut wie nichts. Manchmal blieb einer im Herbst etwas ‚schuldig', weil er im Laufe der Frühjahrsaussaat oder bei der Ernte, bei der das Futter nicht nur für die Pferde und Ochsen, sondern auch für das zweibeinige Arbeitsvieh reichen musste, mehr verbrauchte, als er verdiente.

Der Kampf um das ‚helle Leben' aller Werktätigen wurde unter der Führung der Kommunistischen Partei fortgesetzt. Waren bis dahin die Kulaken angeklagt gewesen, so sank nach der endgültigen Entkulakisierung das Bruttoeinkommen. Es wurde immer weniger Getreide produziert. Auf dem Lande ging es schlechter und schlechter. Alles an der ‚klugen' Landwirtschaftspolitik war von vorne bis hinten erlogen. Bei der Kolchosordnung half auch kein Fleiß und keine Disziplin der Mühlbürger mehr.

Sogar die armen Knechte (Batraken), die mit nichts in den Kolchos gekommen waren und am Anfang im sogenannten Aktiv waren, murmelten gegen die neue Ordnung, in der es ‚keine Ausbeutung' des Menschen durch den Menschen geben sollte: ‚Jetzt ist es schlimmer wie beim Kulak'.

Als am Anfang der dreißiger Jahre die Kollektivwirtschaft endgültig und unabänderlich gesiegt hatte, stand für die Mühlberger die Sorge um das tägliche Stück Brot im Vordergrund. Viele junge Leute suchten sich Arbeit in den Städten. Das Dorf aber wurde immer ärmer und ärmer. Der Glanz der Wolgaer Schweiz verblasste mehr und mehr.

Nach der Vernichtung der Produktionskräfte in der Landwirtschaft kamen die Hungerjahre 1931 bis 1933, und bald danach begann die Sowjetmacht ihren gnadenlosen Kampf gegen die ‚Volksfeinde'. Jede Kritik und Missbilligung der Übergriffe wurde als staatsfeindliche Tätigkeit abgestempelt. Zum Aufspüren der ‚Volksfeinde' spannte das NKWD ein dichtes Netz von Spitzeln.

Die Menschen begannen sich gegenseitig zu misstrauen. Eine ungeheure Verhaftungswelle folgte. In den Jahren 1936 und besonders 1937 wurde die gesamte deutsche Intelligenz in der Wolgarepublik ausgerottet. Viele bedeutende Menschen der Wissenschaft, Kultur und Literatur wurden verhaftet, hingerichtet oder sind spurlos verschwunden.

So verlief das arme Leben der Mühlberger vor dem Krieg. Mit dem Zweiten Weltkrieg kam die allgemeine Deportation. Die Mühlberger wurden in das Gebiet Tjumenj in Sibirien deportiert. Alle Verschleppten, vom Säugling bis zum Greis, wurden in den Verbannungsorten der Aufsicht von Kommandanten des NKWD ausgeliefert, die gesamte arbeitsfähige Bevölkerung in die berüchtigte Trudarmee mobilisiert, die Kinder von den Eltern weggerissen und in Sonderkinderheime gesteckt."

So endet die Geschichte des Dorfes Mühlberg an der Wolga, dargestellt von Professor *Durow-Wasenmüller*.

Alexander Böll, der seit September 2000 mit seiner Familie in Berlin lebt, erzählt von der Zwangskollektivierung in der Vorkriegszeit, von der Deportation nach Kasachstan und seinem Hunger in der Trudarmee:

„Ich bin in einem deutschen Dorf *Beketnoje* im Gebiet Rostow am Don am 14. September 1927 als Glückskind in der Familie meines Vaters August und der Mutter Maria Böll geboren. Meine Eltern hatten eine große Familie; insgesamt waren es 15 Kinder, ich war das 14te. Sie waren relativ reiche Bauern und besaßen ein großes Haus mit Stallungen für mehrere Kühe, Arbeitsochsen, Pferde, Schweine und Geflügel. Am Haus gab es einen Obstgarten mit überwiegend Kirsch- und Pflaumenbäumen. Zusätzlich bearbeitete mein Vater mit seiner Familie noch ca. 20 Hektar Ackerland, wo Getreide, Kartoffeln, Wassermelonen, Hülsenfrüchte und Futterpflanzen für das Vieh angebaut wurden. Für alle Mitglieder der Familie gab es viel Arbeit. In der Erntezeit wurden auch Hilfsarbeiter zum Kirschenpflücken und andere Arbeiten angeworben. 1929/30 begann man mit der Zwangskollektivierung. Mein Vater war gezwungen, alles in die Kolchose einzubringen. Für die Familie blieb nur eine Kuh. Es gab ein großes Durcheinander. Für das zusammengetriebene Vieh fehlten Futter und qualifizierte Pflege. Die Tiere krepierten massenhaft. Die Felder blieben unbestellt. Alle Vorräte an Nahrungsmitteln wurden vom Staat konfisziert. Eine Hungersnot trat ein. Viele Menschen mussten wegen mangelhafter Ernährung sterben.

Die GPU (damalige Staatssicherheit) suchte Schuldige, so genannte ‚Saboteure' und ‚Volksfeinde'. Im Dorf wurden mehrere Männer verhaftet und in den sibirischen KZ-Lagern eingesperrt. Es gab auch Hinrichtungen. In einer Nacht im Oktober 1933 klingelte es auch an unserer Tür. Bewaffnete Männer in Uniform stürzten in das Haus. Sie weckten auch uns Kinder und wühlten das ganze Haus durch. Sie nahmen alles, was noch einen Wert hatte, mit. Uns wurde gemeldet, dass wir als Kulaken enteignet seien und in 24 Stunden das Dorf verlassen müssten. Meinen Vater nahmen sie auch mit. Er wurde arretiert. Mein Vater war ein loyaler Mensch, leistete keinen Widerstand und tat alles, was von ihm verlangt wurde. Aber es half alles nichts.

Aus unserem Haus wurde ein Kontor für die Kolchosverwaltung, im Obstgarten wurde ein Wirtschaftshof eingerichtet. Die Grundlage für unsere Existenz war uns entzogen. Meine älteren Brüder und Schwestern blieben im Dorf. Ihnen wurde Wohnraum gewährt, und sie konnten in der Kolchose arbeiten. Meine Mutter mit uns zwei kleinen Kindern, dem Bruder Andreas, vier, und mir, sechs Jahre alt, zog als Bettlerin von einem Dorf zum anderen. Wir übernachteten bei fremden Leuten. Am Ende kamen wir in den Ort *Kuberle*, wo die Schwester meiner Mutter mit Familie wohnte. Ihre Familie rückte enger zusammen und stellte uns die Sommerküche zur Verfügung, wo wir eine Zeitlang wohnen konnten. Bald kam auch mein Vater zu uns zurück. Er war als kranker Mann aus dem Gefängnis entlassen worden. Dabei halfen ihm gute alte Beziehungen zu den russischen Männern in der Kreis- und Gefängnisverwaltung.

Durch illegalen, spekulativen Handel mit Lebensmitteln auf dem Bauernmarkt, verbunden mit vielen Risiken, sicherte meine Mutter unsere Existenz. Eines Tages kaufte mein Vater bei einem Russen einen Sack Mehl, aus dem meine Mutter Brötchen backte und auf dem Markt verkaufte. Es stellte sich aber heraus, dass das Mehl gestohlen war. Der Mann hat beim Verhör meinen Vater angezeigt. So kam mein Vater wieder ins Gefängnis. Nach einem halben Jahr, mit Hilfe seiner Freunde, kam er wieder frei."

So beschreibt A. Böll die Zwangskollektivierung in seinem Dorf, die mit Hunger und Leid verbunden war. Dass die Familie nicht nach Sibirien verschickt wurde, lag an der Geschicklichkeit des Vaters, seiner Loyalität und an seinen guten Verbindungen zu den Behörden. Vermutlich hat er sich freigekauft. So etwas gab es tatsächlich auch.

2.5. Hunger in den Kriegsjahren und danach

Die Hungerjahre 1932-1933 als Folge der Zwangskollektivierung und Zerschlagung der ländlichen Struktur waren noch nicht vergessen, da begann der Krieg zwischen Deutschland und der Sowjetunion. Er brachte den Menschen viel Leid. Besonders betroffen von ihm waren die Deutschen, und sie mussten viel leiden. Sie wurden aus ihren Dörfern herausgerissen und nach Kasachstan und Sibirien deportiert. Niemand wartete dort auf sie – es gab keine Wohnungen, keine Versorgung mit warmer Kleidung und mit Nahrungsmitteln. Von Zuhause mitgebrachte Nahrungsmittel waren schnell verbraucht, und Hunger brach aus. Auch ich (Autor dieses Buches – *Walter Lange*) und meine Tante Ursula mussten schrecklich hungern. Meine Mutter und mein Vater saßen im Gefängnis. Meine Tante war von Beruf Lehrerin und von der Trudarmee befreit. Im Herbst 1942 kam ich in die erste Schulklasse.

Im Dorf Iwanowka, wo wir das erste Jahr wohnten, gab es keine Schule. Die gab es aber im großen Dorf *Kaimanatschicha* am Ufer des Flusses Irtysch. Tante Ursula hatte noch vor dem Krieg das Pädagogische Technikum in Leningrad absolviert und bekam an der Schule eine Lehrerstelle. Das rettete sie vor der Trudarmee. Im September 1942 zogen wir nach Kaimanatschicha um. Zum Wohnen bekamen wir ein Zimmer in einer halbzerfallenen Baracke ohne Fenster und Türen, die uns aber ein alter deutscher Hausmeister der Schule besorgte und einzubauen half. Erst wohnten wir zu viert. Meine Schwester Carmen war noch in Iwanowka gestorben; aber bald blieben wir zu dritt: am *29. Januar 1943* starb meine Großmutter *Philippine Lange, geb. Schmidt*. Sie war erst 62 Jahre alt. Eigentlich ist sie verhungert. Die mitgebrachten Nahrungsmittel waren verbraucht. Schon die Zwangsumsiedlung hatte sie nur schwer verkraftet.

In der Sowjetunion wird man erst mit sieben Jahren in die Schule aufgenommen. Am ersten September (Beginn des Schuljahres) fehlten bei mir noch vier Monate. Ich wurde erst im Dezember 1942 sieben Jahre alt. Mit Hilfe meiner Tante Ursula kam ich am *1. November 1942* in die erste Klasse einer gemischten Schule mit kasachischen, russischen und deutschen Kindern, so auch Kindern anderer Nationalitäten. Der Unterricht wurde nur in russischer Sprache erteilt.

Armut herrschte im ganzen Land. Auch die Schulen und Schüler mussten leiden. Es gab keine Bücher, kein Schreibpapier, keine Bleistifte. Es wurden Notlösungen gefunden. Tinte wurde aus Ruß und Seifenwasser angerührt; geschrieben wurde mit angespitzten Gänsefedern. Für Rechnen und Schreiben benutzte man alte, aussortierte Bücher. Ich bekam ein dickes Buch in kasachischer Sprache über den Nordpolarforscher „Cheluskinzy", der mit seinem Eisbrecher im Eis stecken geblieben war und mit Flugzeugen heldenhaft gerettet wurde. Auch in der zweiten Klasse benutzte ich das Buch noch.

Die Armut wirkte sich auf Ernährung, Kleidung und Schuhzeug aus. Meine Mutter hat eine Zeitlang, bevor sie in die Trudarmee mobilisiert wurde, in einem Getreidespeicher gearbeitet. Dort klaute sie Weizen oder Gerste, was wir, wie schon in Iwanowka, mit einer Handmühle aus zwei Granitsteinen in Mehl und Grütze verwandelten, so dass wir uns vor dem Verhungern retteten. Schlechter stand es um Kleider und Filzstiefel für den Winter. Die besten Kleider wurden gegen Nahrungsmittel bei hiesigen Bewohnern eingetauscht. Die abgetragenen Kleider wurden gewaschen, geflickt und wieder getragen. Für mich kaufte meine Mutter bei bekannten Russen alte Filzstiefel, die mir bald zu klein wurden. Durch das beengte Tragen bekam ich deformierte Füße, die mir das ganze Leben Probleme machten. Es ist schwierig, für mich passende Schuhe zu finden, und Stiefel kann ich überhaupt keine tragen. Den Sommer über lief ich nur barfüßig, da brauchte man keine Schuhe. Der Nachteil dabei war, dass die Haut an den Füßen durch die Nässe - ich verbrachte viel Zeit am Fluss – Risse bekam, die abends beim Waschen der Füße vorm Schlafengehen große Schmerzen verursachten. Um eine Entzündung zu vermeiden, musste ich die Füße mit eigenem Urin einreiben. Es brannte fürchterlich, aber das half auch. Bis zur 7. Klasse musste ich jeden Sommer barfüßig laufen. Die Sohlen an den Füßen wurden knochenhart, und ich spürte keine Steinchen mehr auf der Straße oder Stacheln im Gras. Barfuß zu laufen war damals keine „Modeerscheinung", sondern ein klarer Ausdruck von Armut. Die Kleider waren mit Flicken übersät, man sah einem Straßenbettler ähnlich, von denen es in jenen hungrigen Jahren viele gab.

Mit dem Schuhzeug im Winter war es noch problematischer. Meine Filzstiefel waren total abgetragen. Es musste eine neue Lösung gefunden werden, und das waren Bastschuhe (russisch Lapti). Manche einfallsreichen Menschen haben damit auf dem Basar sogar gehandelt. Als Rohstoff dazu dienten rohe, ungegerbte Rinder- oder Pferdehäute, die man von krepierten Kälbern und Fohlen abgezogen hatte. Solche Tierkadaver fand man oft an den Misthaufen der Kuhställe in den kasachischen Kolchosen. Für jeden Fuß schnitt man ein ovales Stück Haut, ca. 40 cm lang und 30 cm breit, heraus. An den Rändern machte man mehrere Löcher, durch die ein Riemen gezogen wurde. Zur Nacht legte man die Häute ins Wasser, damit sie weich blieben. Morgens legte man Haut etwas Heu oder Stroh auf die Haut. Mit dem in Lappen eingewickelten Fuß stellte man sich auf die Haut, und mit dem Riemen zog man den Bastschuh um den Fuß zusammen. Wichtig war es, darauf zu achten, dass die Haare der Tierhaut von vorne nach hinten gerichtet waren. So konnte man mit Bastschuhen auf dem Eis gut rutschen, was wir Kinder gerne taten. Schlecht war es, wenn man in tiefen Schnee kam. Dann wurden die Füße nass, und der Frost entfaltete seine Wirkung.

Nach dem Tod meiner kleinen Schwester im Sommer 1942 und meiner Großmutter im Januar 1943 wurde meine Mutter durch das Kriegskommissariat in die Trudarmee mobilisiert. Sie kam nach Pawlodar, wo sie beim Aufbau eines Rüstungsbetriebes schwere Erdarbeit leisten musste. Über den dramatischen Abschnitt in ihrem Leben in diesen Kriegsjahren habe ich in meinem Buch „Schicksal der Deutschen in der Sowjetunion" und teilweise im zweiten Buch „Der Steinige Weg" berichtet. Jeder kann es nachlesen. Hier nur ein kurzer Auszug, wie meine Mutter die Trudarmee charakterisiert hat:

„Jeder, der in der Trudarmee war und dort zwei, drei oder mehr Jahre schwerste Sklavenarbeit leisten musste und den Holocaust überlebte, kann grausame Geschichten davon erzählen. Schnee, Frost, Hunger, Läuse, abgetragene, zerrissene Kleidung, schwere körperliche Arbeit, fehlende medizinische Versorgung, Seuchenkrankheiten und physische und seelische Unterdrückung waren die Ursachen dafür, dass viele es nicht überlebt haben. Die meisten sind an Hunger gestorben. Die Verstorbenen und Umgekommenen wurden in Massengräbern verscharrt."

Nach eineinhalb Jahren Arbeit in der Trudarmee und nach dem gescheiterten Versuch, nachts aus der Zone zu fliehen, beantragte meine Mutter Urlaub, um mich zu besuchen. Sie bekam ihn auch und durfte 10 Tage bei mir bleiben. Aber sie kehrte nicht wieder zurück, sondern versteckte sich. Es dauerte nicht lange, bis sie gefunden und mit einem Konvoi wieder nach Pawlodar gebracht wurde. Ein Gericht verurteilte sie im Schnellverfahren zu vier Jahren Gefängnis: wieder schwere Arbeit, aber jetzt unter noch strengerer Bewachung. Meine Mutter kam nach einer Amnestie im Zusammenhang mit der Besiegung Deutschlands im Sommer 1945 frei. Ich wurde bald darauf 10 Jahre alt.

Nachdem meine Mutter in die Trudarmee mobilisiert worden war, begann für mich und meine Tante Ursula eine schwierige Zeit: Wir mussten hungern. Niemand brachte uns geklauten Weizen oder Gerste mehr. Für Lehrer gab's Brottalons, 500 Gramm für die Tante und 300 für mich. Das war das Einzige. Die letzten Kleider, auch die meiner Mutter, wurden gegen Nahrungsmittel bei Kasachen eingetauscht. Einen Garten hatten wir noch nicht angelegt, weil meine Mutter im Sommer 1942 ihr krankes Kind und die kranke Schwiegermutter pflegen musste und die Tante im Wald arbeitete, um die Schule mit Brennholz zu versorgen. Erst im Frühling 1943 haben meine Tante und ich hinter der Baracke, wo wir wohnten, ein Stück Neuland umgegraben und einen

Garten angelegt. Aber es war nicht so einfach, ihn vor frei herumlaufendem Vieh zu schützen. Es musste rund herum ein tiefer Graben ausgeschachtet und mit Sträuchern ein provisorischer Zaun errichtet werden. Da musste auch ich kräftig mithelfen, Weiden aus dem Wald am Fluss heranzuschleppen. Die Arbeit hat sich gelohnt. Im Winter 1943/44 hatten wir schon eigene Kartoffeln, Kürbisse und etwas Weißkohl. Aber der kritischste Winter war für uns der Winter 1942/1943. Ich musste nach der Schule zu Hause bleiben und die Zeit bis zum anderen Tag im Bett verbringen, um Energie zu sparen. Für einen siebenjährigen Jungen war das eine Qual; aber meine Tante war streng, und ich musste ihr gehorchen.

Wer selber nie richtig gehungert hat, kann es sich schwer vorstellen, welche Gefühle man dabei bekommt, man kann an nichts anderes denken als ans Essen. Das bisschen Brot und die eingetauschten Kartoffeln oder zugekauften Nahrungsmittel, die unbeschreiblich teuer waren, teilte meine Tante so zu, dass zwei Mahlzeiten (morgens und abends) gewährleistet waren. Unter uns Kindern in der Schule fragte oft einer den anderen: ‚Wieviel Mal esst ihr am Tag zu Hause?' Viele konnten sich nur zwei Mahlzeiten leisten. Besonders hart traf es die Kinder der deportierten deutschen Familien, deren Eltern in die Trudarmee mobilisiert waren. Der Hunger war allgegenwärtig. Katzen und Hunde verschwanden; krepierte Tiere wurden auch verspeist. Erst als der Winter vorbei war und der Schnee wegtaute, ging ich, oft mit meiner Tante, in die Steppe oder in den Wald, um essbare Gräser und Beeren zu sammeln. Das war erst ab Mai möglich. Dann ging auch die Jagd auf *Zieselratten* los, von denen es in der Steppe viele gab. Die Fangmethoden waren sehr unterschiedlich: Das einfachste war, die Tierchen mit Wasser aus den Höhlen herauszutreiben. Pfützen mit Tauwasser gab es in der Steppe reichlich, solange die Erde noch gefroren blieb. Später verschwanden sie, und man stellte Fallen oder Schlingen auf. Von zwei oder drei Zieselratten gab es schon einen kräftigen Braten. Die getrockneten Felle konnte man für etwas Geld an den Staat verkaufen.

Über die Trudarmee, seine Fluchtversuche und den Hunger berichtet *Alexander Böll* in seinem handgeschriebenen Lebenslauf. Böll wurde mit seiner Familie im November 1941, so wie alle Deutschen, nach Kasachstan deportiert. Sie kamen in das Dorf Furmanowka in dem Gebiet Dshambul. Dort lebte er mit seiner Familie im Winter und im Sommer 1942. Er schreibt:

„Als der Sommer 1942 zu Ende ging, kamen wir wieder in die Schule. Aber dieses Mal hatten wir ein ‚kurzes Schuljahr'. Im September wurde ich 15 Jahre alt. Ende Oktober kam ein Milizionärauto aus der Kreisstadt und holte alle deutschen Jungen direkt aus der Schule ab. Wir wurden dem Kriegskommissariat vorgeführt. Uns wurde gemeldet, dass wir in die Trudarmee mobilisiert werden. Als ich nach Hause kam, erfuhr ich, dass auch mein älterer Bruder *August* und mein Cousin *Wilhelm Kauz* und viele andere junge Männer einberufen würden. Das war die zweite Mobilisierungswelle. Die erste hatte schon im Januar dieses Jahres stattgefunden. Da waren alle deutschen Männer im Alter von 15 bis 55 Jahren mobilisiert worden. Wir wurden jetzt nachgeholt. Schon die früher mobilisierten Männer beschrieben in ihren heimlich verschickten Briefen die unmenschliche Situation in den Lagern der Trudarmee. Wir ahnten schon, was auf uns zukommen sollte.

Den anderen Tag kamen Fuhrwerke mit Ochsengespann an. Zwei Tage waren wir unterwegs, bis wir die Stadt *Tschu* erreichten (110 Kilometer). Begleitet haben uns bewaffnete Milizionäre. Übernachtet haben wir in einem Klubraum, der nur mit Jugendlichen, alle im Alter von 15-16 Jahren, voll war, im Grunde genommen alle noch Kinder. Nach weiteren zwei Tagen Fahrt brachte uns ein Güterzug zur Station *Makat*, nicht weit von der kasachischen Stadt *Gurjew*. Gurjew liegt an der Mündung des Flusses Ural in das Kaspische Meer.

Fünf oder sechs LKW SIS-5 warteten auf uns. Wie Streichhölzer in der Schachtel mussten wir stehend auf den Pritschen noch 30 bis 35 Kilometer in die Steppe hinein fahren. Hier hatte schon der frostige Winter begonnen: Lufttemperatur –20 Grad mit einem stürmischen Nordwind. Wer keine warme Mütze hatte, dem sind die Ohren abgefroren. Schnell konnte man nicht fahren, der Weg war total kaputt, Loch an Loch. Mehr als zwei Stunden brauchten wir, bis wir in der Steppe am Horizont zwei Baracken entdeckten, die hinter einem hohen Bretterzaun und Stacheldraht kaum zu sehen waren: ein GULAG-Lager mit Wachtürmen und bewaffneten Wächtern. Solche Lager gab es in der Sowjetunion hunderte schon vor dem Krieg, und jetzt wurden viele neue errichtet, weil es neue Sklaven gab, die man ausbeuten konnte. In dem Lager hatten vor uns kriminelle und politische Häftlinge gelebt, die in einen anderen Ort gebracht worden waren. Übrig geblieben waren von ihnen Wanzen und Läuse. Noch am selben Tag wurden wir vom Lagerkommandanten begrüßt und in Brigaden aufgeteilt. Unsere Dokumente mussten wir einem Beauftragten abgeben. Am ersten Abend gab es zum Essen noch nichts. Vermutlich sollte jeder noch von zuhause etwas mitgebracht haben. Wer nichts hatte, musste hungrig schlafen gehen. In den Baracken gab es zwei Etagen Schlafregale aus kahlen ungehobelten Brettern. Ich bekam einen Platz ganz oben.

Am anderen Tag, es war noch dunkel, stellte der Brigadier sich an die Tür und schrie: ‚Podjem!'. Es musste schnell gehen, der Hunger trieb uns in den Essraum der Küche. Eine kräftige Frau verteilte in Lehmschüsseln die Suppe, die einem Schweinegetränk ähnelte, dazu 250 Gramm schwarzes Brot. Die Frau schrie immer wieder aufs Neue: ‚Schnell weg vom Fenster, ihr *Fritzen*, der nächste…!' In einer halben Stunde waren hundert Mann bedient. Die Suppe wurde getrunken – man brauchte keinen Löffel - und dabei das Brot heruntergeschluckt.

Und wieder ertönte laut die Stimme des Brigadiers: ‚Wychadi stroitsja!' (Raus, aufstellen!) Wir bildeten eine Kolonne und wurden in Begleitung von Wachsoldaten mit Hunden zur Arbeit geführt. Unsere Einsatzstelle war zu diesem Zeitpunkt zwei bis drei Kilometer entfernt. Bis wir dort ankamen, wurde es schon hell. Unsere Aufgabe erklärte uns unser Brigadier *Stephan Ignatlewitsch Ponukailow*:

‚Unser Einsatzgebiet nennt sich Quartal Nr. 34. In diesem Traktoranhänger findet ihr das notwendige Werkzeug. Das sind Spaten, Schaufeln und Hacken. Diese Pfeile markieren die künftige Trasse für eine Ölpipeline (er zeigte auf Holzpfeile, die im Abstand von ca. 50 Metern voneinander in den Boden geschlagen waren). Der Graben muss 80 Zentimeter breit und 1,5 Meter tief ausgeschachtet werden. Die Tagesnorm ist 4,5 Kubikmeter Erde für jeden. Abends wird gemessen und abgerechnet. Zum Faulenzen haben wir keine Zeit. Wer die Norm nicht erfüllt, dem wird die Brotration halbiert. Am besten ihr bildet Gruppen aus drei oder vier Mann (sprich Jungen) und los an die Arbeit!'

Wir waren ja zu dritt: mein Cousin Wilhelm Kauz, mein Bruder August und ich. Zu dritt haben wir auch gegraben. In den ersten Tagen, so lange die Kräfte von zuhause noch vorhanden waren, haben wir mit großer Anstrengung die Norm erfüllt. Aber die Kräfte ließen bald nach. Zum Mittag und zum Abend gab es dasselbe wie morgens früh: einen halben Liter Suppe (Balanda) und 250 Gramm Brot. Die Suppe bestand aus Wasser, in das man etwas Geschrotetes mit Kleie und Weizen-, Roggen- oder Gerstenmehl beigemischt hatte, gesalzen, ohne Fett. Das Brot war schwarz, glitschig und steinschwer. Das Essen reichte nicht aus, um den Kalorienverbrauch zu kompensieren. Wir wurden jeden Tag leichter. Der Körper verbrauchte alle seine Reserven. Die

Arbeitsproduktivität ließ nach. Deshalb wurde auch die Brotration gekürzt, von 800 auf 600 Gramm - ein Teufelskreis, der uns Krankheit und Hungertod ‚versprach'. Nicht weit von der Trasse entdeckten wir ein krepiertes Pferd. Mit Spaten, da wir keine Messer hatten, wurden Fleischstücke abgehackt und roh verzehrt. Bald blieben in der Steppe nur noch Knochen liegen. Brigadiere und Wachsoldaten lächelten sarkastisch: ‚Diese Fritzen, wenn wir es zuließen, würden sich selber auffressen.'

Wir arbeiteten sieben Tage in der Woche, 12 Stunden am Tag, von acht Uhr morgens bis acht Uhr abends. Mittags hatten wir eine halbe Stunde Pause, in der die Balanda getrunken und die 300 Gramm Brot gegessen wurden, ohne Zeit zum Ausruhen. Unsere Bedürfnisse erledigten wir in der offenen Steppe, ohne uns zu verstecken. Die Brigadiere waren immer dabei, uns voranzutreiben. ‚Dawai, Dawei rabotai! Matt twoju tak!' Den ganzen Tag hörten wir das Fluchen und das Treiben.

In der Baracke in den Brettern vermehrten sich die Wanzen und in den Kleidern die Läuse. Dieses Ungeziefer saugte uns das noch vorhandene Blut aus den Adern und störte uns beim Schlafen. Die ersten sechs Monate gab es kein Bad, und auch die Unterwäsche wurde nicht gewechselt. Es war ja Winter. Die Tage waren sehr kurz. Wir gingen bei Dunkelheit zur Arbeit und kamen im Dunkeln wieder in das Lager zurück. Die Beleuchtung erfolgte durch einen Generator, der mit einem Dieselmotor angetrieben wurde. Es gab kaum eine Möglichkeit, die Läuse manuell zu bekämpfen. Es fehlten helles Licht und auch Zeit. Im Lagerhof wurde ein Feuer gemacht und wir schüttelten unsere Kleider über dem Feuer einfach aus. Das half aber wenig; die Läuse vermehrten sich weiter. Später wurde eine Kammer gebaut, in der die Läuse durch Hitze vernichtet wurden. Dadurch gingen aber die Kleider schneller kaputt.

Die Situation wurde von Tag zu Tag kritischer. Die ersten ‚Dochodjagas' – bis auf die Knochen abgemagerte

Hunger und Hungertod in der Trudarmee 1941-1947.

Menschen kurz vor ihrem Hungertod – wurden in ein Lazarett abtransportiert, wo manche auch starben. Das Lazarett befand sich woanders, so dass wir unsere Kameraden nicht mehr zu sehen bekamen. In der Baracke wurden immer wieder Plätze frei. Wir drei konnten uns noch eine Zeitlang ‚über Wasser halten', weil wir von zuhause etwas Reis mitgebracht hatten, den wir heimlich roh kauten. Der Vorrat war bald verbraucht, und das Schicksal der ‚Dochodjagas' drohte auch uns.

Die Idee, heimlich abzuhauen, kam von Wilhelm bei der Arbeit an der Trasse. Er überlegte und kam dann zu dem Schluss, dass es nicht möglich sei. Die Brigadiere, Wachsoldaten und Schäferhunde konnten in jedem Moment angreifen und den Versuch scheitern lassen. Also suchten wir nach einer anderen Möglichkeit."

Die Flucht der drei jungen Männer misslang. Sie wurden erwischt und kamen in den Karzer. Die Geschichte wird von Alexander Böll weiter erzählt: „Der zweite Versuch zu fliehen ist auch misslungen. Bei der Flucht ging jeder von uns einen anderen Weg. Mein Bruder Artur schaffte es, bis nach Furmanowka zu den Eltern zu gelangen, wo er nach kurzer Zeit wieder in die Trudarmee einberufen wurde. Er kam aber in ein anderes Lager in der Wüste von Kasachstan. Mein Cousin Wilhelm Kauz wurde arretiert und kam in ein GULAG-Lager, wo er an Hunger und Krankheit gestorben ist. Ich bewegte mich in einem Zug Richtung Norden, wollte die Kriegsfront erreichen und wurde in Gurjew erwischt und der Miliz übergeben, die mich in mein Lager zurückbrachte. Der Lagerkommandant übergab mich dem MWD-Mann, der mich an den Untersuchungsrichter in *Makat* auslieferte. Meine Entscheidung, alles offen und ehrlich zu gestehen, wurde vom Untersuchungsrichter als ein ‚kluger' Schritt bewertet, und im Schnellverfahren bekam ich eine ‚milde' Strafe – 15 Tage Karzer.

Der Karzer befand sich in einem Loch, nur an der Stahltür war ein kleines, vergittertes Fenster, in der Ecke eine Parascha und zum Liegen und Sitzen eine Pritsche aus Beton. Am Tag bekamen wir – ich und meine Unglücksfreunde – jeweils 200 Gramm Brot und einen Liter Wasser. Das Loch war ca. 15 Quadratmeter groß. Als ich hineinkam, waren dort schon neun junge Männer, alle Deutsche; ich war der zehnte. Das waren überwiegend Deserteure. Es gab auch Befehlsverweigerer. Es kamen später immer wieder neue Bestrafte hinzu. So verbrachte ich in dem feuchten, kalten und dunklen Loch 15 Tage und Nächte. Als der 16te Tag anbrach, öffnete sich die Tür und der Wächter schrie laut: ‚Wer 15 Tage im Karzer verbracht hat, kommt heraus und stellt sich in eine Reihe!' Er hatte eine Liste in der Hand und nannte uns namentlich. Aber nicht alle hatten die Kraft, ohne Hilfe herauszukommen. Im Loch blieben noch zehn Bestrafte, die ihre Zeit noch nicht abgesessen hatten.

Als wir bemüht waren, uns aufzustellen, sanken etliche zusammen, weil sie keine Kraft mehr zum Stehen hatten. Ein russischer Offizier in Uniform eines Leutnants ohne rechten Arm, den er an der Front verloren hatte, kam zu uns, schaute jedem streng in die Augen und begann mit einer Rede:

‚An der Kriegsfront werden die Deserteure erschossen, oder sie werden an die vordere Linie geschickt und müssen ihre Schuld mit ihrem Blut bezahlen. Hier ist auch die Front. Ihr seid in der Zeit des Kriegszustandes verpflichtet, für den Sieg zu arbeiten, und wer seiner Pflicht nicht nachkommt und versucht zu desertieren, wird hart bestraft. Ihr seid alle noch jung und müsst das verstehen. Hier ist kein Kindergarten, sondern die Arbeitsfront. Ich gebe euch die Möglichkeit, eure Schuld mit Fleiß und ehrlicher Arbeit wieder gut zu machen. Jetzt kommt gleich ein Lastwagen und bringt euch in die Steingrube. Dort kriegt ihr gutes Essen und könnt euch erholen. Dann werdet ihr Steine brechen und sie auf Lastwagen laden. Versucht nicht noch einmal abzuhauen. Die Wächter haben den Befehl, bei jedem

Versuch sofort zu schießen. Auch die Hunde sind darauf trainiert, Deserteure anzugreifen. Merkt euch das!'

Der Lastwagen kam auch bald. Mit viel Anstrengung krochen wir auf die Pritsche. Einer musste dem anderen helfen. Wir hatten keine Muskeln mehr, nur Knochen. Unser Wächter setzte sich in die Kabine, und der Lastwagen schüttelte uns unterwegs so durch, dass uns die Knochen furchtbar weh taten. Wir fuhren lange über unwegsames Gelände Richtung Westen. Als wir in einen kasachischen Aul (Siedlung) hineinkamen, blieb das Auto stehen; es musste neu betankt werden. Wir verließen die Pritsche. Nach dem Tanken verschwanden Wächter und Kraftfahrer in einem Haus, wo auf sie bestimmt ein Mittagessen wartete. Wir nutzten die Gelegenheit und verstreuten uns im Aul und bettelten an jedem Haus um ein Stück Brot oder sonstiges Essbares. Mein Kumpel *Fritz Hofmann* kam und aß gierig aus einem Lappen Tolkan (Mehl mit Schaffett angerührt). Nach einer Stunde kamen unser Wächter und der Kraftfahrer, und wir fuhren weiter. Unterwegs wurde es Fritz schlecht, er fasste sich am Bauch, schrie laut und bat um Hilfe. Aber wer konnte ihm helfen? Es dauerte nicht lange, und er hörte auf zu schreien, streckte die Beine von sich und starb in meinen Armen. Einer von uns klopfte an die Kabine. Der Wächter kam heraus und fing an zu schimpfen: ‚Was wollt ihr Fritzen? Wir haben wenig Zeit, wir kommen heute erst spät an, könnt ihr nicht still sitzen?' Als wir ihm sagten, dass einer von uns tot sei, machte er ein krummes Gesicht und sagte: ‚Ebjena Mat, auch das hat uns noch gefehlt! Mat twoju tak.' (Diese Worte kann man nicht ins Deutsch übersetzen).

Der Kraftfahrer hatte einen Spaten. Wir gruben am Wegrand gemeinsam ein 50 Zentimeter tiefes Loch, legten Fritz Hofmann hinein, scharrten es zu und fuhren weiter. Zuerst waren wir zwölf; jetzt waren wir elf.

Den Steinbruch erreichten wir schon am späten Abend. Der Chef dieses Steinbruchs war der einarmige

Offizier, kein böser Mensch. Er hat sein Wort gehalten. Am ersten Abend bekamen wir, um Magenkrämpfe zu vermeiden, nur eine halbe Portion Suppe. Wir bekamen auch eine Woche lang Urlaub und relativ gutes Essen: 750 Gramm Brot, dreimal Suppe, Fleisch- und Fischkonserven. Später gab es Talons (Essensmarken), so dass wir uns unseren Monatsproviant einteilen konnten. Langsam haben wir uns wieder erholt. Aber die Arbeit im Steinbruch war sehr schwer, alles Handarbeit. Das einzige technische Mittel war der Schubkarren. Im Steinbruch arbeiteten bestimmt mehr als 500 Trudarmisten, überwiegend Deutsche. Wir wurden, wie versprochen, durch bewaffnete Wachsoldaten mit Hunden streng bewacht. Gewohnt haben wir in Baracken hinter Zaun und Stacheldraht, eingeteilt in Brigaden, bei acht Stunden Arbeit und sonntäglichem Ruhetag. Wir konnten unsere Kleider flicken, uns baden und Läuse bekämpfen. Die Haare zu schneiden und uns zu rasieren hat man uns nicht zugetraut. Das tat ein angestellter Friseur.

Ich war erst 17 Jahre alt und für diese schwere Arbeit zu schwach. Das bemerkte man, und ich wurde mit noch ca. 20 Mann ,Dochodjagas' auf einen landwirtschaftlichen Betrieb, nicht weit von der Stadt *Gurjew*, gebracht, um bei der Gemüseernte zu helfen. Wir wohnten in Erdhütten und Zelten. Das Essen war miserabel. Wir bekamen nur je 600 Gramm Brot und Gemüse, ob roh vom Feld oder gekocht, das war uns überlassen. Von so einer Nahrung wird man nicht fett. Wir hatten Hunger nach etwas Kalorienreicherem. Einer von meinen Kumpeln entdeckte am Gemüselager einen Haufen Rinderhäute, auf denen es von Maden nur so wimmelte. Wir schnitten Stücke ab, befreiten sie von Maden und kochten uns Gemüsesuppe mit Rinderhäuten.

Es kam der späte Herbst 1943. Die Arbeiten auf den Gemüsefeldern waren abgeschlossen, und wir wurden woanders gebraucht. So kam ich in ein Lager in der Nähe der Stadt Gurjew. Das war ein typisches Lager für

Trudarmisten: wieder in Kolonnen zur Arbeit in Begleitung von Wachsoldaten und Hunden, schlafen auf kahlen Brettern, Läuse, Wanzen, Hunger, Krankheiten, tägliches Sterben usw. Unser Schuhwerk war total abgetragen. Wir bekamen Holzpantoffeln. Und wenn die Kolonne auf die gepflasterte Straße kam, gab es ein lautes Poltergeräusch, als wenn eine Eskadron von Kavallerie-Reitern vorbeiziehen würde.

Am Anfang hatte ich Glück. Mein Nachbar auf dem Liegeregal in der Baracke war ein deutscher Mann: *Siegfried Gruber*, ein gelernter Schmied. Er bat den Lagerkommandanten, mich ihm als Helfer zuzuordnen. So war mein Arbeitsplatz in der warmen Schmiede. Dort bekamen wir auch etwas besseres Essen. Aber es kommt oft anders, als man sich es wünscht. Wir reparierten überwiegend landwirtschaftliche Technik: Pflüge, Sämaschinen, Eggen u.a. Viele Arbeiten musste ich draußen im Hof durchführen. Im Winter war es kalt und windig. Das Hin und Her, aus der warmen Schmiede geschwitzt auf den kalten Hof, war der Grund, dass ich mich erkältete, Lungenentzündung bekam und im Krankenhaus landete. Nach zwei Wochen kam ich wieder heraus, aber auf dem ganzen Körper bildeten sich Geschwüre (Furunkeln). Ich konnte in der Schmiede, auch woanders, nicht mehr arbeiten. Folglich bekam ich nur die Hälfte der Brotration. Die Suppe bestand zu 99 Prozent aus Wasser. Der Hunger quälte mich schrecklich. Der Kommandant erlaubte mir, das Lagergelände zu verlassen, und ich ging zu den Bewohnern betteln. Die meisten Leute haben mich weggejagt, es gab genug andere Bettler. Aber es gab auch solche, besonders Kasachenfrauen, die Mitleid hatten und ein kleines Stück Brot gaben. Von den Russinnen bekam ich oft eine Kartoffel, eine Möhre, oder eine Rübe.

Es wurde Sommer 1944. Mit der Wärme gingen die Furunkeln zurück. Aber die Malaria hatte mich getroffen: immer wieder Schüttelfrost und Fieber. Das Lager verlassen und betteln gehen konnte ich nicht mehr, so schwach war ich. Auch die Obrigkeit hatte um mich schon ein Kreuz gemacht. Niemand kümmerte sich um mich. Der Arzt befreite mich immer wieder von der Arbeit, aber er konnte nicht helfen, weil er keine Arzneien hatte. In den fieberfreien Pausen trieb mich der Hunger zu den Küchenabfallbehältern, wo ich herumwühlend nach etwas Essbarem suchte, auch wenn es nur Fischknochen waren, die ich lutschte und kaute. Meine Konkurrenten waren die Fliegen. Wenn der Koch oder einer von den Aufsehern mich sah, wurde ich sofort weggejagt. Die Küchenabfälle wurden gesammelt und als Hundefutter aufbereitet.

Es gab viele kranke Trudarmisten im Lager, ich war nicht der einzige. Im Lazarett gab es wenige Plätze; dort starben auch die meisten. Aber einen Sterbenden aus meiner Baracke, einen Herrn *Günter*, habe ich in unmittelbarer Nähe erlebt. Er erkrankte plötzlich an Dysenterie. Aus Schwäche konnte er nicht mehr zum Plumpsklo im Hof rennen. Er legte sich in die Sonne und sein Stuhl lief einfach in die Hose. Ein Gestank verbreitete sich und zog Schwärme von Fliegen an. So ist er auch in der Sonne liegend gestorben. Als der Arzt kam, konnte dieser nur noch den Tod feststellen.

Aus heutiger Sicht, vermute ich, war das Cholera, weil später mehrere Trudarmisten an Durchfall starben und das Lager quarantänisiert und mit chemischen Mitteln bearbeitet wurde. Als die Beerdigungsmänner kamen, weigerten sie sich, den Toten zu berühren. Er wurde mit einer Flüssigkeit begossen, dann mit einem Strick an den Füßen festgebunden und weggeschleppt. Anscheinend wollten die Verantwortlichen, um eine Panik zu vermeiden, nicht zugeben, dass im Lager bei dreitausend Trudarmisten Cholera ausgebrochen war.

Dieses Erlebnis war für mich ein Stress, der alle meine Kräfte mobilisierte; und ich bekam kein Fieber mehr. Als die Quarantäne aufgehoben wurde, ging ich wieder arbeiten. Gebaut wurden eine Ölraffinerie, Wohnhäuser für Arbeiter, ein Eisenbahnnetz und andere Objekte, die zur Stadt Gurjew gehörten.

Das Jahr 1944 neigte sich seinem Ende zu. In der Trudarmee trat eine Lockerung ein. Wir wurden nicht mehr in Kolonnen zur Arbeit geführt und von Soldaten und Hunden bewacht. Auch bekamen wir besseres Essen. Ich kam zu einer Brigade Hafenarbeiter. Alles, was in den Hafen auf Schiffen ankam, mussten wir manuell abladen und auf andere Transportmittel umladen. Oft waren es amerikanische, englische und französische Lebensmittel, die über Persien kamen. Sie wurden dann per Fluss oder Eisenbahn weiter in den Norden transportiert. Wenn Säcke oder Kisten kaputt gingen, haben auch wir etwas davon abbekommen.

Anscheinende Erfolge an der Kriegsfront, über die uns niemand richtig informiert hatte, wirkten sich auch auf unser Leben positiv aus. Wir wurden nicht mehr so streng bewacht und konnten ab und zu für Privatleute Aufträge erledigen und bekamen dafür etwas Geld.

Aber sonst waren wir immer noch die billigen Zwangsarbeiter. Unsere Arbeit wurde schlecht bezahlt. Es reichte kaum für Essen und Arbeitsbekleidung, die uns einmal im Jahr gegeben wurde. Wir standen immer noch unter dem Druck der Brigadiere: „Dawai, Dawei rabotai!" Meine Kleider waren total abgetragen; ich sah wie ein Lump aus. In einem Brief nach Hause beklagte ich mich. Darauf reagierte meine Schwester. Sie lebte im Gebiet *Kemerowo* (Altairegion) mit fünf Kindern, von denen aber schon zwei in den vergangenen Jahren verhungert waren. Ihr Ehemann war in der Trudarmee gestorben. Trotz schwerer Lage schickte sie mir ein Paket, in dem 100 Rubel waren. Dafür kaufte ich mir auf dem Basar ein getragenes Hemd."

So schildert *Alexander Böll* seine Trudarmeejahre, die ständig mit Hunger und Tod verbunden waren. Über den Hunger und den Hungertod in der Trudarmee berichten viele am Leben gebliebene Zeitzeugen. Die Trudarmee war eine Einrichtung, in der Tausende von Menschen zusammengetrieben waren, um schwere Arbeit unter schwierigen Bedingungen zu verrichten, aber nur Knochenarbeit ohne Technik. Dort, wo normalerweise einer mit technischen Mitteln die Arbeit erfüllen könnte, wurden drei bis vier Männer oder auch Frauen eingesetzt. Wenn zwei davon gestorben waren, kamen neue hinzu. Ein Menschenleben hatte nicht viel Wert. Nur „Dawei, Dawei!" hieß die Devise.

„Ich werde oft gefragt", schreibt *Gerhard Wolter*, „wie ich die Trudarmee überlebt hätte. Als erstes, sage ich, dass ich jung gewesen sei, ich war erst 18 Jahre alt und hatte mir von Anfang an als Ziel gesetzt, dass ich am Leben bleiben müsse, um später als Zeuge der nachkommenden Generationen zu erzählen, was ich erlebt hatte. Der Lebenswille hat mich nie verlassen. Auch hatte ich, wenn man das so sagen kann, immer etwas ‚Glück'.

Erstens: Im Februar 1942 kam ich auf das Gelände einer Ziegelfabrik, die schon in Betrieb war. Vor uns hatten hier Häftlinge gearbeitet. Die Fabrik und das KZ entstanden schon vor dem Krieg. Für uns war es leichter als für diejenigen, die im Wald in Zelten und Hütten überwintern mussten. Außerdem ist die Arbeit in einer Ziegelfabrik nicht so schwer wie Erd- oder Betonarbeit und schon gar nicht wie in einer Steingrube.

Zweitens: Ich hatte immer gute Freunde, die mir geholfen haben zu überleben, zum Beispiel Herrn Büdel, einen Bauingenieur aus Georgien. Er war doppelt so alt wie ich und hatte gute Betriebserfahrungen als Eisenbahnbauingenieur. Seinen Namen hatte er von seinem Vater bekommen, der selbst nur ein ‚halber' Deutscher war. Herr Büdel sah 100-prozentig einem echten, kräftigen Georgier ähnlich: mit großer krummer Nase, dunklen bauchig gewölbten Augen, dicken, saftigen Lippen, die nur Grusinisch sprechen konnten. Das war ein

Mensch mit starkem Willen. Meine und seine Aufgabe in der Lehmgrube war, mit Lehm gefüllte Grubenwagen bis zum Flaschenzug zu transportieren und bei Bedarf die Gleise neu zu verlegen.

Herr Büdel regte sich oft auf: ‚Ich bin doch kein richtiger Deutscher, nur 25 Prozent deutsches Blut, geerbt von meinem Großvater, fließt in meinen Adern. Warum wurde auch meine Familie nach Kasachstan deportiert? Warum bin ich in einem KZ und muss hier schuften und hungern? Ich werde an Stalin schreiben. Er ist doch mein Landsmann und wird mich bestimmt von dieser Qual befreien!'

Er hat auch geschrieben. Es dauerte aber monatelang, bis seine Beschwerde Wirkung zeigte. Mittlerweile habe ich gemerkt, wie bleich und aufgeschwollen seine Wangen wurden. Sein Körper sah einem Kleiderständer ähnlich. Er hatte sich in einen typischen ‚Dochodjaga' verwandelt und wäre auch bald gestorben, wenn er nicht eines Tages in die Lagerverwaltung gerufen worden wäre. Ihm wurde angeboten, als freier, angestellter Spezialist für die Ziegelei weiterzuarbeiten. Er bekam ein Zimmer im Haus für Freiangestellte und zog aus der Baracke aus. Seine Aufgabe war nun, die neue Ziegelfabrik mit der alten durch eine Eisenbahnlinie zu verbinden. Dazu bekam er auch ein Kontingent von Trudarmisten zur Verfügung. Auch ich kam in seine Brigade.

Die Freiangestellten bekamen besseres Essen und konnten die Zone verlassen und sich noch etwas dazukaufen. Sie bekamen auch Lohn. Bald sah auch Büdel wieder einem Menschen ähnlich.

Nachdem die neue Eisenbahn in Betrieb genommen worden war, bekam auch ich eine neue Funktion: ich war für den Betrieb des neuen Abschnitts der Eisenbahn verantwortlich, hatte also nicht mehr die physisch schwere Arbeit in der Lehmgrube. Dafür war ich dem Herrn Büdel sehr dankbar. Die Umstellung fand im Februar 1943 statt. So überlebte ich den Winter 1941/1942. Der

Winter 1942/1943 war für mich, dank meines Freundes Büdel, etwas leichter."

Herr *Jörg Stumpf* erzählt von einem typischen Fall, den er selbst erlebt hatte:
„Es war im Winter 1943. Ich war in das 32. Baubatallion des Bakalmetallurgiebaues eingegliedert. Wir arbeiteten im Wald und mussten Baumaterialien für den Eisenerzabbau vorbereiten. Der Winter 1942/1943 war am Ural besonders streng. Das Thermometer zeigte oft –50 Grad Frost. Im Januar 1943 kam eines Tages ein leerer Zug mit 80 Waggons an, der in kurzer Zeit mit dicken Stämmen beladen werden sollte. Es gab keine Ladetechnik. Mit Stricken und Händen wurden die Stämme auf Lagen kullernd hochgezogen, bis sie mit viel Krach in die Waggon hineinfielen. Oben stand ein Mann, der mittels Kommandos dirigierte, so dass das Ziehen und Schieben gleichzeitig ablief.

‚Willst du nicht gehen, so bleibe doch stehen – hopp!', ‚Willst du nicht gehen, so bleibe doch stehen – hopp!' usw. Mit einem solchen Rhythmus wurde gearbeitet. Die Ladearbeiten dauerten die ganze Nacht. Es fing ein neuer Tag an, aber immer noch waren nicht alle Waggons beladen. Es gab keine neue Schicht. Alle 630 Trudarmisten mussten weiterhin beladen. Die Kräfte der Menschen waren am Ende. Frost und Wind trugen das Ihrige zur Belastung bei. Ein hungriger Mensch kann sich nicht durch Arbeit erwärmen, ihm fehlt einfach die innere Energie. Die Kleidung der Trudarmisten war für solche Witterungsverhältnisse nicht ausgelegt. Der leitende Offizier und die bewaffneten Aufseher trugen Pelze und Filzstiefel und waren so vor Frost und Wind geschützt. Sie wurden wütend, weil immer langsamer gearbeitet wurde. Wenn sich jemand aus Müdigkeit hinsetzte, wurde er mit lauter Stimme zum Aufstehen aufgefordert und bekam einen Stoß in den Rücken. Die Aufseher hatten für sich ein Feuer gemacht und wärmten sich daran. Die

Trudarmisten durften nicht an das Feuer kommen: ‚Halt! Keinen Schritt weiter, sonst schießen wir!'

Die Arbeit dauerte 23 Stunden. In dieser Zeit wurden fünftausend Tonnen Baumstämme verladen. 28 Mann starben noch in derselben Nacht. Fast jeder hatte abgefrorene Zehen oder Finger. Sechs Leichen wurden mit den Stämmen abtransportiert. Das waren die wenigen, die an den Rändern der Waggons gestanden und die Ladearbeiten dirigiert hatten. Unvorsichtigerweise rutschten sie ab und wurden durch einen fallenden Stamm zu Tode gedrückt. Wer konnte schon so einem armen Menschen helfen und ihn retten? Niemand hatte die Kraft, den schweren Stamm hochzuheben. Es war auch egal, wie man stirb und wo man stirbt.

Am nächsten Tag konnten von 630 Trudarmisten nur noch 380 zur Kontrolle erscheinen. Die anderen blieben auf ihren Pritschen in den Baracken liegen. Auch ich war unter ihnen, mich auf einen Stock stützend," erzählt Jörg Stumpf, „ich wusste noch nicht, dass mein Zeh am rechten Fuß abgefroren war und eine Gangräne begann. Im Lager gab es keinen Arzt. Ich musste mir selber den toten Zäh mit einem Rasiermesser und Feuer amputieren."

Massengräber an Hunger gestorbeben Trudarmisten.

„Ich sah meine Füße und Beine", schreibt Gerhard Wolter, „sie waren schrecklich anzusehen, ganz verkrüppelt." Solche Fälle gab es in vielen Lagern des GULAG.

Eine schreckliche Geschichte schildert auch *Anton Knoll*, der vor der Auswanderung nach Deutschland in der kirgisischen Hauptstadt Bischkek wohnte. Diese Geschichte hat Herr Knoll in seinem Tagebuch aufgeschrieben, mit der Überschrift „Kotlas, mein Vater".

Zunächst eine kurze Einleitung: Herrn Knolls Vater hieß auch Anton. Er und seine zwei Brüder sowie der Schwiegersohn Jörg Paul wurden im Januar 1942 in die Trudarmee mobilisiert. Sie kamen nach *Kotlas* in Nordrussland. Dort mussten sie beim Bau einer Eisenbahn zwischen Kotlas und Kineschma mitarbeiten. Alle drei Brüder sind dort durch Hunger und Krankheit ums Leben gekommen. Zurück kam nur der Schwiegersohn Jörg Paul. Seine Erzählungen dienten als Grundlage für die folgende Geschichte:

„Als erstes musste ein Gleisbett entstehen. Die Erde war tiefgefroren. Es gab keine Technik. Alles war Handarbeit. Es wurden Bäume im Wald gefällt und an das künftige Gleisbett geschleppt. Die ganze Nacht brannte ein Feuer. Einer von uns musste auf das Feuer aufpassen und immer wieder neue Äste nachlegen. Am nächsten Tag wurde an der aufgetauten Stelle ein tiefes Loch bis zur ungefrorenen Tiefe gegraben. Von dort wurde Erdmasse wie in einer Kohlengrube unter Tage herausgeholt und mit Schubkarren auf das Gleisbett transportiert. Oben stieß man mit Brechstangen so lange auf die hohl gewordene Stelle, bis sie zusammenrutschte. Die großen Brocken zerhackte man in kleinere Klumpen und brachte sie auf das Gleisbett auf. Bei fleißiger Arbeit schaffte man bis zu 5 Kubikmeter Masse pro Mann und Tag. Dafür bekam man dann 800 Gramm Brot. Nur das Endergebnis hat gezählt. Feuermachen, Brennholz heranschleppen und andere Vorbereitungsarbeiten zählten nicht dazu. Wenn keine 5 Kubikmeter am Tagesende gemessen wurden, wurde die Brotportion entsprechend gekürzt."

Der Schwiegersohn Jörg Paul arbeitete nicht in der Brigade mit den Brüdern Knoll. Er hörte, dass sein Schwiegervater Anton Knoll sehr krank sei und sich mit anderen „Dochodjagas" in der Gesundheitsbaracke befinde. Es wurde ihm genehmigt, ihn zu besuchen.

„Guten Tag, Vater!" – „Was willst du von mir?" fragte mit leiser Stimme der Schwiegervater. „Du erkennst mich nicht? Ich bin Jörg." – „Welcher Jörg? Ach, Jörg...." „Ich bin doch dein Schwiegersohn, Jörg Paul!" – „Ach, lieber Jörg, ich habe dich jetzt erkannt. Mir geht es schlecht, sehr schlecht..." „Ich habe dir etwas zu essen mitgebracht. Hier ist es." – „Verteil es unter die anderen, die haben auch Hunger." „Gut, Vater, steh doch ein wenig auf; ich helfe dir." – „Das ist nicht nötig, ich bin am Ende meines Lebens." Seine Stimme war kaum zu hören. „Nein, ich werde dich retten! Hier.." – Jörg brach ein Stückchen Brot ab und schob es dem Schwiegervater in den Mund. „Bitte iss!"

Der Schwiegervater fing an zu husten, und das Brot flog auf den Fußboden, die „Dochodjagas" schauten zu. Einer von ihnen hob das Stückchen Brot vom Fußboden auf und schob es schnell in seinen eigenen Mund.

Jörg hatte Mitleid mit diesen Menschen. Er holte das Taschenmesser aus seiner Tasche und teilte das Brot in kleine Stücke. Dann schob er jedem ein Stückchen in den Mund. Als er zum Schwiegervater zurückkam, war es schon zu spät. Er lag auf dem Rücken mit offenen Augen, die voller Tränen waren und Trauer ausdrückten."

Die Kotlasgeschichte und die Ereignisse, die sich im weiten Osten der Sowjetunion in der Gegend bei *Kolyma* abspielten und von denen der Schriftsteller *A. Solschenizyn* berichtet, ähneln sich sehr, obwohl zwischen diesen Orten etwa 8000 Kilometer liegen.

Über den schrecklichen Hunger in den GULAG-Lagern schreibt *A.Solschenizyn* in seinen Buch „Archipel Gulag": „Das ist eine bestimmte Handschrift, ein Täter steckt dahinter, der brutal Tausende, nein, Millionen Menschen umgebracht hat. Sein Name ist der Kommunist *Stalin*, ‚Vater, Führer und Lehrer aller Völker der Erdkugel'...

Im Sommer 1938 kam es in den Lagern auf Kolyma zu katastrophalen Zuständen. Die Wohnräume waren überfüllt. Es fehlt an Kleidung und Nahrungsmitteln. Die Menschen hungerten so, dass sie bereit waren, alles, was nur denkbar war, zu verspeisen. Der Zeuge *I.S.Karpunich* erzählte mir, dass die Häftlinge im Sumpf ein verrecktes Pferd entdeckten, das schon mehrere Tage dort gelegen hatte. Es stank, Fliegen und Würmer wimmelten auf dem Fleisch. Doch die Häftlinge aßen es mit Haut und Knochen. Auch Wagenschmiere, die man in den Fleischkombinaten aus Abfällen herstellte, wurde fässerweise verspeist."

„Mir ist es nicht bekannt", schreibt *Herr Wolter*, „wo und wie die Leichen der Verstorbenen aus den Lagern des Bakalmetallurgiebaues begraben oder, anders gesagt, beseitigt wurden. Ich kenne das nur aus Erzählungen anderer, die es genauer wussten. Ich habe aber mit eigenen Augen gesehen, wie die Leichen aus den Lagern abtransportiert wurden.

Der Wächter am Tor zählte sie und stach mit einem spitzen Eisenstab in jeden hinein, um sich zu vergewissern, dass kein noch Lebender auf diese Art ins ‚Freie' transportiert wurde.

Aus den zentral gelegenen Konzentrationslagern des Metallurgiebaues wurden im Winter 1942 und 1943 die Leichen am Waldrand gestapelt. Als es wärmer wurde, hat man sie in großen Massengräbern verscharrt."

Im Sommer 1945 war Herr Wolter in der Gegend, wo es die Massengräber gab. Dort wurde eine Straße verlegt. An manchen Stellen seitlich der Straße war der Untergrund noch weich durch das Polster, das die Überreste der Körper bildeten. Man hatte das Gefühl, als wäre das ein trockengelegter Sumpf.

Eine sehr dramatische Geschichte erzählte uns Herr *Andreas Wall*, der in den schweren Kriegsjahren seine Ehefrau und drei Kinder verlor.

Herr Wall kam mit seiner Familie – der Ehefrau und fünf kleinen Kindern – in den kasachischen Aul *Dolskoi*, Gebiet Aktjubinsk. Bald nach der Ankunft wurde er in die Trudarmee mobilisiert und musste hinter den Uralbergen im hohen Norden im Wald arbeiten. Seine Ehefrau war wegen der Kinder von der Mobilisierung befreit worden, aber nicht vom Hunger.

Nachdem sie alle Kleider gegen Esswaren vertauscht hatten, kam der richtige Hunger. Die kasachische Kolchose war sehr arm und konnte auch nicht helfen. Als erstes starben die drei kleinsten Kinder. Die Mutter war selbst am Verhungern. Gesicht, Arme und Beine waren angeschwollen. Medizinische Hilfe gab es im Aul nicht.

Die unerfahrenen Acksakale (weißbärtige kasachische Männer), alles Analphabeten, vermuteten, dass Frau Wall an einer hoch ansteckenden Krankheit litt. Um Kontakte mit ihr zu vermeiden, wurde sie in eine leer stehende, zerfallene Hütte am Rande des Auls gebracht, eingesperrt und streng bewacht. Alle Versuche, den Kasachen zu erklären, dass es sich um keine Krankheit, sondern um Hungererscheinungen handle, scheiterten.

Mit einem Brief von deutschen Bekannten wurde Andreas über den Vorfall informiert. Er beantragte Urlaub bei der Trudarmeeverwaltung und kam zu seiner Familie in den kasachischen Aul. Er war auch wegen seiner Schwäche als „Dochodjaga" entlassen worden, um sich zu Hause zu erholen. Alle Versuche, seine Ehefrau aus der Hütte herauszuholen, misslangen. Die Acksakaly waren kompromißsslos. Sogar ihn selber wollten sie aus dem Aul verjagen. Andreas fuhr nach Aktjubinsk und beschwerte sich über die Willkür der Acksakaly. Als er zurückkam, war seine Frau schon gestorben.

Nach ein paar Wochen musste Andreas wieder zurück in die Trudarmee. Seine zurückgebliebenen Söhne, 12 und 14 Jahre alt, waren schon zu Bettlern degradiert und mussten auch weiter ohne Eltern auskommen. Es war Sommer, und sie ernährten sich von Gräsern, Schildkröten und Zieselrattenfleisch und anderem, was es noch in der Steppe zu finden gab. Im Herbst sammelten sie Ähren. Im Winter gingen sie betteln, von einem Aul zum anderen.

Solche Schicksale haben viele deutsche Familien erlebt. Viele Kinder sind ohne Eltern aufgewachsen, weil ihre Eltern aus der Trudarmee nicht zurückkamen und dort verhungert oder durch Krankheit gestorben sind, so wie es der Familie Andreas Wall passiert ist.

Über die Trudarmee und Hunger und Tod lesen wir auch im Buch von *Jakob Bergen* „So lebten wir in Russland", S.107:

„Ich schildere den Lesern eine Erzählung, die das Schicksal der Trudarmisten und ihrer Familien zuhause widerspiegelt. Jeder Dritte ist nicht nach Hause zurückgekehrt, sondern starb eines qualvollen Todes. Gerne hätten sie noch länger gelebt, aber die kommunistische Regierung setzte alles daran, so viele von ihnen wie nur möglich zu quälen und zu vernichten."

Die Erzählung hat die Überschrift „Der Brief". Die Ehefrau Maria schreibt einen Brief an ihren Ehemann Isaak, der in Tscheljabinsk am Ural in der Trudarmee hungert und vom Tod bedroht ist. Hier folgt der Inhalt des Briefes in abgekürzter Form:

„In Gedanken versunken sagte sie laut: ‚Ja, mein Isaak, ich schreibe dir alles. Ich weiß, dass es dir am meisten an Nahrung mangelt, aber dass du ebenso ein tröstendes, zärtliches Wort für deine kummervolle Seele brauchst'. Sie schrieb: ‚Sei gegrüßt, mein teurer geliebter Isaak! Zuallererst wünsche ich dir gute Gesundheit und Gottes Hilfe in deinem schweren Leben. Bei uns ist alles gut. Wir sind gesund und am Leben, und es mangelt uns an nichts. Nur du und Peter, ihr fehlt uns! Wir machen uns große Sorgen um deine Gesundheit. Von dir, lieber Isaak, haben wir schon lange keinen Brief erhalten, aber von Peter erfuhren wir, dass du schwer krank bist. Er schrieb uns auch, dass du sehr abgenommen hast und geschwächt bist. Das betrübt uns sehr. Wir möchten dir so gerne helfen. Sogar die kleine Hilda sagte unlängst: Mama, wenn ich heute nichts esse, kann man dann diese Kartoffeln Papi schicken?

Aber jetzt, mein lieber Isaak, möchte ich dir etwas Erfreuliches mitteilen. Einige Frauen aus Dobrowka, darunter auch unsere Verwandte *Anna Hamm*, wollen es versuchen, nach Tscheljabinsk zu fahren, um euch einige Lebensmittel zu bringen. Ich weiß aber noch nicht, wie das alles noch werden soll. Man sagt, es sei äußerst schwierig, mit Lebensmitteln durchzukommen. In der vergangenen Woche ging ich nach Dobrowka zu Anna Hamm und bat sie dringend, Lebensmittel für dich und Peter mitzunehmen. Sie sagte mir, dass es leider kompliziert sei, Lebensmittel zu befördern, da die Miliz das Gepäck sehr streng kontrolliere. Sie schlug aber vor, unsere Leni mitzunehmen, wenn uns das recht sei. Sie meinte, je mehr Fahrgäste mitfahren würden, umso mehr Gepäck könne man auch mitnehmen.

Weißt du, Isaak, mir ist selber unwohl beim Gedanken, Leni auf so eine weite Reise zu schicken, denn sie ist ja erst vierzehn. Sollte sie mit den Lebensmitteln zu euch kommen, so rettet sie womöglich euer Leben. Wir haben ja nicht viel, was wir euch schicken können, aber was wir haben, geben wir gerne ab.

Ich fühle mich vor den Kindern so schuldig. Die Sache ist die: Als wir im vergangenen Jahr im Herbst den letzten Weizen mahlten, habe ich etwas davon versteckt.

Aber Isaak, du kannst dir nicht vorstellen, wie ich mit mir selber kämpfen musste! Manchmal habe ich mir gewünscht, es gäbe dieses Mehl nicht. Kannst du dir vorstellen, wie es mir ging, als Sascha neulich krank wurde? Er konnte nichts essen und erbrach sich andauernd. Als ich ihn fragte, was er wohl gern zu Mittag essen würde, schaute er mich lange an und sagte ganz leise: Mama, backe doch solche Pfannkuchen, wie du sie gebacken hast, als Papa noch zu Hause war.

Ich drehte mich um, damit ich nicht in diese vertrauensvollen, kindlichen Augen sehen musste. Ich entschloss mich, den Beutel mit Mehl nicht anzurühren und noch einen Tag mit den Pfannkuchen zu warten. Sollte es bis dahin mit Sascha nicht besser werden, dann würde ich für die beiden Kinder, Sascha und Hilda, doch Pfannkuchen aus richtigem Weizenmehl backen. Aber Sascha aß noch an demselben Abend etwas Maisgrütze, und es ging ihm auch sonst besser. Er fragte nicht wieder nach Pfannkuchen, aber ich kann bis heute jenen bitteren Blick seiner Augen nicht vergessen.

Verzeih mir bitte, Isaak, wenn ich falsch gehandelt habe und dass ich darüber schreibe. Jetzt ist die Zeit gekommen, das Mehl zu verbrauchen. Als der Entschluss feststand, dass Leni zu euch fährt, und unsere Kinder nicht im Haus waren, holte ich das Mehl und buk daraus Schnittje. Gebacken und geröstet habe ich sie nachts im Ofen, als die Kinder schliefen.'

‚Dann passierte aber folgendes', schrieb Maria weiter. ‚Als ich von der Arbeit nach Hause kam, schüttete ich die gerösteten Schnittje auf den Tisch und wollte sie mit einer Flasche zerreiben. Aus dem Gebäck wurde ein ganz feines Pulver. Sascha und Hilda standen neben mir und schauten neugierig zu. Es war den Kindern anzusehen, dass ihnen das Wasser im Munde zusammenlief, ihre mageren Wangen wirkten dabei noch spitzer. Sie hofften im Stillen, dass ich das Essen für sie zubereitete. Hilda konnte den Geruch und das Knistern des gerösteten Gebäcks nicht lange ertragen und fragte zögernd: Mama, warum zerreibst du die Schnittje?

Was sollte ich darauf antworten? Ich sagte, dass ich sie für Papa und Peter gebacken habe und dass Leni sie ihnen bringen werde. Ich zerreibe sie, damit Papa sich daraus einen Brei kochen kann. Dann fragten die Kinder leise: Liebe Mama, dürfen wir ein kleines Stückchen davon probieren?

Weißt du, lieber Isaak, ich bekam kein Wort über die Lippen. Schnell nahm ich zwei Schnittjes und reichte sie den Kindern. Fluchtartig verließ ich das Zimmer, denn ich konnte mich kaum zurückhalten und Tränen liefen mir übers Gesicht. Als ich mich wieder beruhigt hatte, ging ich wieder zum Tisch mit dem gerösteten Gebäck. Einstimmig versicherten die Kinder mir: Mama, wir haben ohne dich kein Stückchen genommen! Schnell räumte ich alles vom Tisch und zerrieb abends dann den Rest.

Verzeih mir, lieber Isaak, dass ich dir all dieses schreibe. Ich weiß, dass dich diese Zeilen traurig stimmen, aber ich muss das jemandem mitteilen. Ich werde alles daran setzen, dass ich mit Gottes Hilfe die Kinder durchbringe. Wir haben zwar kein Brot, aber wir haben Kartoffeln, Rüben, Mais und anderes aus unserem Garten. Wenn wir nicht so viel aus unserem Garten bekommen hätten, wären wir schon längst vor Hunger gestorben. Es wäre eine Sünde, wenn wir uns beklagen sollten.'

Maria arbeitete als Pferdewächterin in der Kolchose. Die Arbeit war schwer. Das Futter war knapp, und die Pferde waren ganz abgemagert. Das war die schwierigste und die schrecklichste Zeit, nicht nur für das Vieh, sondern auch für die Betreuer. Weder Tier noch Mensch kamen zur Ruhe.

Wenn ein Pferd verendete, zog man die ‚Schuldigen' vor Gericht. Und das waren die Betreuer, die es bezahlen mussten. Im Protokoll stand, dass das Pferd zum Tierfriedhof gebracht worden sei. Das Fleisch aßen Kinder wie Sascha und die kleine Hilda und deren Eltern ohne

Bedenken. Im Frühling und im Sommer wurden außerdem noch Feldmäuse und Zieselratten gefangen.

Drei Frauen – außerhalb der Kolchose bezeichnete man sie mit dem Schimpfwort ‚Faschistinnen' – betreuten die Pferde. Der Reihe nach hielten sie im Pferdestall Wache. Mit Hingabe ihrer letzten Kräfte zogen sie die schwachen Pferde am Schwanz wieder auf die Beine.

Maria setzte den schriftlichen Dialog mit ihrem Mann wie folgt fort:

‚Lieber Isaak, es wäre alles nicht so schlimm, wenn nicht die vielen Steuern wären. Schon mehrere Male kam der Steuereinnehmer wegen der Ablieferung von Wolle und Tierfellen. Er untersuchte jeden Winkel im Stall. Wir haben nur die eine Kuh und Hühner. Ich bin froh, dass ich noch alle Zahlungen und Steuern verrichten kann. Klar, von der Butter probieren wir nichts, und Sahne essen wir auch keine; aber uns bleibt ja noch die Buttermilch, und das ist ja auch schon viel. Die Bürgersteuer und die Versicherung habe ich schon bezahlt. Es bleibt noch die Kriegssteuer und die Selbstbesteuerung. All diese Zahlungen sind nicht so schlimm, denn man weiß bereits im voraus, wieviel das sein wird. Schlimmer ist die freiwillige Staatsanleihe. Letztes Jahr hat man uns Frauen ins Verwaltungsgebäude bestellt. Einzeln rief man uns ins Zimmer. Der Agitator verlangte von mir, dass ich mich für eine hohe Summe verpflichten solle. Ich spreche sehr schlecht russisch und konnte es ihm nicht erklären, dass ich eine solch hohe Summe nie bezahlen könnte. Ich sagte ihm nur, dass ich kein Geld hätte. Aber er hatte mit uns Frauen kein Mitleid. Ich erklärte ihm wiederholt, dass ich mich für die Anleihe verpflichten wolle, aber nicht für so eine hohe Summe. Dann schaute er mich an wie ein Wilder und schlug mit der Faust auf den Tisch, wobei er laut schrie: So bist du also gegen die Sowjetmacht! Stimmt das? Ich schwieg dazu und verdeckte mit den Händen mein Gesicht. Jeder Vertreter der Sowjetmacht hat so seine eigenen Methoden, die Anleihe-Zahlungen zu betreiben und die Frauen zu erpressen.'

Dieser begabte Mann wusste die Schutzlosigkeit der armen Frauen auszunutzen. Ihre unbeschreibliche Angst war ihre größte Schwäche. Er sah ihre zerrissene und zusammengeflickte Kleidung, ihre Holzschuhe, ‚Schlore' genannt, in denen ihre müden Füße steckten. Er sah ihre von schwerer Arbeit schwieligen Hände. Er wusste von den halbnackten und hungrigen Kindern zuhause, und dennoch übte er auf die armen Frauen in einer verbrecherischen Art und Weise Druck aus, die an Unmenschlichkeit grenzte.

Mit 14 Jahren musste auch Leni schon schwer arbeiten. Vier Jahre Schule reichten aus, um lesen und schreiben zu können. Wenn Maria ihre Tochter am Morgen zum Heuholen aufs Feld hinausschickte, sah sie jedes Mal bangen Herzens nach. Es war keine Seltenheit, dass Leni erst ganz spät am Abend mit einer Fuhre Heu, das zusammengefroren war, nach Hause kam. Dann war das Mädchen selbst voller Schnee und ihre von der Kälte weiß gefrorenen Wangen schmerzten. Leni erzählte der Mutter, wie schwer die Fahrt war, und ließ den Tränen freien Lauf. Es war nicht einfach für die halbwüchsigen Mädchen, mit den schwachen und müden Pferden umzugehen, die bis zum Bauch im Schnee versanken. Zu Hause legte Leni die nassen Kleider ab und hängte sie um den Ofen herum zum Trocknen. Dann setzte sie sich an den Tisch. Das Essen war zwar karg, aber immer schmackhaft.

Einmal in der Woche warteten die Frauen mit Ungeduld auf die ärmlich gekleidete Briefträgerin, die wie eine Bettlerin aussah. Als erstes kam sie zum Pferdestall. Die wartenden Frauen halfen ihr beim Ausspannen ihres Pferdes, während sie mit ihren vom Frost geröteten Händen die Briefe aus der Tasche nahm. Sobald eine Frau einen Brief bekommen hatte, wurde sie von den anderen buchstäblich eingekreist. Sie wollten kein einziges

Wort verpassen. Vielleicht gab es irgendeine Nachricht von ihren Männern, Söhnen oder Verwandten. Frohe Nachrichten brachten diese Briefe nie. Meist fing die Empfängerin an, den Brief für sich zu lesen. Tränen rollten über ihr Gesicht und tropften auf das Papier. Niemand verließ den Stall. Ihre Lebensgenossin sollte sich ruhig ihren Schmerz von der Seele weinen. Die anderen weinten leise mit. Sie warteten voller Angst, ob auch ihr Mann oder Sohn im Brief erwähnt würde und den Hungertod erlitten hätte. Während man hier die auf schmalen Papierschnitzeln oder Zeitungsrand geschriebenen Briefe las und weinte, erlitten ihre Lieben womöglich in den Gruben oder in den Wäldern Sibiriens den Hungertod. Schon der nächste Brief oder ein anderer ein paar Wochen später würde einer anderen Familie den Verlust eines Angehörigen mitteilen.

Sie, diese abgemagerten Männer und Jünglinge, deren Alter man nach dem Aussehen nicht feststellen konnte, förderten in den Gruben Kohle zu Tage. Woher sie die Kraft für diese Arbeit nahmen, weiß kein Mensch. Die dünne Suppe, von der sie leben sollten, war so mager, dass sie unmöglich den Körper unterhalten konnte. Das Grausamste für diese Geschundenen aber war, wenn sie von Hunger so angeschwollen waren, dass sie nicht mehr zur Arbeit gehen konnten. Wenn dieser Zustand erreicht war, bekamen sie noch weniger Brot, und das bedeutete den Anfang vom Ende. Ja, so war es damals!

‚Ach, lieber Isaak, ich habe dir so viel Unerfreuliches geschrieben', schrieb Maria weiter an ihren Mann, ‚du regst dich bestimmt noch wegen unserer häuslichen Probleme auf. Mir war gestern so schwer zumute...

Jetzt will ich dir noch etwas über unseren Verdienst berichten. Ich verdiene gut, besonders im Sommer. Da bin ich beim Heumachen mit der Frau Jakob Peters zusammen. Jakob war der erste, der aus *Rodnitschnoje* in der Trudarmee an Hunger starb. Den ganzen Sommer fuhren wir das Heu in den Heuschober holen. Wenn wir es schafften, zehn Fuhren Heu zum Schober zu bringen, dann durften wir die elfte Fuhre für uns laden. An einem Tag ging die Fuhre zu Familie Peters, und am nächsten Tag gehörte das Heu mir. Das war kräftemäßig für uns nicht einfach, aber wir haben es geschafft, auf diese Weise fünf Fuhren Heu für unsere Kuh nach Hause zu bringen.

Außerdem bekamen wir ja auch noch die Arbeitstage angeschrieben, 48 im Monat. Leni arbeitet ja auch, und so hatten wir zusammen für das vergangene Jahr 760 Arbeitstage. Natürlich gab es nicht viel dafür, ganze zwei Säcke Roggen. Jedoch haben wir für die Kuh genug Futter. Wenn sie gut über den Winter kommt, bekommen wir im Sommer mehr Butter und dann kann ich damit alle nötigen Zahlungen vornehmen. Das Kalb geben wir ab, und so begleichen wir unser Fleischsoll. Weiter bekamen wir für je hundert angeschriebene Arbeitstage einen Wagen Kuhmist. Wir hatten Glück, wir bekamen Pferdemist. Du weißt doch, Pferdemist brennt besser. Zu all dem bekamen wir zwei Säcke mit Kohl und im Sommer 36 Kilogramm Gurken. Das ist unser Verdienst. Unser Garten macht viel Arbeit. Dafür ernten wir genug Kartoffeln, Rüben, Zwiebeln, Mais und anderes. Einen Teil davon verkauften wir, und so haben wir etwas Geld, das wir für Lenis Reise zu euch benötigen.

In der Kollektivversammlung wurde bekanntgegeben, dass wir der Maschinen-Traktoren-Station eine gehörige Summe Geld schulden. Da wir aber kein bares Geld bekommen haben, kann man uns auch nichts abziehen.

Du siehst, lieber Isaak, wir haben von allem genug. Wenn der Krieg zu Ende ist, kommt ihr nach Hause, und alles wird wieder gut. Sei nicht traurig, Isaak, Leni bringt euch von allem etwas. Teilt euch die Sachen nur richtig ein. Versucht, euch regelmäßig eine warme Mahlzeit zu kochen, so weit es mit den Lebensmitteln hinreicht.

Das war's für heute. Leni erzählt dir, was ich vergessen habe zu schreiben. Die Hauptsache ist, dass du dich, lieber Isaak, schonst. Schreib wieder und bleib gesund! Wir werden für euch beten; Gott wird euch in den schweren Stunden helfen, wie er uns immer geholfen hat. Ich umarme dich und Peter ganz fest! Deine Maria.'

Leni machte sich mit einem großen und schweren Koffer voller Nahrungsmittel mit anderen Frauen auf den Weg. Im Koffer waren getrocknete Brösel, Erbsen, Bohnen, Maisgrieß. Aber in der Stadt *Trotzki* erschienen unerwartet drei Milizionäre im Zug und konfiszierten alle Lebensmittel, so dass die Hungernden in der Trudarmee nichts davon bekommen haben. So endet diese traurige Geschichte."

Der Brief ist authentisch. Der Autor merkt nur an, dass er die Namen geändert hat. Dazu muss bemerkt werden, dass die deutschen Dörfer *Dobrowka* und *Rodnitschnoje* zum Gebiet *Orenburg* gehören. Orenburg befindet sich im südlichen Ural und liegt an der Grenze zu Westsibirien. Aus dieser Gegend wurden die Deutschen 1941 nicht noch weiter nach Sibirien und Kasachstan deportiert, so dass die Menschen (überwiegend Greise, Frauen und Kinder) in ihren Häuser bleiben konnten und Kühe, Geflügel und eigene Gärten hatten.

Viel schlimmer erging es den Deutschen, die aus westlichen Gebieten der Sowjetunion nach Sibirien und Kasachstan deportiert wurden. Ihnen nahm der Staat alles ab und leistete keine Hilfe. Die Trudarmee war für alle gleich: alle Mobilisierten hungerten und froren und sind vielfach gestorben. Der Autor des Buches „So lebten wir in Russland", *Jakob Bergen*, stammt aus einer solchen Gegend. Er gehörte zu den Mennoniten.

Aus dem westlichen Teil der Sowjetunion wurden die Deutschen im Spätherbst und Winter nach Sibirien und Kasachstan deportiert. Sie konnten sich nicht sofort Gärten anlegen. Erst im Sommer 1942 konnte das geschehen, aber nur dort, wo die Bedingungen dazu gegeben waren. Ihre Überlebenschancen waren sehr schlecht, genauer gesagt: katastrophal.

Das Schicksal der Männer im Alter von 15 bis 55 Jahren und der ledigen Frauen im Alter von 16 bis 45 Jahren, wie auch auch der Frauen, deren Kinder älter als drei Jahre waren, war überall gleich. Egal wo sie wohnten, alle wurden durch Zwang in die Trudarmee mobilisiert. Es betraf aber nur die Deutschen. Sogar Tschetschenenmänner wurden nicht in die Trudarmee mobilisiert und blieben bei ihren Familien. Am Krieg haben sie auch nicht teilgenommen.

Interessant ist zu bemerken, wie sich *A.Solschenizyn* in seinem berühmten Werk „Archipel Gulag" über die umgesiedelten Deutschen äußert. (Tom 7. S.269). Ich zitiere, übersetzt aus dem Russischen: „Unter allen zwangsumgesiedelten Nationen haben sich die Deutschen wiederum als fleißigste und unternehmungswilligste Bevölkerungsgruppe erwiesen. Wie schon einmal auf dem ihnen von der zaristischen Regierung zugeteilten Land haben sie sich auch jetzt mit voller Kraft an die Arbeit gemacht. Das von Stalin zugewiesene fruchtlose Land nahmen sie so an, als kämen sie auf ewig dorthin. Sie warteten nicht auf eine Amnestie oder auf des Herrschers Gnade, sondern richteten sich solide auf Dauer ein. Deportiert 1941 und dabei kaltgestellt, haben sie den Mut nicht verloren und begannen, zielstrebig und methodisch zu arbeiten.

Wo gibt es auf der Erde so eine Wüste, die die Deutschen nicht in ein blühendes Land verwandeln könnten? Nicht umsonst hat man in Russland über die Deutschen gesprochen: ‚Sie sind wie eine Weide; wo man sie in den Boden steckt, dort wächst sie auch an.' In den Kohlengruben, in den MTS (Maschinen-Traktoren-Stationen), in den Kolchosen und Sowchosen fanden die Leitenden für die Deutschen nicht genug lobende Worte. Immer waren sie die besten Fachleute und die besten Arbeiter. Bald nach dem Krieg in den 50er Jahren besaßen die Deutschen in den neuen Dörfern die schönsten und saubersten Häuser, die fettesten Schweine, die besten Kühe. Ihre Töchter waren begehrte Bräute, nicht nur, wenn die Eltern wohlhabend waren, sondern auch im Vergleich zu der lasterhaften Lebensweise der Frauen anderer Nationalitäten. Die Deutschen pflegten ihre strengen Sitten."

Über den Hunger in der Trudarmee schreibt in seinem Buch „*Kimpersai*" der schon oben erwähnte *Heinrich Mantler*, der den Hunger in der Ukraine in den 30er Jahren auch schon erlebt hatte:
„Ende Oktober 1941 kam ich mit Mutter, meinem jüngeren Bruder und meinen zwei Schwestern in Kasachstan an. Im Gebiet *Akmolinsk* an einer kleinen Eisenbahnstation hielt unser Zug, und wir mussten aus den Viehwaggons aussteigen. Es war kalt, Frost bis –10 Grad. Wir schleppten unsere Sachen in eine Schule, wo wir auch übernachteten. Den anderen Tag kamen ‚Käufer' aus den umliegenden Auls mit Ochsenwagen. Wir kamen in eine kasachische Kolchose, mussten bei Kasachen wohnen. Die Leute waren freundlich zu uns und nett. Sie sprachen kein Russisch und wir kein Kasachisch, so dass wir uns schlecht verständigen konnten. Ich musste am nächsten Tag schon arbeiten, musste von der Steppe für die Kühe Heu holen. Arbeiten bin ich gewöhnt, aber so eine Armut rundum kann man sich nicht vorstellen. Das Pferdegeschirr kaputt, mit Stricken und Draht zusammengebunden, kein Hammer, kein Nagel, die Heugabel nur mit zwei Zinken. Der Wagen hatte kein ganzes Rad, keine ganze Heuleiter. Die Kolchose hatte einen langen und breiten Traktoranhänger. Alle vier Räder waren unterschiedlich: eins von einem Pflug, das andere von einer Sämaschine, das dritte von einem Auto, der Reifen ohne Luft, das vierte von einem Garbenbinder. Ein Mann aus unserem Dorf mit dem Namen *Bechtgold* kritisierte diesen Zustand laut. Jemand meldete das der GPU. Das Gericht verurteilte ihn we-

gen antisowjetischer Propaganda zu acht Jahren Gefängnis. So streng wurden wir bewacht. Man musste erwarten, von jedem angezeigt zu werden.

Im Dezember 1941 wurde ich mit meinem Bruder *Wanja* und vielen deutschen Männern in die Trudarmee mobilisiert. Wir kamen in das Lager ‚Kimpersai', wo früher politische und kriminelle Gefangene eingesperrt waren. Jetzt waren dort um die 3000 Trudarmisten untergebracht, überwiegend deutsche Männer. Ich kam in eine Brigade, die am Bau einer Eisenbahn zwischen Akmolinsk und der Stadt Orsk beteiligt war. Mehrere Brigaden arbeiteten bei der Gewinnung von Nickelerz.

Im Winter – den ganzen Tag draußen bei Frost und Wind – gab es oft Schneestürme. Kälte, schlechtes Essen (800 Gramm Brot und zweimal täglich einen halben Liter Suppe, Balanda genannt) und Läuse begleiteten uns die ganze Zeit. Das Wochenende verbrachten wir im Lager. In den Baracken war es warm, und wir konnten die Läuse bekämpfen. Das Unterhemd schüttelte ich über dem glühenden eisernen Ofen aus, die Läuse platzten wie Maiskörner. Nach zwei Monaten hingen meine Haare bis an die Schultern herunter. Auch in den Haaren auf dem Kopf gab es viele Läuse. In einer Nachbarbaracke gab es einen Herrn *Pauls*, der eine Haarschneidemaschine besaß. Für wenig Geld hat er mich von meinen Haaren befreit. Die Spitze der Maschine war rot von Blut. Die ersten zwei Monate konnten wir uns nicht baden. Später wurde im Lager wieder ein Bad eröffnet.

Hunger, Kälte und schwere Arbeit machten aus uns Dochodjagas (abgemagerte Menschen kurz vor den Sterben). Bis zum März 1942 sind in unserem Lager schon viele gestorben. Gestorben sind meine bekannten Landsleute *David Herzen, Dietrich Wins, sein Bruder Peter, Jakob Martens, Ivan Fast, David Derksen und David Dyck*.

Wir wurden nicht gefoltert, nicht geschlagen. Einfach durch Hunger, Kälte und schwere Arbeit wurden die

Menschen geschwächt. Sie verließen still, ohne Proteste, das Leben. Am 5. April 1942 starb auch mein Bruder Wanja im Alter von 19 Jahren.

Das Sterben ging auch weiter. Ins Lager kamen immer wieder neue Jünglinge im Alter von 15-16 Jahren. Sie verloren bald den Mut und waren bereit zu sterben. Sie hatten Sehnsucht nach den Eltern und weinten und schrien nachts laut im Traum. Man muss dieses Schreien gehört haben, um zu verstehen, wovon es kam. Viele von ihnen sind schon das erste Jahr im Lager gestorben. Das schwerste Jahr war 1943. Wir wurden sehr streng bewacht und waren rechtlos. Sterben mussten auch Menschen, die nicht gewohnt waren, schwer zu arbeiten: Lehrer, Büroarbeiter, Gelehrte und Intelligente aller Art. Schuld war der Hunger. Er löscht das Denken aus. Man verliert den Willen und kämpft nicht mehr, um am Leben zu bleiben.

Hunger und Sterben begleiteten uns die ganzen Jahre. Erst 1945, als der Krieg zu Ende war, gab es besseres Essen und warme Arbeitskleider. Wir bekamen Kleider und Stiefel von gefallenen Soldaten, gewaschen und geflickt, wir konnten sie weiter tragen."

Heinrich Mantler überlebte diesen Holocaust und hat uns sein Buch als Mahnung für die kommenden Generationen hinterlassen.

3. Warum die Kolchosen und Sowchosen unproduktiv und nicht gewinnbringend waren

Auf diese Frage hat in konzentrierter Form der Journalist *Mark Popowskij* schon am Anfang dieses Buches geantwortet. Kurz: die Kolchosen und teilweise auch die Sowchosen entstanden durch die Zwangsenteignung der Bauern, die auch schlagartig zu Landarbeitern degradiert wurden und kein Interesse am Erfolg ihrer Arbeit mehr hatten. Nicht umsonst lautet das Sprichwort: „Eigentum verpflichtet!"

An dieser Stelle muss angemerkt werden, dass die Sowchosen in den 30er Jahren auf nicht bewirtschaftetem Neuland in den Steppen von Kasachstan und in den Sumpfgebieten Russlands entstanden sind. Das waren Investitionen des Staates. Die Arbeiter bekamen als Lohn Geld ausbezahlt. Später, in den 50er, 60er und 70er Jahren, wurden die ärmsten und verlustbringenden Kolchosen in Sowchosen umgewandelt. Die Kolchosbauern werteten das mit Freude für sich als einen Erfolg. Die junge Generation wurde zu Proletariern degradiert und hatte das Gefühl, Eigentümer zu sein, schon lange verloren. Dabei wurden die alten Schulden der Kolchose gelöscht und das Aushängeschild von heute auf morgen gewechselt. Eigentlich war das nach der Zwangskollektivierung schon die dritte Enteignung. In den 60er und 70er Jahren verliefen solche Umwandlungen in rasantem Tempo. Die Zahl der Kolchosen reduzierte sich von Jahr zu Jahr immer mehr. Das bedeutete aber nicht, dass die Sowchosen effektiver wirtschafteten. Sie waren genauso verlustbringend wie die Kolchosen. Aber der Einfluss der Partei und der Staatsorgane war damit noch mehr verstärkt. Die Demokratie innerhalb der Wirtschaft wurde ganz abgeschafft. Alles lief auf Befehl von oben.

Die landwirtschaftliche Politik der kommunistischen Führung in der Sowjetunion ist auch in den späteren Jahren durch fehlerhafte Eingriffe gekennzeichnet. Zum Beispiel wurden Ende der 50er und Anfang der 60er Jahre, in der sogenannten *Chruschtschow-Ära*, auf Beschluss des Zentralkomitees der Kommunistischen Partei alle Grasflächen, Wiesen und Steppen umgepflügt und mit Mais bestellt. Sogar in Sibirien und im hohen Norden wurde Mais gesät.

Diese Aktion mit katastrophalen Folgen dauerte mehrere Jahre, bis sie endlich gescheitert war. Das Ergebnis: Mangel an Nahrungsmitteln im ganzen Land. Die große Hungersnot wurde vermieden durch Einkäufe von Getreide in gewaltigen Mengen in den USA, in Kanada und anderen Ländern.

Die Statistik der Sowjetunion, die offiziell nie veröffentlicht wurde, zeigt, dass die landwirtschaftliche Produktion sogar in den besten Jahren nie das Niveau von 1913 (ein Jahr vor dem Ersten Weltkrieg) erreicht hat.

Jetzt werde ich versuchen, auf die Frage einzugehen, warum die Kolchosen und auch die Sowchosen so uneffektiv wirtschafteten und die Bevölkerung des Landes nicht ausreichend mit Nahrungsmitteln versorgten.

Eine pauschale Antwort gab es schon: Desinteresse am Erfolg der Arbeit. Gehen wir aber in die Tiefe, der Ursache auf den Grund.

Planwirtschaft – der Staatsplan: Dies war nichts anderes als die Ablieferungspflicht der in den Kolchosen erzeugten Produkte an den Staat in den von ihm selbst bestimmten Mengen. Und da die Vorstandsvorsitzenden der Kolchosen in den Augen ihrer Vorgesetzten im Rayon und Oblast gut dastehen wollten und ihre Fotos dort an den Ehrentafeln hängen sollten, versuchten sie, alles in ihrer Macht Stehende zu tun, um ihren Chefs zu gefallen. Als Parteimitglieder waren sie auch verpflichtet, alle Befehle von oben zu erfüllen. Der Staatsplan war ein Gesetz. Diejenigen, die sich weigerten, ihn zu erfüllen, verloren ihren Posten und wurden als Saboteure sogar vor ein Gericht gestellt. Die tapferen und besonders gehorsamen Genossen bekamen Orden und goldene Sterne als Helden der sozialistischen Arbeit. Die Belange und Nöte der Kolchosmitglieder spielten dabei eine zweitrangige Rolle.

Als Grundlage für den Staatsplan galten der Viehbestand und die Ackerflächen. Der Staatsplan war keinesfalls eine konstante Zahl. Er wurde Jahr für Jahr erhöht. Im Endeffekt kam es soweit, dass die strebsamen Kolchosen alles Land umpflügten, so dass nicht einmal mehr genug Weide für das Vieh blieb. Aber auch der Viehbestand musste jährlich zunehmen. Es kam soweit, dass die Kolchosen nicht mehr in der Lage waren, das Vieh durchzufüttern.

Das möchte ich an einem konkreten Fall beweisen. Hier mein Bericht:

„Suleiman Adgirow ist ein gebürtiger Tscherkesse. Seine Heimat ist Tscherkessien. Die kleine autonome Republik befindet sich am nördlichen Rand des Kaukasus, eine herrliche Gegend, wie es nicht viele auf der Erde gibt, reich an Wasser, fruchtbarem Boden, Wald und saftigen Wiesen und auch sauberer Luft. Nicht umsonst ist das Land der Tscherkessen und Karatschaer zu einem Anziehungsmagnet für Touristen, Sportler, Bergsteiger und einfache Wanderer geworden. Die Begriffe *Dombei* und *Teberda* mit Pisten für Skiläufer, Liften, Hotels und Kurhäusern sind weltbekannt. Der glitzernde Gipfel des stolzen Elbrus ist zum Greifen nahe. Nicht zufällig wurde diese Gegend für die Olympischen Winterspiele 2014 ausgewählt. Ich kenne diese Gegend, war mehrmals dort und bewundere jedes Mal ihre Schönheit.

Genosse Adgirow ist Vorsitzender einer Kolchose und leitet diesen Betrieb schon mehr als 25 Jahre. Damit hat er sich einen guten Ruf erworben, der bis nach Stawropol vorgedrungen ist. Solch eine Beständigkeit ist in der sowjetischen Landwirtschaft eine Seltenheit. Die angespannte Situation im Lande mit der Lieferung von Nahrungsmitteln und Rohstoffen für die Industrie versucht die kommunistische Führung mit häufigerem Wechsel von Leitungskadern in den Betrieben zu lösen. Damit erzeugt sie einen starken Druck von oben wie auch eine gewisse Gehorsamkeit der Betroffenen. Anders gesagt: ‚man hat alles im Griff'.

Da ich von Adgirow mehrmals nur Gutes gehört hatte, setzte ich mir zum Ziel, ihn und seinen Betrieb näher kennenzulernen. Die Kolchose von Adgirow trägt den Namen ‚Put k Kommunismu', was übersetzt ins Deutsche heißt ‚Weg zum Kommunismus'. Es ist das Jahr 1977. Ich bin Abteilungsleiter der Abteilung Tierproduktion im Forschungsinstitut für Landwirtschaft der Region Stawropol. Administrativ gehört Tscherkessien zum Stawropoler Krai, was bedeutet, dass auch die landwirtschaftliche Produktion der Kolchose ‚Put k Kommunismu' zur Planerfüllung des Gesamtplanes des Stawropoler Krai beiträgt. Besonders kritisch ist Jahr für Jahr die Situation mit der Lieferung von Kuhmilch und Milchprodukten an den Staat. Um das Problem und die Ursache der niedrigen Milchleistung der Kühe an Ort und Stelle zu klären, wurde ich als Fachmann für die Technologie der Milcherzeugung vom Kraiispolkom (administrative Verwaltung des Stawropoler Krai) nach Tscherkessien delegiert. Das war im September 1977.

Als ich in die Stadt *Tscherkessk* (Hauptstadt von Tscherkessien) ankam und mich dort bei der Gebietsadministration meldete, wurde mir, wie erwartet, die Kolchose ‚Put k Kommunismu' für das Testieren angeboten. ‚Das ist unser bester Betrieb in der ganzen Oblast' – sagte mir stolz der Oblispolkom-Vorsitzende, Genosse *Kurbanow*. ‚Sie kennen doch unseren Helden der Sozialistischen Arbeit, den Genossen Adgirow? Schon viele Jahre ist er Vorsitzender der Kolchose und sorgt dafür, dass die Linie der Kommunistischen Partei exakt eingehalten wird.'

Ich fragte den Genossen Kurbanow: ‚Für welche Verdienste wurde Genosse Adgirow vom Präsidium des Obersten Sowjet der UdSSR als Held der Sozialistischen Arbeit ausgezeichnet?' ‚Das wissen Sie nicht?' – wunderte sich Genosse Kurbanow. ‚Den Stern trägt er schon mindestens 15 Jahre. Er bekam ihn für die Eroberung und die Erschließung von Neuland in seinem Betrieb in der Zeit, als Chruschtschow noch Generalsekretär der Kommunistischen Partei der Sowjetunion war. Die Geschichte erzählt Ihnen mit Sicherheit Genosse Adgirow selber. Er erzählt sie jedem, der aus Stawropol zu ihm kommt.'

‚Hier in der Gegend Neuland, wo es nur Berge gibt?' – wunderte ich mich. ‚Es gibt doch kaum Flächen, wo das Pflügen möglich ist, schon wegen der steilen Hänge und steinigen Böden. ‚Ja, es waren andere Zeiten' – fuhr der Vorsitzende fort. ‚Damals verlangte die Partei, dass auch in den Bergen Weideflächen in Ackerland umgewandelt werden sollten. Mais – König der Felder – wurde sogar in einer Höhe von 800–900 Meter über dem Meeresspiegel noch ausgesät. Gräser, Luzerne und Klee hatten keinen Platz mehr auf den Feldern, überall nur Mais, der angeblich alle unsere Futterprobleme lösen sollte. Erst mehrere Jahre später haben wir es begriffen, was für einen Fehler wir da gemacht hatten. Die Landwirtschaft hat dadurch stark gelitten. Auch heute sind die Folgen dieser verfehlten Politik noch zu spüren. Die besten Weideflächen wurden vernichtet. Vieles geht nicht mehr rückgängig zu machen.'

Wir unterhielten uns noch über die Probleme der Milcherzeugung in Tscherkessien: ‚Unser schwierigstes Problem ist der Mangel an Futter für unsere Milchkühe. Das Getreide von der misslungenen Ernte in diesem Jahr mussten wir vollständig an den Staat abliefern, so dass für die Milchkühe kein Kraftfutter mehr übrig geblieben ist. Gerade jetzt im September fehlt es auch an Grünfutter. Die Vorräte von Silage können wir nicht angreifen, sonst kommen wir nicht über den Winter. Das zweite Problem ist die schlechte Qualifikation der Melker und Melkerinnen. Oft fehlen diese sogar, und die Kühe bleiben ungemolken, was schwere Folgen mit sich bringt. Sie wissen das doch. Und auch noch: in den Ställen gibt es nur schwere Handarbeit. Wir bekommen keine Melkmaschinen. Elektrischer Strom wird unregelmäßig geliefert. All das bremst die Milchproduktion. Diese Fakten sind allgemein bekannt; aber Sie können sie ruhig in Ihrem Bericht an die Obrigkeit in Stawropol weitergeben. Zahlenmaterial können Sie bei uns auch bekommen. Das gibt es in jedem Betrieb.'

Ich hörte zu und erwiderte kein Wort auf seine Rede, weil die genannten Probleme in der ganzen großen Sowjetunion allgegenwärtig sind. Meine Untersuchungen und Analysen änderten daran nichts. Auch meine züchterische Arbeit blieb unter solchen Umständen ohne großen Erfolg. Zum Abschied wünschte mir Genosse Kurbanow alles Gutes. Ich eilte zum Genossen Adgirow.

Den Genossen Adgirow kannte ich tatsächlich. Ein Mann Mitte 50, mittelgroß, mit schon grau werdenden Haaren. Seine glitzernden, schwarzen Augen und sein lebendiges Temperament, das für die Bergbewohner so typisch ist, machten auf seine Gesprächspartner einen positiven Eindruck. Ich kannte ihn nicht deshalb, weil sein Betrieb, was die Milchleistung der Kühe betrifft, an der Spitze lag, damit konnte er sich nicht brüsten. Aber sein Stern an der Brust glänzte und strahlte und konnte nicht übersehen werden; er war ein Aushängeschild. In der ganzen Region gab es nicht mehr als ein Dutzend Männer und Frauen von dieser Sorte, die auch mit dem Ersten Parteichef *Michail Gorbatschow* per ‚Du' waren.

Bei den Jahreskonferenzen der besten Kolchos- und Sowchosbauern bezüglich der Tierproduktion, die jedes Jahr im Januar in der Hauptstadt Stawropol im Staatstheater stattfanden und von der Parteileitung einberufen wurden, saß Adgirow gewöhnlich im Präsidium unmittelbar neben dem Genossen Michail Gorbatschow, der aber keinen Stern auf der Brust hatte, obwohl er der damalige Erste Sekretär der Kommunistischen Partei der Stawropoler Region war. Auch hier glänzte und strahlte sein goldener Stern an der Brust seines noblen Anzugs. An jedem seiner Anzüge gab es an der linken Kante schon ein Loch für den Stern, so dass sie ohne den Stern gar nicht mehr tragbar waren. Auf den Foren stand die Produktion von Kuhmilch im Mittelpunkt. Auf der Konferenz im Januar 1977 trat Genosse Gorbatschow mit dem Schlusswort auf. An seine wegweisenden und belehrenden Worte kann ich mich noch heute gut erinnern: ‚Liebe Genossen und Genossinnen! Sehr geehrte Melker und Melkerinnen! Wissen sie was? Um von einer Kuh Milch zu erwarten und zu bekommen, muss man sie auch füttern...!'

Der Weg zur Kolchoszentrale führte über eine unübersichtliche Berglandschaft. Der Herbst war schon überall sichtbar. Die Farben der Blätter an den Bäumen deuteten eindeutig darauf hin: mal gelb, mal lila, mal knallrot. Nur die Tannen dazwischen leuchteten mit ihrem saftigen Grün und beugten sich nicht dem kommenden Winter – ein herrliches Bild. Aber ich hatte keine Zeit, um anzuhalten und die Natur zu genießen. Es war schon 13 Uhr, und Adgirow wartete auf mich. Man konnte nicht schnell fahren. Immer wieder stieß man auf Schlaglöcher und total kaputte Stellen. Vor etlichen Jahren war der Weg asphaltiert worden. Aber mit der Zeit wurde er durch starke Regenfälle und reißende Ströme an vielen Stellen aufgerissen. Es gab Unterspülungen, die provisorisch mit Schotter zugeschüttet wurden. Von Tscherkessk bis ‚Put k Kommunismu' waren es ca. 25 Kilometer. Man brauchte fast eine ganze Stunde, um mit einem UAS 428 (sowjetischer Jeep) diese Strecke hinter sich zu bringen.

‚Put k Kommunismu' ist ein ziemlich großes tscherkessisches Dorf und hat keinen anderen mir bekannten Namen. Auch auf der aktuellen Landkarte steht es so. Es liegt in einem Tal zwischen zwei Bergausläufern. Je höher man zwischen den Bergen vordringt, umso schmaler wird das Tal. In Richtung Norden wird es dafür immer breiter und mündet ins Flachland. Mitten durch das Dorf fließt ein kleiner Fluß, der sich nach starken Regenfällen, die in dieser Berggegend im Frühling und im Sommer oft auftreten, in einen reißenden Strom verwandelt und dabei Wege, Brücken und sogar Häuser zerstört. Die Menschen, die hier leben, müssen mit solchen Gefahren immer rechnen und bereit sein, Naturkatastrophen in Kauf zu nehmen. In den Bergen ist die Schönheit der Natur für einen Gast besonders stark zu bewundern, besonders wenn sie durch das Menschentreiben unberührt bleibt. Aber ständig in den Bergen zu leben und intensiv Landwirtschaft zu treiben, ist nicht einfach. Die Menschen hier haben viel Respekt und Ehre verdient.

Es war schon 14.10 Uhr, als ich das Verwaltungsgebäude der Kolchose ‚Put k Kommunismu' aufsuchte. Es war leicht zu finden. Zwischen den kleinen Häusern der Kolchosbauern, die hier *Saklja* genannt werden, stand in der Mitte des Dorfes ein schönes dreistöckiges Gebäude aus Natursteinen, die speziell aus Armenien geliefert worden waren. Das Haus war von Fachleuten aus Armenien gebaut worden. Adgirow war stolz, so eine Residenz zu haben. Solche Häuser gab es in mehreren Kolchosen, die das Geld dazu hatten. Es war ein modischer Trend.

Ich nahm meine Aktentasche und ging die Treppe hinauf zum Arbeitszimmer von Adgirow, das sich in dem ersten oberen Stockwerk befand. In den Gängen des Hauses traf ich viele Menschen, ausschließlich Männer, die alle mit ihren Problemen zum Vorsitzenden wollten.

Als die Adgirows Sekretärin mich sah, erhob sie sich von ihrem Platz, trat mir entgegen und fragte mich: ‚Sind

Sie Genosse Lange aus Stawropol?' ‚Ja, das bin ich. Ich möchte mit Genosse Adgirow und seinem Stellvertreter sprechen, der für die Tierproduktion verantwortlich ist', antwortete ich. ‚Genosse Adgirow wartet schon auf Sie. Genosse Kurbanow hatte uns vormittags angerufen und uns mitgeteilt, dass Sie heute noch kommen.'

Die Sekretärin zeigte auf die schwere, dick mit Leder gepolsterte Tür, die ins Arbeitszimmer von Adgirow führte. Die ebenfalls im Wartezimmer stehenden Männer machten mir den Weg frei und musterten mich mit neugierigen Blicken.

Ich trat ein, und der Besitzer des Zimmers erhob sich schnell aus seinem teuren Ledersessel und eilte mir mit einem Lächeln entgegen: ‚Ich begrüße Sie und heiße Sie herzlich willkommen, Genosse Lange. Ich bitte Sie, setzen Sie sich.' Er zeigte auf einen Sessel am kleinen runden Tisch am Fenster, an dem noch ein Sessel stand, in dem er selber Platz nahm.

‚Wie fühlen Sie sich, Genosse Lange? War die Reise angenehm? Was macht Stawropol? Wie ist das Wetter dort in der Steppe?' Die Höflichkeitsfloskeln kamen eine nach der anderen. ‚Haben Sie schon zu Mittag gegessen?' Ich verspürte starken Hunger und antwortete mit ‚nein'. Adgirow erhob sich, entschuldigte sich und verließ auf einen kurzen Moment das Zimmer. Ich nutzte die Gelegenheit und studierte dessen innere Ausstattung. Der Raum war ca. 40 Quadratmeter groß, fünf Meter breit und acht Meter lang. In der rechten Ecke hinter dem Rücken des Besitzers stand das rote Banner der Sowjetunion. An der Wand gegenüber dem Eingang hing das Porträt von Wladimir Iljitsch Lenin. Links in der Ecke war eine schmale Tür, die in einen Raum führte, wo Adgirow sich zurückziehen konnte, um eine Ruhepause einzulegen, rechts das große Fenster, aus dem man den Hof sehen konnte. An der linken Wand stand ein großer Glasschrank mit mehreren Pokalen, mit denen die Kolchose für bestimmte Verdienste geehrt worden war. An derselben Wand befand sich noch ein Bücherschrank mit mehr als 20 Bänden von Lenins Reden und Schriften wie auch Bände mit Dokumenten von allen bisherigen Parteitagen der Kommunistischen Partei der Sowjetunion. An den großen Schreibtisch war noch ein langer Tisch mit Stühlen für die Vorstandsmitglieder angestellt. Der erste Eindruck bestätigte, dass dieser Mann hier fest im Sattel saß und sich auf mehrere Jahre hier eingerichtet hatte.

Adgirow kehrte zurück und nahm seinen angestammten Platz am Schreibtisch wieder ein. ‚Genosse Kurbanow sagte mir am Telefon, dass Sie vom Kraiispolkom zu uns delegiert sind, um festzustellen, warum unsere Kühe so wenig Milch geben und warum die Planerfüllung in Gefahr ist.'

Ich versuchte die Wichtigkeit meines Besuches zu unterstreichen: ‚Allgemein sind die Ursachen bekannt, das wissen auch die Genossen in Stawropol. Meine Aufgabe ist nicht nur, auf die wesentlichen Ursachen hinzuweisen, sondern auch einen Blick in die Zukunft zu werfen, um eine Perspektive für Sie und auch für uns zu entwickeln, anders gesagt, um dafür einzutreten, dass die in der Praxis und auch in der Forschung nachgewiesenen Fortschrittsmethoden auch bei Ihnen im Betrieb angewendet werden.'

‚Ich habe verstanden – sehr interessant. Wir werden Ihre Vorschläge gründlich studieren und versuchen, das Machbare in die Praxis umzusetzen. Aber jetzt schlage ich vor, dass wir zu Tisch gehen und dort besden Aktionsplan weiter besprechen.' Diesen Vorschlag konnte ich nicht ablehnen. Es war höchste Zeit, dass ich etwas zu mir nahm, um meinen Hunger zu stillen.

In demselben Gebäude gab es eine Küche und einen Speiseraum für die Mitarbeiter der Verwaltung und der naheliegenden Reparaturwerkstatt des Autoparks. Es gab dort auch ein Zimmer, wo der Vorsitzende mit seinen Gästen ungestört speisen konnte.

Als ich und Adgirow dessen Arbeitszimmer verlassen hatten, sah ich keine Menschen mehr im Wartezimmer und in den Gängen. Ich fragte Adgirow, wo diese geblieben seien und was sie überhaupt da machten. ‚Heute ist Sprechtag, den ich einmal im Monat habe. Da kommen viele mit ihren Angelegenheiten und Problemen zu mir. Hier im Dorf bin ich nicht nur der Vorsitzende der Kolchose, sondern auch für viele Fragen privater oder gesellschaftlicher Art zuständig. Wenn jemand, zum Beispiel, bauen oder sein Haus verkaufen will, dann kommt er zu mir, und auch, wer aus der Kolchose ausscheiden oder in sie eintreten will, sogar wenn junge Leute heiraten wollen, müssen sie meinen Segen erhalten. Als Sie kamen, habe ich die Männer nach Hause geschickt und gesagt, dass sie sich bei der Sekretärin zu einem neuen Termin registrieren lassen sollten. Ich kenne sie alle. Viele von ihnen wollen nicht arbeiten und kommen, um um irgendwas zu betteln. Für solche habe ich kein Verständnis und schicke sie sofort nach Hause oder stelle ihnen im Interesse der Kolchose Bedingungen.' ‚Ich bin also schuld, dass so viele Menschen heute unbefriedigt nach Hause gehen mussten. Sie hätten doch das Treffen mit mir absagen können,' sagte ich dazwischen.

‚Macht nichts, es ist nicht so schlimm. Ein Treffen mit Ihnen ist mir wichtiger. Nicht jeden Tag kommt ein Vertreter des Kraiiospolkom und Wissenschaftler zu mir, mit dem ich offen über unsere Probleme sprechen kann.'

Ich wunderte mich schon, warum meinem Besuch so eine Wichtigkeit beigemessen wurde, blieb aber still in der Hoffnung, es werde sich schon alles klären. Wir kamen in den Speiseraum und wurden von einem Mitarbeiter der Küche höflich begrüßt. Er begleitete uns in das Zimmer des Vorsitzenden. Er fragte uns, ob Wodka gewünscht sei. Ich wollte absagen, aber Adgirow befahl, eine Halbliterflasche und zwei Gläser zu bringen. Zu mir sagte er: ‚Vor dem Mittagessen Stogramm (100 Gramm) zu trinken, hat noch keinem geschadet, es verschafft einem Appetit.' Außerdem bestellte er frisch gebackene Fladen mit Butter und Käse. So ein Gericht ist in Deutschland bekannt als italienische Pizza. In Tscherkessien ist das ein verbreitetes Tagesessen. Dazu gab es noch Knoblauchbrühe, in die man ein Stück Fladen eintunkte. Nach dem Essen holte Adgirow eine Papirosse aus der Tasche und zündete sie an. Er bot auch mir eine an, die ich als Nichtraucher jedoch ablehnte.

Mit dem Gespräch am Tisch fing ich als Erster an, was von mir nicht sehr klug war. Aber ich wollte schneller zur Sache kommen, um nicht zu viel Zeit zu verlieren: ‚Genosse Adgirow, über meine Aufgabe habe ich Sie schon informiert, trotzdem möchte ich mich näher vorstellen.' ‚Ja, ich kenne Sie. Ihre Auftritte im Fernsehen und Ihre Artikel in der ‚Stawropolskaja Prawda' sind mir bekannt, auch Ihr Institut, besonders die Professoren *Nikonow* und *Rjabow*, kenne ich gut. Trotzdem höre ich aufmerksam zu. Vielleicht habe ich nicht alles gut verstanden.' Seine Bemerkung klang schon etwas ironisch. Ich fuhr fort:

‚Ich bin ein promovierter Zootechniker und befasse mich im Forschungszentrum für Landwirtschaft bei Stawropol mit Rassenzucht von Milchrindern. Konkret geht es um das Rote Steppenrind. Außerdem bin ich ein Fachmann für die Technologie der Milcherzeugung. Sie wissen doch, Genosse Adgirow, dass mit der Milchlieferung an den Staat und mit der Planerfüllung auch in Tscherkessien nicht alles in Ordnung ist. Um die Sache zu klären, bin ich da. Eigentlich werde ich versuchen, auch bei Ihnen die Mängel im Wirtschaftsbetrieb herauszufinden und die Obrigkeit darüber zu informieren. Wenn Sie so wollen, bin ich ein Revisor.'

Meine lange Rede gefiel dem Tscherkessen Adgirow offensichtlich nicht. Er wurde etwas rot im Gesicht. Vielleicht war daran auch der Wodka schuld. Aber seine Ungeduld konnte er nicht mehr bremsen: ‚Um die Ursache der niedrigen Kuhmilchleistung festzustellen, braucht man nicht ein promovierter Wissenschaftler zu sein. Wir wissen es auch, dass die Milch durch das Maul der Kuh kommt. Sie erinnern sich bestimmt auch an die Worte des Genossen Gorbatschow, die er bei der letzten Konferenz der Milcherzeuger laut geäußert hat: Bevor man sich mit einem Melkeimer unter die Kuh setzt, muss man sie zuerst satt füttern. Das ist unser aller Problem. Uns fehlt einfach das Futter.'

Wir waren mit dem Essen fertig, und die Papirosse war auch schon aufgeraucht, sodass wir mit der Arbeit beginnen konnten. Ich äußerte den Wunsch, noch heute wenigstens einen Kuhstall aufzusuchen und mich dort umzuschauen. Ich wollte wissen, wer mich begleiten würde. 'Wir haben noch etwas Zeit. Solange es noch hell ist, zeige ich Ihnen die Felder meiner Kolchose. Die Möglichkeit, die Kuhfarmen zu besuchen, werden Sie noch bekommen.'

Ich hatte es schon geahnt, dass Adgirow mit mir etwas vorhatte, was in meinem Tagesablauf gar nicht vorgesehen war. Wir gingen in den Hof und stiegen in seinen Jeep ein. Adgirow steuerte das Auto selber, und wir fuhren Richtung Berge. Unterwegs nannte er mir einige Zahlen, die er auswendig im Kopf hatte: ‚Meine Kolchose bewirtschaftet insgesamt 12.520 Hektar landwirtschaftliche Nutzfläche, davon im Flachland nur 3.470 Hektar. Das übrige Nutzland liegt im Gebirge auf einer Höhe bis zu 800 Metern über dem Meeresspiegel. Schon das Dorf befindet sich auf einer Höhe von 470 Metern. Die Hälfte der Felder im flachen Teil können wir bewässern. Dort bauen wir unter anderem Silomais an und gewinnen das Winterfutter für unsere Kühe, Jungrinder und Schafe. Heu ernten wir im Gebirge. Von den 12.520 Hektar zählen statistisch 7.340 Hektar als Ackerland, also 59,0 Prozent. Wenn wir von den 7.340 Hektar die 3.470 abziehen, so bleiben 3.870 in Gebirgslage. Das ist unser großes, unlösbares Problem. Ich zeige ich Ihnen gleich etliche Felder, und Sie werden sehen, was

*Wassererosion in den Bergen.
Adgirow bedauert seine Hilflosigkeit.*

mit dem Boden auf diesen Feldern im Laufe der letzten Jahre so passiert ist.'

Wir kamen an ein Feld, das vor kurzem gepflügt worden war. Bei so vielen Steinen sah man kaum Erde auf der Oberfläche. Das Gefälle ins Tal hinab betrug nach meiner Schätzung ca. 8,0 bis 10,0 Prozent. Man konnte sich kaum vorstellen, wie auf so einem Feld noch etwas wachsen konnte. Nach einer kurzen Schweigepause fragte ich ihn: ‚Wie groß ist das Feld, und zählt das auch zum Ackerland?' ‚Ja, sicher, das sind 38 Hektar. Alle Felder in den Bergen sehen so ähnlich aus. Wir sind verpflichtet, sie jedes Jahr neu zu bestellen und als Ackerland abzurechnen. Meine mehrmaligen Versuche, diese Flächen als Ackerland aus der Statistik herauszunehmen und in Weideland umzuwandeln, sind gescheitert. Meine Briefe sogar an das Präsidium des Obersten Sowjets kommen alle zurück nach Stawropol, und von dort erhalte ich eine Absage mit der Begründung, dass Ackerland nicht in Weideland umgewandelt werden dürfe, weil die Statistik es nicht zulasse. Eine blöde Antwort, aber was soll's? Auch mit Genosse Gorbatschow habe ich schon darüber gesprochen. Anscheinend kann auch er nichts ändern – eine festgefahrene Sache. So ist es in unserer Planwirtschaft.'

‚Auf diesen Flächen', fuhr Adgirow fort, ‚ – ich kann mich noch gut daran erinnern – wurde Jahr für Jahr das beste Heu geerntet, ohne dass etwas investiert worden wäre. Andere Flächen wurden als Weideland für unsere Kühe, Pferde und Schafe genutzt. Jetzt leidet unser Vieh. Auch Sie werden es verstehen, warum unsere Kühe so wenig Milch geben. Unlängst war eine Kommission hier unter Leitung von Professor Rjabow. Ich bin gespannt, was die uns bringt.'

Ich spürte, wie sehr die katastrophale Situation der Bodenerosion in den Bergen meinen engagierten Vorsitzenden bewegte. Seine Hilflosigkeit machte ihm große Sorgen. Wie ein ertrinkender Mensch versuchte er, sich am letzten Strohhalm festzuhalten oder bei seinen Gästen ein Mitgefühl zu wecken, so dass sie die Katastrophe mit ihm teilten. Ein Sprichwort besagt: ‚Eine Freude gemeinsam zu erleben ist eine doppelte Freude, ein Leiden gemeinsam zu erleben ist nur ein halbes Leiden.'

Ich hörte ihm aufmerksam zu und fragte: ‚Wie konnte das passieren? Sie leiten diesen Betrieb doch schon so lange. Neuland in den Bergen wurde in Ihrer Gegenwart umgebrochen, stimmt das?' ‚Ja, man kann sagen, dass ich schuld daran bin, dass ich bin ein Verbrecher bin. Meine Kinder, Enkel und Urenkel und alle nachkommenden Generationen werden uns Kommunisten als Verbrecher beurteilen. Und mein Name wird in der Geschichte meines Dorfes und meines kleinen Volkes im Gedächtnis bleiben im Zusammenhang mit der Vernichtung des Teuersten, was uns von Gott geschenkt wurde – dem Boden!'

Adgirow machte eine kurze Pause, holte eine Schachtel Papirossen ‚Belomor' aus der Tasche, zündete eine an und zog den Rauch tief in sich ein. Man spürte, dass er eine Erklärung, genauer, eine Rechtfertigung, mir gegenüber suchte. ‚Wissen Sie, Genosse Lange, es waren andere Zeiten, ich war noch jung, schlecht ausgebildet und hatte auch keine eigenen Erfahrungen. Über die Bodenerosion in den Bergen durch starke Regenfälle wurde überhaupt nicht gesprochen und nicht diskutiert. Neuland! Gib Neuland her! In der ganzen Sowjetunion wurde die Eroberung von Neuland durch das Zentralkomitee der Kommunistischen Partei, das damals von *Nikita Chruschtschow* geleitet wurde, zu einem zentralen thema in der Landwirtschaft gemacht. Sie wissen doch, dass im Jahr 1980, also in drei Jahren, der Übergang von einer sozialistischen Gesellschaftsordnung in eine kommunistische stattfinden soll. Das wurde auf dem 27. Parteitag beschlossen. Um den Übergang reibungslos zu vollziehen, sollten wir die Produktion von Nahrungsmitteln drastisch erhöhen. Man hat sich erhofft, diesen Sprung durch Eroberung von Neuland zu erreichen. Die Sowjetunion sollte unabhängig von den USA und anderen Ländern werden – ein ehrgeiziges Ziel. Aber was soll's?

Damals konnte keiner diesem Befehl von oben widerstehen, ein Parteimitglied schon gar nicht. Und ich war so dumm und habe mich anscheinend am stärksten engagiert. Dafür wurde ich mit Orden und als Held der sozialistischen Arbeit ausgezeichnet. Überall wurde ich geehrt. Auch meine Kolchose profitierte davon. Bei der Versorgung mit landwirtschaftlicher Technik wurden wir bevorzugt. Vom Staat einen zinslosen Kredit zu bekommen, war für mich kein Problem. Die Kredite brauchten wir nicht zurückzuzahlen. Nach drei bis vier Jahren wurden sie abgeschrieben, und ich konnte neue beantragen. Was wir mit dem Geld machten, wurde schlecht kontrolliert. Wichtig war aber, dass wir regelmäßig nach Tscherkessk und Stawropol meldeten, wie viele Hektar Neuland erobert wurden.'

Adgirow machte noch eine Pause, rauchte die Papirosse bis zum Ende und fuhr fort: ‚Die ersten Jahre bekamen wir in den Bergen relativ gute Ernten. Besonders Kartoffeln gelangen uns am besten. Wir bekamen den Auftrag, Saatkartoffeln für andere Betriebe zu produzieren, die uns der Staat für gutes Geld abkaufte. Wir brauchten uns um den Absatz nicht zu kümmern. Die Betriebe in der Steppenebene holten das Pflanzgut ab. Alles lief nach Plan. Aber schon nach fünf, sechs Jahren haben sich die Bedingungen für den Kartoffelanbau und auch für andere Feldkulturen, wie Hafer, Buchweizen, Futterrüben und andere drastisch verschlechtert. Immer mehr Steine kamen an die Oberfläche, und der fruchtbare Boden wurde durch Regenwasser weggeschwemmt. Es sind uns nur sehr wenige Flächen geblieben, wo wir Kartoffeln anbauen können.'

Mir wurde klar, dass Adgirow seine Taten und Aktivitäten vor 17 bzw.18 Jahren zutiefst bereute, aber der entstandene Schaden war leider nicht mehr reparierbar.

Millionen Tonnen humusreiche, schwarze Erde liegen jetzt ohne Nutzen irgendwo in der Ebene. Einen Teil davon transportierte der Fluss Kuban ins Schwarze Meer, wo niemand den Schaden für die Meeresfauna und Flora untersucht hat und auch nicht untersuchen wird.

Wir standen noch eine Weile am Feldrand, jeder mit seinen Gedanken, aber dann ergänzte Adgirow sein Bedauern weiter:

‚Der Verlust an fruchtbarem Boden ist für uns eine Katastrophe. Aber das ist leider nicht die einzige. Wir haben ca. tausend Hektar Wald gerodet mit dem Ziel, Flächen für Neuland zu gewinnen. Und das taten nicht nur wir auf dem Territorium unseres Betriebes; auch die Nachbarn haben Wald gerodet. Die gesamte Bergregion von Tscherkessien und das nördliche Vorgebirge des Kaukasus waren vom Neulandfieber betroffen. Und das hat ganz schlimme Folgen. Das Regenwasser wird nicht mehr von Wald aufgefangen und fließt sofort in die Täler. Die sonst kleinen Flüsse verwandeln sich in reißende Ströme und zerstören Häuser, Brücken, Strom- und Telefonleitungen und auch Straßen. Den Schaden müssen wir selber beheben. Es gibt keine Versicherung. Der Aufwand ist gewaltig.'

Adgirow holte noch eine Papirosse heraus, zündete sie an und zog den Rauch tief in sich hinein. Ich merkte, dass seine Hände leicht zitterten, er konnte seine Erregung nicht mehr unterdrücken. ‚In unserem Dorf gibt es mehrere 90-jährige Männer und Frauen. Zwei von ihnen haben das Alter von 100 Jahren überschritten. Ich habe mit 23 der Alten gesprochen und jedem die Frage gestellt: Wie war es vor 60-70 Jahren; gab es da so starke Überschwemmungen, wie wir sie in den letzten zehn Jahren fast jedes Jahr und oft auch zwei- bis dreimal im Jahr erlebt haben? Auf diese Frage haben alle mit Nein geantwortet. Klar, das ist eine subjektive Einschätzung. Dazu gibt es keine signifikanten Daten. Niemand hat das untersucht und statistisch bearbeitet. Aber man muss ihnen glauben. Offensichtlich ist das so. In vier Jahren werde ich 60 und kann es aus eigenen Erfahrungen bestätigen. Die Natur ist brutal und bestraft uns hart für unsere Fehler. Die Wälder in den Bergen werden auch weiter durch die wirtschaftliche Tätigkeit systematisch vernichtet. Dazu werden wir nicht gefragt. Niemand kümmert sich um das Nachforsten. Es gibt bei uns keine Grüne Partei, die das Problem aufzugreifen bereit wäre und zu einem Politikum machen könnte. Ich erwarte, dass es dazu kommen wird. Ob ich das noch erlebe? Auch Bodenschätze, solche wie Eisenerz, Zink, Zinn, auch Gold, Baumaterialien, Granit, Marmor und vieles mehr werden hier gewonnen und ins Landesinnere abtransportiert. Aber mein Volk hat nichts davon. Es werden hier keine neuen Straßen gebaut, keine neuen Brücken, keine modernen Häuser, Schulen, Wasserleitungen und Kanalisationen mit Kläranlagen. Wir bekommen auch kein Gas. Mein Volk lebt immer noch in Armut.'

Ich stellte keine Fragen mehr und hörte nur zu. Mir wurde es klar: Adgirow verwandelte sich mit zunehmendem Alter aus einem gehorsamen Kommunisten in einen denkenden, protestierenden Menschen, den man mit *Don Quichotte* vergleichen könnte. Die Autonomie der Tscherkessen, wie auch aller anderen relativ kleinen Völker entlang der Kaukasischen Bergkette, ist nur eine Formalität. Die Wirklichkeit sieht ganz anders aus. Die wirtschaftlichen Interessen der Großmacht Sowjetunion stehen in krassem Widerspruch zu den Belangen dieser Völker und der Natur, so auch mit einer schonender Nutzung örtlicher Ressourcen. In den Worten von Adgirow spiegelte sich die Stimmung wider, die in breiten Schichten der Bevölkerung vorhanden ist. Aber für Proteste war damals die Zeit noch nicht reif.

Adgirow war fertig mit dem Rauchen, drückte den Papirossenstumpf mit dem Stiefel in das nasse Gras, und wir stiegen in den Jeep ein. Er zeigte mir noch drei Felder, wo der Schaden durch Wassererosion genau so sichtbar war wie beim ersten Schlag. Dann fuhren wir in das Dorf hinunter und hielten am Fluss an einer Stelle an, wo vor ca. 13 Jahren ein Damm gebaut worden war. Die Geschichte dieses Dammes, ohne dass ich dazu Fragen stellte, schilderte Adgirow so:

‚In den 60er Jahren wurde in der Sowjetunion eine Kampagne gestartet: Wir holen die USA in der Fleischproduktion ein und überholen sie. Deshalb erhielt jeder landwirtschaftliche Betrieb die Aufgabe, schnell wachsende Pekingenten zu züchten und zu mästen. Es ist ja bekannt, dass Enten Wasser lieben, und so hier wurde für sie ein Staudamm gebaut. Entlang des Wassers entstanden leichte Hütten aus Bauholzabfällen. Bis zu 10.000 Enten wurden hier gemästet. Aus diesem Vorhaben ist nicht viel geworden. Es fehlten richtiges vollwertiges Mischfutter, Vitaminpräparate, Medikamente und vieles mehr. Nach zweijährigen Versuchen haben wir mit der Entenzucht aufgehört. Und was mit dem Staudamm passiert ist, sehen Sie selber.'

Der Staudamm existierte nicht mehr. Anstelle von Wasser hat sich humusreiche, schwarze Erde angesammelt, die sich absetzte, solange der Damm noch intakt war. Später hat das stark fließende Regenwasser den Damm durchbrochen und sich ein neues, tiefes Flussbett geschaffen. Die Schicht schwarzer Erde war ca. 2,5 Meter dick. Man konnte sich ausrechnen, wie viele Tausend Tonnen Erde sich in drei Jahren im stehenden Wasser abgesetzt hatten und der Natur und der Landwirtschaft verloren gingen. Aber das war nur ein Bruchteil von dem, was von den Feldern weggeschwemmt wurde. Es gab ja mehrere Täler und kleine Bergflüsse.

Es war schon spät am Abend, und wir fuhren zurück zur Verwaltung, wo auf uns das Abendbrot wartete und für mich ein Zimmer vorbereitet war.

Zum Abendbrot gab es gebratenes Hühnerfleisch, scharf gewürzt mit einer Sahnesoße ‚Gedlibshi' – so nennt man das Lieblingsgericht der Tscherkessen – dazu Fladenbrot und wieder Knoblauchbrühe.

Jetzt fragte mich Adgirow nicht erst, sondern füllte mein Glas bis zum oberen Rand mit Wodka. Um meinen Gastgeber nicht zu beleidigen, trank ich es mit den Worten ‚budem sdorowy!' (Auf Ihre Gesundheit!) sofort aus. Diese Art, Wodka zu trinken, muss geübt sein. Man atmet vollständig aus, hält einen kurzen Moment an, trinkt den Wodka mit großen Schlucken und zieht durch die Nase neue Luft in die Lunge. Sehr wichtig ist es dabei, dass man vor der Nase ein Stück Brot hält und den Duft des Brotes genießt. Danach schüttelt man mit dem Kopf und fängt sofort mit dem Essen an. Dieses Ritual gehört zur Gastfreundlichkeit. Adgirow tat dasselbe, und wir aßen stillschweigend.

Noch am Tisch wandte sich Adgirow mir mit den Worten zu, die ihm nach meiner Einschätzung sehr wichtig waren: ‚Genosse Lange, was ich Ihnen heute gezeigt habe, und die Probleme, über die wir gesprochen haben, liegen mir sehr am Herzen. Solange ich noch Vorsitzender der Kolchose ‚Put k Kommunismu' bin und meine Gesundheit es mir erlaubt, versuche ich mit allen mir zu Verfügung stehenden Mitteln, manches wiedergutzumachen. Vor allem möchte ich die geschädigten Schläge aus dem Ackerland herausnehmen, mit Gräsern bestellen und der Natur zurückgeben. Ich bitte Sie, in Ihrem Bericht an die Verwaltung des Stawropoler Krai die Probleme anzusprechen. Sie können die niedrige Produktivität unserer Milchkühe mit fehlenden Weideflächen und mangelnder Fütterung, wie es auch der Fall ist, begründen. Die Überführung der Flächen von Ackerland in Weideland ist mir bis heute nicht gestattet. In dieser Hinsicht bin ich in meinem Handeln sehr eingeschränkt. Sie sind es aber nicht, nehme ich an. Versprechen Sie es mir?'

Ich antwortete mit Ja und nahm mir vor, eine Analyse der ganzen Region vorzunehmen. Ausgangsmaterial würde ich von Professor Rjabow erhalten.

Nach dem Essen gab es noch süßen Tee. Adgirow zündete noch eine Papirosse an. ‚Morgen können Sie mit meinem Stellvertreter die Kuhställe besuchen, sich unseren Kuhbestand anschauen und uns kritisieren. Gehen Sie zeitig zu Bett. Um sechs Uhr morgens holt man Sie ab. Um halb sechs können Sie hier im Raum frühstücken. Das war's für heute. Wir sehen uns morgen Abend in meinem Arbeitszimmer. Gute Nacht, schlafen Sie schön!'

Adgirow verabschiedete sich mit den Worten, dass er noch die Vorstandsmitglieder zu sich eingeladen habe, um Aufgaben für die nächsten Tage zu besprechen.

In das Hotelzimmer, das es auch in dem Verwaltungsgebäude gab, begleitete mich sein Mitarbeiter, der uns beim Abendbrot bedient hatte."

„Die Milchwirtschaft hinterließ bei mir einen traurigen Eindruck: abgemagerte Tiere, primitive Ställe, nur Handarbeit, keine Melkmaschinen, schlecht ausgebildete Melkerinnen und Melker. Die Kühe wurden im Stall nicht gefüttert, sie bekamen nur das, was sie auf der total abgegrasten Weide noch finden konnten. Mich wunderte es nicht, dass die Milchleistung pro Kuh und Tag nur bei vier bis fünf Litern lag.

Über alle diese Probleme haben wir am zweiten Tag abends in Anwesenheit von Vorstandsmitgliedern und Brigadieren noch lange diskutiert. Ich machte entsprechende Vorschläge zur Mechanisierung in den Ställen. Über die Fütterung wurde auch gesprochen, aber ohne etwas dahingehend ändern zu können, so Adgirow:

‚Wir verfügen über keine Reserven, die Fütterung der Kühe zu verbessern. Eigenes Kraftfutter fehlt. Der Staat liefert uns keins. Alle bis heute gestellten Anträge wurden abgelehnt. Die eigene Getreideernte mussten wir an den Staat abliefern. Maissilage? – die reicht uns kaum für den Winter. Heu kriegen unsere Kühe schon lange nicht mehr; das bisschen, was wir haben, kriegen die

Kälber. Heu wird durch Stroh ersetzt. Der Vorrat an Weizen-, Gersten- und Haferstroh ist so knapp, dass wir ungefähr 1200 Tonnen zukaufen müssen. Und das wird aus einer Entfernung von bis zu 200 Kilometern hergeholt. Schon jetzt sind täglich zwei LKW damit unterwegs. Sie, Genosse Lange, können sich bestimmt vorstellen, was uns das kostet. Zahlen kann ihnen unser Ökonom geben. Zusammengefasst also: die Milchproduktion ist für uns ein Geschäft mit riesigen Verlusten. Der Staat verlangt von uns Milch, und wir sind verpflichtet, sie zu produzieren. Nur so funktioniert die Planwirtschaft. Ohne strenge Parteidisziplin geht es nicht.'

Adgirow wurde vor Erregung wieder rot im Gesicht. Seine Hände suchten etwas. Er griff in die Hosentasche und fand das, was er suchte, auch dort nicht. Ganz zerstreut holte er endlich aus einer Tischschublade eine neue Schachtel ‚Belamor' heraus, zündete eine Papirosse an und zog den Rauch mit aller Kraft in sich hinein. Seine Aufregung ließ sofort sichtbar nach. Er lehnte sich in seinem Sessel nach hinten und rauchte etwas beruhigter weiter. Im Zimmer trat für eine kurze Zeit Stille ein. Niemand wollte diese Stille unterbrechen. Ich hatte das Gefühl, dass Adgirow zum Schluss noch etwas Wichtiges sagen wollte:

‚Ich bitte Sie, Genosse Lange, machen Sie von Ihrem Besuch einen ausgewogenen, detaillierten Bericht. Meine Spezialisten stehen Ihnen zur Verfügung. Auch die Buchhaltung und der Ökonom können Ihnen dabei helfen. Ich bitte Sie, uns dann ein Exemplar Ihres Berichtes zukommen zu lassen.'"

Außer dem Staatsplan hatte jede Kolchose noch eine sozialistische Verpflichtung. Die erhöhten Pflichten wurden unter Federführung der Parteiorganisation aufgestellt. Das bedeutete, dass der Plan für die Abgabe von Getreide, Fleisch, Milch, Wolle, Eiern, Gemüse und anderen Produkten überboten werden musste. Mit solchen erhöhten Verpflichtungen hatten es die besten Melker und Melkerinnen, Schweine- und Hühnerzüchter, Brigadiere, Traktoristen, Mähdrescherfahrer und andere zu tun. Man bezeichnete diese Kampagne als Sozialistischen Wettbewerb. Sie diente der kommunistischen Propaganda. Ehrlich gesagt, steckte nichts Ernstes dahinter. Die Pflichtabgaben wurden am Anfang des Jahres festgelegt, und am Ende hat man sie vergessen und der Alltag wurde von den Realitäten bestimmt.

Zur Frage, warum die Kolchosen im Endergebnis nur rote Zahlen schrieben, gibt es pauschal eine einfache Antwort: weil die Bauern nicht Herren über ihre eigene Wirtschaft waren. In den Kolchossatzungen und anderen gesetzgebenden Dokumenten hieß es, dass die Kolchos-Mitglieder gleichberechtigt und Herren der eigenen gemeinsamen Wirtschaft seien. In Wirklichkeit sah es aber ganz anders aus. Über die Kolchoswirtschaft herrschten praktisch immer höhergestellte Machtorgane. Alle Anweisungen kamen von oben.

Nach dem Krieg waren die Dorfbewohner Nachkommen der Bauern, die noch selbständig gewirtschaftet hatten. Sie wussten deshalb über die Einzelheiten des Getreideanbaus Bescheid. Sie wussten, in welcher Erde was am besten gedeiht. Doch diese treuen Kolchosbauern hatten nicht mehr das Recht, nach bestem Wissen und Gewissen zu handeln. Jede eigenmächtige Handlung oder Meinungsäußerung galt als antisowjetische Propaganda. Die Menschen, eingeschüchtert durch die vielen Verhaftungen der 30er Jahre, lernten, dass es besser ist zu schweigen, als ein „falsches" Wort zu sagen. Die Kolchosniki (Kolchosbauern) der 60er, 70er und 80er Jahre waren schon „disziplinierter" und hatten überhaupt keine eigene Meinung mehr. Sie waren zu meinungslosen Landarbeitern degradiert. Sie taten das, was von oben befohlen wurde.

Solange in den Kolchosen Entlohnung in Naturalien üblich gewesen war, hatten die Kolchosen keine finanziellen Probleme, weil die Masse der Menschen umsonst arbeitete. Die Kolchosen lieferten ihre Erzeugnisse entsprechend dem Plan und den zusätzlichen Verpflichtungen an den Staat ab, und was übrig blieb, wurde verteilt. Die Entlohnung erfolgte nach Arbeitstagen. Am Ende wurden alle Arbeitstage zusammengerechnet und die übriggeblieben Produkte nach der Zahl der Arbeitstage aufgeteilt.

Die Naturalienentlohnung war nie garantiert. Oft war es so wenig, dass es zum Leben nicht reichte. Nur die kleine Hauswirtschaft (Garten, Kuh, Schwein, Geflügel und Schafe) konnte vor dem Hungertod retten. Zwar verursachte die Futterbeschaffung für das eigene Vieh den Dorfbewohnern ständig Probleme. Aber sie improvisierten und lernten bald etwas, was sie früher nicht konnten, z.B. stehlen. Wenn die Rede von Diebstahl war, und das kam oft vor, meinten die Kolchosniki, sie würden doch nicht stehlen, sondern sich nur das nehmen, was ihnen in der Kolchose rechtlich ja sowieso gehöre.

Die Menschen, die kommunistisch erzogen waren, scheuten sich vor dem Stehlen nicht, weil sie weder Gottesfurcht noch Ehrfurcht vor den Menschen kannten. Sie passten sich langsam an das neue Leben an.

Zum Problem Diebstahl in der Landwirtschaft möchte ich an dieser Stelle zwei kurze Geschichten erzählen.

Geschichte Nr.1: Auch im Forschungsinstitut für Landwirtschaft in Stawropol, wo ich als Abteilungsleiter tätig war, wurde in den Montagssitzungen oft über Diebstahl diskutiert. Allgemein wurde geschätzt, dass ca. 20 Prozent der verfügbaren Menge an Kraftfutter von Arbeitern gestohlen und teilweise auch weiter verkauft wurde. Am Schluss der Diskussion äußerte sich unser Direktor Professor *Alexander Alexandrowitsch Nikonow*, der später mit *M.Gorbatschow* nach Moskau zog und Präsident der Akademie der Landwirtschaftswissenschaft wurde. Buchstäblich sagte er: „Dass viel gestohlen wird, ist klar. Aber das ist nicht das größte Übel unserer Landwirtschaft. Das größte Übel ist, dass wir so niedrige Ernteerträge auf den Feldern haben. Das gestohlene Futter wird sinnvoll verwertet, da geht nichts verloren, davon profitieren wir alle. Sonst wäre auch der Basar leer und wir müssten hungern." In seinem Schlusswort konnte man zwischen den Zeilen heraushören, dass dieser treue Kommunist Sympathie für das private Wirtschaften der Dorfbewohner hatte, die uns vor dem Hunger retten würden. Was für ein Widerspruch! Noch 15 Jahre zuvor, in der Chruschtschow-Ära, hat derselbe Kommunist und hochgelehrte Landwirtschaftsökonom A. Nikonow mit allen Mitteln versucht nachzuweisen, dass Gräser, Luzerne, Klee usw. auf den Feldern nichts zu suchen hätten und nur Mais die Futterprobleme lösen könne. Auch sollte man private Wirtschaften auf ein Minimum reduzieren, sodass die Leute sich mehr für die Arbeit in den Betrieben engagieren und nicht auf eigenem Hof und im eigenen Garten zu viel Zeit verbringen.

Bei dieser Kampagne hat man damals auf Empfehlung solcher Gelehrter, wie Ökonom A. Nikonow, alle Weideflächen in Ackerland umgebrochen und so die Kolchosniki gezwungen, ihre letzte Kuh zu liquidieren. Das war im Jahr 1959. Ich selbst habe als junger Spezialist an dieser Kampagne teilgenommen. Ich musste den Kolchosmitgliedern ihre Kühe abkaufen.

Geschichte Nr.2: Eine Familie, nennen wir sie *Familie Müller*, kam 1992 aus Tadschikistan nach Deutschland. Es waren Vater und Mutter, zwei verheiratete Töchter mit Kindern und ein lediger Sohn. Alle waren erwachsen. Die Eltern bekamen eine Wohnung für sich. Ich kannte die Familie gut und habe sie oft besucht. Die Mutter Emma bekam langsam Sehnsucht nach dem Leben in Tadschikistan und war bereit, dorthin zurückzukehren. Sie sagte: „Hier in Deutschland haben wir ja alles, wovon wir in Tadschikistan nur träumen konnten. Aber unser Leben ist langweilig geworden. Viel zu verreisen sind wir nicht gewohnt. Dazu fehlt uns auch das notwendige Geld. Wir vermissen unsere kleine Hauswirtschaft. Wir hatten eine Kuh, ein Schwein im Stall, ein Dutzend Hühner, einen großen Garten. Es gab viel Arbeit. Aber das Futterproblem war immer aktuell. Mein Mann arbeitete in der Buchhaltung und hatte keinen direkten Zugang zu Kraftfutter. Der Staat hat uns nichts verkauft, aber wir konnten immer welches bei privaten Leuten kaufen. Wir wussten, dass es gestohlenes Futter war, aber was soll's? Alle haben so gehandelt. Und wenn mein Mann wieder einmal mit ein paar Säcken Kombikorm (konzentriertes Mischfutter – W.L.) ankam, war das für alle im Haus ein Grund zur Freude. In Deutschland fehlen uns solche Momente."

Diese zwei Geschichten zeigen, wie Diebstahl in der Sowjetunion zu einer legitimen Sache wurde. Gestohlen wurde nicht nur in der Landwirtschaft, sondern in allen Bereichen der Volkswirtschaft, besonders auf dem Bau, im öffentlichen Verkehr. Die Korruption blühte auf allen Ebenen und führte den Staat in den Abgrund.

Nach diesem Abstecher komme ich wieder zum Thema: „Warum die Kolchosen verlustbringend wirtschafteten". Die privaten Wirtschaften der Kolchosniki wuchsen und erzielten gute Erträge. Immer wieder wurden ihnen aber durch Gesetze und Verordnungen Grenzen gesetzt, z.B. sollte der Garten nicht größer als 500 Quadratmeter pro Familienmitglied sein, und es durften nur eine Kuh und ein Schwein gehalten werden.

Aber die Kolchose blieb Kolchose. Es war eine Wirtschaftsform, die keinem gehörte und nur Verlust verursachte. Anders konnte es auch nicht sein. Die Preise wurden vom Staat bestimmt. Man verkaufte z.B. das Getreide für 10 Rubel pro Doppelzentner (100 kg), musste aber das Mischfutter für 18 Rubel pro Doppelzentner zurückkaufen. Milch und Fleisch wurden billiger verkauft, als sie tatsächlich an Kosten verursacht hatten. Der Plan für diese Produkte war hoch und musste erfüllt werden. Nicht nur die Arbeitskosten waren hoch, sondern auch die Futterkosten. Daher war die Produktion immer verlustbringend.

Die Kolchosen verkauften alles sehr günstig. Nicht der Markt bestimmte die Preise, sondern der Staat. Die Kolchosen wurden buchstäblich ausgebeutet. Alles, was sie dann vom Staat kauften, z.B. Technik, LKW, Baumaterialien und anderes, bezahlten sie sehr teuer. Um einen großen Schlepper zu kaufen, mussten sie dem Staat 1.000 Tonnen Getreide liefern, für einen „Belarus" (leichter Traktor auf Gummirädern) 500 Tonnen. Die Mähdrescher waren von sehr schlechter Qualität, sodass sie schon vor dem ersten Einsatz überholt werden mussten. Es war schon eine Art ungeschriebenes Gesetz, dass die Mechaniker gleich nach der Aussaatzeit die Erntemaschinen reparierten, ganz gleich, ob sie alt oder neu waren. So verhielt es auch mit der übrigen Technik. Auch den ganzen Winter über gab es für die Techniker in der Werkstatt Arbeit. Ersatzteile waren immer Mangelware und sehr teuer.

In jedem Kuhstall, wo es Melkmaschinen und Entmistungstechnik gab, war ein fest angestellter Schlosser tätig, der die einfachen, aber qualitativ schlechten Aggregate reparieren musste. Bei der Unkrautbekämpfung auf den Feldern von Mais, Rüben, Kartoffeln und Gemüse gab es nur Handarbeit. Oft musste man aus der Stadt Helfer holen, um mit den Arbeiten fertig zu werden. Mechanisierung und Automatisierung fehlten. All dies erforderte viel Arbeit und Geldmittel.

Eine andere unwirtschaftliche Einrichtung in den Kolchosen war das Sammeln und Abliefern von Altmetall an den Staat. Dazu gab es genauso einen Plan wie für landwirtschaftliche Produkte, der aber auch mit dem Kauf neuer Technik verbunden war. Wenn man einen Traktor, einen Mähdrescher oder ein anderes technisches

Gerät kaufen wollte, musste man eine bestimmte Menge Altmetall abgeben. Wenn die Menge nicht vorhanden war, wurde entschieden, dass von der vorhandenen, aber noch brauchbaren Technik etwas zu verschrotten wäre. Dann gab der Ingenieur mit Zustimmung des Vorsitzenden die Anweisung, ungenutzte, alte, aber noch taugliche Sämaschinen oder Mähdrescher in Stücke zu schneiden. Als Ganzes wurden sie nicht angenommen.

Von besonders schlechter Qualität waren die neuen Mähdrescher. Nach fünf oder sechs Jahren landeten sie auf dem Schrottplatz. Das alles kostete viel Geld, aber das interessierte niemanden.

Die sowjetische Industrie produzierte für die Landwirtschaft viel Unnützes von sehr schlechter Qualität. Die unbrauchbaren Maschinen mussten trotzdem verkauft werden, und die Kolchosen waren wiederum gezwungen, sie zu kaufen. Wollte man z.B. einen Traktor kaufen, musste man eine andere Maschine dazu nehmen, die schon mehrere Jahre im Lager gelegen hatte und nicht zum Einsatz gekommen war. Oft waren das schlecht funktionierende Bewässerungsaggregate, Pumpen usw. Nach einigen Jahren hat man sie, ohne sie eingesetzt zu haben, wieder verschrottet. Solche Fälle von Geldverschwendung gab es viele, und als Folge dieses falschen Wirtschaftens wurden die Kolchosen unrentabel und verlustbringend.

3.1. Erfolgreiche Kolchosen
Ausnahmen von der Regel
Beweis der potenziellen Möglichkeiten der Landwirtschaft Russlands

Unter hunderttausend Kolchosen gab es auch Betriebe, die rentabel wirtschafteten. Es waren tatsächlich nur sehr wenige, vielleicht ein Dutzend in der großen Sowjetunion. Über von denen hat man oft in den Zeitungen gelesen, im Radio gehört und hat sie im Fernsehen gesehen. Voraussetzung für sie war ein starker Leiter mit Sachkenntnissen, dem die Kolchosmitglieder vertrauten und der von ihnen immer wieder neu gewählt wurde, der auch die Interessen der Kolchose nie aus seinem Blick verlor, den Druck von oben ignorierte und oft gegen die Linie der Partei handelte. Solche Leiter waren echte Patrioten ihrer Wirtschaft.

Ich hatte Glück und habe zehn Jahre in einer solchen Kolchose gearbeitet. Die Kolchose nannte sich „Proletarskaja Wolja" („Proletarischer Wille") und befand sich im Vorgebirge des Kaukasus, sechs Kilometer entfernt von der Kurstadt Pjatigorsk. Die Kolchose besaß 14.700 Hektar Land, davon 8.200 Hektar Ackerland. Das Dorf nannte sich *Jutza* und hatte ca. 4.500 Einwohner, davon 2.800 Kolchosmitglieder. Im Dorf wohnten überwiegend Russen und Ukrainer. Zehn deutsche Familien kamen 1958 bis 1960 nach Jutza. Der langjährige Vorsitzende nannte sich *Luzenko, Semjon Wasiljewitsch*.

Ich begann meine Arbeit in dieser Kolchose im Juli 1959. S. Luzenko war zu dieser Zeit 50 Jahre alt. Er hatte die Kolchose gleich nach dem Zweiten Weltkrieg, also 1945, übernommen. Die Kolchose spezialisierte sich auf Tierzucht: Deutsches Rotes Milchrind, das in der Sowjetunion Rotes Steppenrind genannt wurde, Schweinezucht und Hühnerzucht. Es gab neun Brigaden. In sechs davon gab es Milchfarmen mit insgesamt 2.800 Kühen mit einer Durchschnittsleistung von 3.880 kg Milch pro Kuh und Jahr. In einer Farm mit 420 Kühen war die Leistung noch höher, bis 4.500 kg pro Kuh und Jahr. Als Zuchtleiter konzentrierte ich mich bei meiner Arbeit auf diese Kuhherde, über die später eine Dissertation erstellt worden ist, die ich 1968 verteidigen konnte. Wir verkauften Zuchtbullen und Zuchtfärsen, die der Kolchose einen beträchtlichen Gewinn brachten.

S. Luzenko war ein Mann, der ohne Rücksicht auf Parteibeschlüsse auf eigene Faust handelte. Dafür stand er ständig unter Druck der Kreisparteileitung, dem er bis zu einem Alter von 62 Jahren standhielt. Dann musste er den Posten als Leiter der Kolchose abgeben, und bald danach starb er an Herzversagen.

In der Chruschtschow-Ära weigerte er sich, den Beschluss der Partei umzusetzen, Weideflächen im Vorgebirge in Ackerland umzuwandeln. Auf den Feldern wuchsen weiterhin im Fruchtwechsel Gras und Leguminosen, so dass die Kühe in ihrer Ration neben Maissilage und Kraftfutter auch echtes Heu bekamen. Mit Stroh wurden die Kühe nicht gefüttert. Nach Parteibeschlüssen sollten die Grünfutterpflanzen vom Acker verschwinden und durch Mais ersetzt werden.

Seine Entscheidungen traf S.Luzenko nach zwei Kriterien: *Erstens* sollte der Staatsplan erfüllt, aber nicht überboten werden. Er sorgte dafür, dass der Staatsplan mehr oder weniger konstant blieb. Das zu erreichen war nicht einfach. Wichtiger als alles andere war für ihn, den Kolchosmitgliedern ihren Verdienst nicht nur in Geld, sondern auch in Naturalien auszuzahlen. Außerdem hatte die Kolchose auf den Basaren in den Kurstädten Pjatigorsk, Kislowodsk und Essentuki eigene Verkaufsläden, die ständig mit Brot, Obst, Gemüse, Milch und Fleisch beliefert werden sollten. Typisch für ihn war, immer genau zu wissen, wann der Lieferplan, z.B. von Milch, erfüllt war. Das war gewöhnlich schon Mitte November der Fall. Am folgenden Tag wurde keine Milch mehr an die Staatsmolkerei geliefert, sondern sie wurde literweise in den genannten Städten verkauft, und zwar bis zu 20 Tonnen pro Tag. Das brachte beträchtlichen Gewinn und füllte die Kasse mit Bargeld. Bargeld zu haben, hatte bestimmte Vorteile gegenüber dem Geld auf dem Bankkonto. Mit Bargeld konnte man den Arbeitern regelmäßig die Löhne auszahlen. Bargeld bei der Bank zu bekommen, war immer problematisch.

Zweitens sollte der Einfluss von außen minimal bleiben. Gewirtschaftet wurde nach bestem Wissen und Gewissen. Der Parteisekretär der Kolchose hatte keinen Einfluss auf die Entscheidungen des Vorsitzenden und des Vorstandes. Er hatte die Aufgabe, den Wettbewerb innerhalb des Betriebes zu organisieren und zu kontrollieren. Zwar war S.W. Luzenko selber Mitglied der Kommunistischen Partei – andernfalls wäre es nicht möglich gewesen, Vorsitzender einer Kolchose zu sein –, aber er war souverän und selbstbewusst. Seine Autorität stand über der der Parteileitung des Kreises. Auch der Stern an der Brust (Luzenko war ein Held der sozialistischen Arbeit und Träger mehrerer Orden der Sowjetunion) gab ihm die Möglichkeit und Sicherheit, unabhängig zu sein. Dazu gehörten auch die guten wirtschaftlichen Ergebnisse der Kolchose im Vergleich zu Kolchosen der Nachbarschaft. Hier ist eine Tabelle, die das mit wenigen Zahlen beweisen soll.

Wirtschaftliche Ergebnisse des Jahres 1964

Kolchosen:	Proletarischer Wille	Stalin	Iljitsch
1. Hektarerträge Doppelzentner/ha			
Getreide (Weizen, Gerste, Hafer)	26,0	17,8	20,8
Sonnenblumen	16,5	10,1	15,4
Kartoffeln	120,3	75,2	83,7
2. Milchleistung kg/Kuh und Jahr	3833	2529	2729
3. Ausbezahlt Rubel/Tag	16,6	9,7	12,5

Diese Zahlen stammen aus dem Buch „Kolchos Proletarskaja Wolja", Autor: der Vorsitzende S.W. Luzenko.

S.W.Luzenko war ständig mit dem Problem beschäftigt, wie man noch mehr Geld machen könnte. Dabei scheute er sich nicht, auch illegale Geschäfte zu betreiben. Armenier und Juden halfen ihm dabei. Zum Beispiel kaufte er über schwarze Kanäle eine größere Stückzahl Fernsehgeräte, Waschmaschinen, auch überholte Autos (das waren damals alles noch defizitäre Artikel, die es im freien Handel nicht gab) und verkaufte sie für einen höheren Preis an eigene Kolchosmitglieder, und zwar nicht jedem, der sie haben wollte, sondern nur den besten Brigadieren, Melkerinnen, Tierpflegern, Traktoristen oder Mähdrescherfahrern. Dadurch stärkte er das Interesse am Wettbewerb innerhalb der Kolchose.

In einem war S.W. Luzenko mit der Parteilinie einig – die Kühe im Privatbesitz der Kolchosmitglieder wurden abgeschafft. Dabei gab es keinen Zwang, aber durch die geschaffenen Bedingungen taten es die Kolchosmitglieder freiwillig. Jede Familie bekam pro Mitglied täglich einen Liter Milch zu einem relativ billigen Preis, so auch Brot aus der eigenen Bäckerei. Das war alles gut organisiert und verlief ohne große Reibereien.

Noch ein Beispiel, das im Buch „Brechstangenpolitik im Zickzackkurs" von *Oskar Schulz* beschrieben ist. Oskar Schulz's berufliche Laufbahn verlief in Kasachstan, und zwar in der Region Pawlodar, wo es Dörfer gab, in denen bis zu 80 Prozent Deutsche lebten. In der trockenen Kulundasteppe hatte es deutsche Dörfer schon vor dem Zweiten Weltkrieg gegeben. Diese Dörfer waren durch enteignete und vertriebene reiche Bauernfamilien (Kulaken) im Zuge der Zwangskollektivierung in den 30er Jahren gegründet worden. Sie wurden erweitert durch die Deportation der Deutschen im Jahre 1941.

Oskar Schulz schreibt: „Der sowjetdeutsche Bauer ist fähig, auf Grundlage des kollektiven Eigentums an Produktionsmitteln musterhafte Volkswirtschaften aufzubauen und so die große Gemeinschaft der Sowjetunion ausreichend mit Nahrungsmitteln zu versorgen.

Die Kolchose ‚Kirow', wie übrigens auch die Kolchosen ‚Thälmann' und ‚30 Let Kasachstan' sind in den Nachkriegsjahren aufgeblüht und galten als die besten in Kasachstan."

Eine Anmerkung für den deutschen Leser: Die Region Pawlodar befindet sich im Nordosten der Republik Kasachstan und grenzt an Westsibirien und die Altairegion. Das ist eine extrem trockene, waldlose Gegend mit einem ausgeprägten kontinentalen Klima. Das bedeutet, dass in dieser Gegend das Betreiben von Landwirtschaft viel Kenntnis und Fleiß abverlangt. Ich bin kein Nationalist und wiederhole nur das, was der berühmte russische Schriftsteller A.I. Solshenizin in seinem Buch „Archipel Gulag" über die Deutschen geschrieben hat (Buch 7, Seite 269) Ich zitiere, übersetzt aus dem Russischen: „Unter allen zwangsumgesiedelten Nationen haben sich die Deutschen wiederum als fleißigste, unternehmungswilligste Bevölkerungsgruppe erwiesen. Wie schon einmal haben sich die Deutschen auf dem ihnen von der zaristischen Regierung zugeteilten Land mit voller Kraft an die Arbeit gemacht, so auch jetzt auf dem von *Stalin* zugewiesenen fruchtlosen Land. Sie nahmen es so an, als kämen sie auf ewig dorthin. Sie warteten nicht auf eine Amnestie oder auf des Herrschers Gnade, sondern richteten sich auf Dauer ein. Deportiert 1941 und dabei nacktgestellt, verloren sie den Mut nicht und begannen zielstrebig und methodisch zu arbeiten.

Wo gibt es auf der Erde eine Wüste, die die Deutschen nicht in ein blühendes Land verwandeln könnten? Nicht umsonst hat man in Russland über die Deutschen gesprochen: ‚Sie sind wie eine Weide; wo man sie in den Boden steckt, dort wächst sie auch an'. In den Kohlengruben, in den MTS (Maschinen-Traktoren-Stationen), in den Kolchosen und Sowchosen fanden die Leiter für die Deutschen nicht genug lobende Worte. Immer waren sie die besten Fachleute und die besten Arbeiter. Bald nach dem Krieg, in den 50er Jahren, besaßen die Deutschen in den neuen Dörfern die schönsten und saubersten Häuser, die fettesten Schweine, die besten Kühe. Ihre Töchter waren die begehrtesten Bräute, nicht nur bei den wohlhabenden Eltern, sondern im Vergleich mit der lasterhaften Lebensweise der Frauen anderer Nationalität. Die Deutschen pflegten weiter ihre strengen Sitten."

Und weiter bei *Oskar Schulz*: „Obwohl nur 17 Jahre vergangen waren, als ich das letzte Mal hier war, konnte ich Konstantinowka nicht wiedererkennen. Alles war anders und neu: Die asphaltierten Straßen und Fußwege, die weiß gekalkten leuchtenden Häuser der Kolchosbauern, die mit einem niedrigen Staketenzaun von der Reihe graziöser Pappeln und Kiefern entlang der Straße abgegrenzt waren, die eindrucksvollen und imposanten gemeinschaftlichen und administrativen Gebäude – alles erweckte Staunen und Respekt.

Jakob Häring wartete schon in seinem Kabinett auf mich. Und wir zwei trafen uns, ohne besondere Emotionen zu zeigen, so als ob wir uns gestern erst gesehen hätten. Jakob sagte: ‚Ich wusste, dass du in Pawlodar sein würdest und wartete auf dich.' Ich wusste vieles über Jakobs Tätigkeit, aber alles mit eigenen Augen zu sehen, war etwas ganz anderes. Beeindruckend! Überwältigend! Hier nur einige Hinweise über das, was ich während einer Besichtigung zu sehen bekommen habe:

In der Viehzucht – ein Komplex für 1.800 Milchkühe, ein Komplex für 24.000 Schweine, eine Anlage für Mischfutter, eine Molkerei und noch einiges. Im Gegensatz zu anderen Kolchosen hatten sie die Schafe, Kamele und Hühner nicht abgeschafft. Sie hielten 18.000 Schafe, 35.000 Hühner, Enten und Gänse. Die Pelztierfarm beschaffte ihnen 17.000 Felle von Zobel, Nerz und Silberfuchs. Für das Betriebssanatorium besorgte die

Kamelfarm Schubat (Getränk aus Kamelmilch). Die Pferdefarm – Kumys (alkoholhaltiges Getränk aus Stutenmilch). Sie züchteten Fische und Bienen. Sie trainierten Zuchtpferde und besaßen eine eigene Rennbahn.

In der Landwirtschaft wurde hier eine wahre Revolution durchgeführt: 50 artesische Brunnen mit Vorratsteichen und mächtigen Pumpstationen und Bewässerungsaggregaten versorgten 5.000 Hektar Ackerland mit Wasser, die in Perspektive auf 10.000 erweitert werden sollten. 10 Hektar Gewächshäuser versorgten das ganze Jahr über die Stadt Pawlodar mit frischem Gemüse. Eine Anlage zur Saatgutreinigung mit einem Laboratorium der Selektionsstation sorgten hier in der trockenen Kulundasteppe für eine ertragreiche Ernte. Die Kolchose ‚30 Let Kasachstan' wurde zum Stützpunkt des Forschungsinstituts für Bewässerungstechnologie erklärt.

Bewundernswert war für mich die gesamte Infrastruktur des Dorfes. Es gab eine eigene Werkstatt, eine Ziegelfabrik, ein Asphaltwerk, eine Wasser- und Abwasserleitung mit Kläranlage, ein Kesselhaus, das die öffentlichen Gebäude und Privathäuser mit Wärme versorgte. Das Dorf stellte prächtige Bauten zur Schau: die dreistockige Schule mit 10 Klassen und Sportplatz, wie auch die Berufsschule mit 300 Ausbildungsplätzen für landwirtschaftliche Berufe, Kindergärten mit ihren märchenhaften Spielplätzen. Ganz unerwartet für das Auge ragte im weit von der Stadt abgelegenen Dorf das Prachtstück des Kulturpalastes mit 600 Sitzplätzen in die Höhe. Ein zweistöckiges Krankenhaus mit Entbindungsstation, ein Betriebssanatorium mit 250 Plätzen, einem Schlammbad sowie einer Herstellung von Mineralwässern. Eine Apotheke versorgte nicht nur die hier lebende Menschen, sondern das ganze Rayons mit Arzneimitteln. Außerdem besaß die Kolchose sechs ständige Plätze im Kurort Mujaldy, sechs im Sanatorium ‚Sori' des Kurortes Jssentuki, besaß ein Ferienhaus mit 12 Plätzen am Schwarzen Meer in Suchumi.

Im Dorf gab es eine Bäckerei, eine Bibliothek, ein Gemeinschaftsbad, ein Warenhaus und mehrere Verkaufsstellen, eine Post mit Telefonzellen und eine Sparkasse. Konstantinowka war das einzige Dorf in der riesigen Sowjetunion, das einen eigenen Zoopark besaß. Jakob Häring freute sich über das sich immer weiter ausdehnende Dorfmuseum. Aber auch ein von der Obrigkeit genehmigtes Bethaus der Baptistengemeinde hatten die Einwohner hier bekommen.

In der Kolchoswirtschaft waren ständig 1.800 Menschen beschäftigt. Ihre Löhne waren höher im Vergleich zu denen anderer Kolchosen der Umgebung. Außerdem hielten die deutschen Kolchosbauern erhebliche Hauswirtschaften, die ihr Einkommen zusätzlich erhöhten. So erreichten sie hier einen unglaublichen Wohlstand im Vergleich zu den Kolchosbauern der Rayons und des Gebietes. Und da musste Jakob Häring öfters Vorwürfe dern Vorsitzenden der Nachbarkolchosen hören. Es kam dazu, dass diese bei der Rayonbehörde Beschwerden einreichten und verlangten, dass die Verdienste in ‚30 Let Kasachstan' herabzusetzen oder wenigstens zu begrenzen seien. Doch im Rayon profitierte man von der Existenz dieses Leuchtturms, denn es wurde auch als ihr Erfolg angesehen. Und so kamen diese Klagen in die Gebietsstadt Pawlodar. Doch auch hier und in Kasachstans Metropole war das Leuchtfeuer ‚30 Let Kasachstan' erwünscht und wurde politisch unterstützt.

Jakob Häring wusste, dass anonyme Klagen, die angeblich von treuen Kommunisten kamen, wegen deren Überzeugung von sozialistischer Gleichmacherei diese Frage nach Moskau zu den Theoretikern des Kommunismus gebracht hatten. Man sollte dort prüfen, ob die hohen Verdienste der Kolchosbauern in einigen Kolchosen nicht zu einem Widerspruch zu den Postulaten des Sozialismus, wie rechtliche Gleichheit, geraten seien.

Jakob Häring sagte dazu: ‚Ich ärgere mich ständig über diese Jammervögel. Jemand muss doch den initiativlosen, oft faulen Menschen den Weg zum Reichtum zeigen. Es ist doch nicht unsere Schuld, dass wir in den Kolchosen ‚Kirow', ‚Thälmann' und ‚30 Let Kasachstan' Deutsche sind. Über Nacht, in einem Ruck-Zuck-Verfahren kann man den Wohlstand nicht aufbauen. Wie man den Wohlstand steigert, muss jede Gemeinschaft selbst bestimmen und für dieses Ziel beharrlich kämpfen.'"

Das Treffen zwischen dem Autor des Buches „Die Brechstangenpolitik im Zickzeckkurs", *Oskar Schulz*, und dem Vorsitzenden der Kolchose „30 Let Kasachstan", *Jakob Häring*, fand am 26. Mai 1983 statt. In dieser Zeit waren die Grenzen der Sowjetunion noch dicht geschlossen, und nur wenige Deutsche versuchten die Ausreise nach Deutschland zu erkämpfen. Wie Oskar Schulz war auch Jakob Häring Mitglied der Kommunistischen Partei. Anders, ohne Parteibuch in der Tasche, konnte man auch nicht Vorsitzender einer Kolchose oder Leiter einer Hühnerzuchtanlage sein. Beide haben ihr Wissen und ihre Kenntnisse mit voller Kraft der sozialistischen Landwirtschaft gewidmet. Sie waren überzeugt, dass das auch die Zukunft der Russlanddeutschen sein würde. Michail Gorbatschow war zwar schon Mitglied im Politbüro der Kommunistischen Partei der Sowjetunion, aber bis zu seiner neuen Politik „Glasnost und Perestroika" („Öffentlichkeit und Umbau") dauerte es noch drei Jahre, und erst nach acht Jahren konnten die Deutschen ohne Beschränkungen die Sowjetunion freiwillig verlassen und nach Deutschland umsiedeln. Auch Oskar Schulz kann 1992 mit seiner Familie nach Deutschland.

Die drei oben genannten deutschen Kolchosen, die in der extrem trockenen und kalter Gegend im Nordosten der Republik Kasachstan erfolgreich Landwirtschaft betrieben, haben gezeigt, welche Potenziale und Möglichkeiten in der Landwirtschaft der ehemaligen Sowjetunion und des heutigen Russland verborgen bleiben. Es fehlt an Organisation, Fleiß und Können. Im Grunde genommen war, ist und bleibt Russland ein armes

Land. Diesem riesengroßen Land fehlt eine starke, erfolgreiche Landwirtschaft. Es müssten wieder Deutsche sein, die dem Land helfen könnten, aus der Misere heraus zu kommen, nicht aber als Einzelbauern, sonder als erfolgreiche Unternehmer. Das lässt aber der egoistische russische Stolz nicht zu. Lieber werden sie hungern, als Fremde ins Land hereinlassen.

Ich komme noch mal kurz auf Jakob Häring zurück Mitte der 70er Jahre erreichte sein Ruhm den Höhepunkt. Er sollte den zweiten Goldenen Stern – Held der Sozialistischen Arbeit – bekommen. Die Initiative kam von dem Rayonkomitee der Kommunistischen Partei Kasachstans. In der Landwirtschaft der Sowjetunion gab es sehr wenige Menschen, die den doppelten Stern an der Brust tragen durften. Wenn das geschehen wäre, hätte man in seinem Heimatdorf *Bolnisi* (früher Katharinenfeld, dann Luxemburg, von Schwaben im 18. Jahrhundert in Georgien gegründet, auch mein Geburtsort – W.L.) seine Büste aufstellen müssen. Man fragte *Schewardnadse* – Erster Sekretär der Kommunistischen Partei Georgiens –, was er davon hielte. Der schlaue Georgier sagte, dass man erst die Kriegsveteranen fragen müsste, ob man einen Deutschen hier dulden dürfte, denn sie könnten diesen Schritt womöglich nicht begreifen.

Trotz allem hielt man an der Kandidatur Härings fest. Er sollte aber seinen Namen ändern, weil sein Name an Hitlers Gehilfen erinnert. Die Büste sollte in seiner Kolchose im Dorf Konstantinowka aufgestellt werden. Jakob Häring lehnte solche Bedingungen ab. So bekam er auch nicht den zweiten Stern eines Helden.

Im November 1984 lud man Jakob Häring nach Moskau ein. Er sollte dort vor dem Obersten Sowjet einen Vortrag über seine Kolchoswirtschaft halten. Die Initiative kam von Michail Gorbatschow, der Wege suchte, wie das Land aus der eingetretenen Stagnation herausgeführt werden könnte. Nachdem Häring den Vortrag gehalten hatte und ins Hotel zurückkam, wurde es ihm schlecht. Noch am selben Abend ist Jakob Häring gestorben, am 19. November 1984, im Alter von 52 Jahren.

Die Ärzte stellten Herzversagen fest. Seine Ehefrau, die im Hotel dabei war, und der Arzt in Konstantinowka, der ihn als kerngesunden Menschen kannte, zweifeln an einem natürlichen Tod und vermuten, dass er vergiftet worden ist. Eine Obduktion und Nachuntersuchungen fanden aber nicht statt.

Jakob Häring hatte viele Freunde, aber auch Feinde. Bewunderung, aber auch Neid und Hass begleiteten ihn viele Jahre.

Der Direktor des Dorfmuseums, Herr Warkentin, legte der Witwe Olga Häring nach der Beerdigung ein Schreiben vor. Es war ein Vermächtnis, das Jakob ihm vor seiner Abreise nach Moskau übergeben hatte:

„Meinen Landsleuten, den Werktätigen in der Landwirtschaft und meinen kämpferischen Helfern, denen ich mich völlig – Zeit, Gesundheit und das ganze Leben bis zu letzten Atemzug – mit allem, was ich hatte, gewidmet habe.

Leiser schlägt das Herz, das Blut wird kalt und wir alle gehen zur Ruhe in die Erde. Aber es ist sehr wichtig, was für einen Erdbogen wir nach unserem Ableben den Menschen zurücklassen.

Jakob Häring, den 12. November 1984"

Am Beispiel der Kolchosen „Proletarischer Wille", „30 Let Kasachstan" und wenigen anderen kann man zu dem Urteil gelangen, dass es auch bei dieser Organisationsform möglich war, gute Ergebnisse zu erzielen. Dazu ist eine professionelle Führung erforderlich. Der Staatsplan und die Einmischung des Staates in die Arbeit des Betriebes müssen abgeschafft werden. Erforderlich sind freie Zugänge zum Markt, der auch die Preise bestimmt, und eine faire Konkurrenz. Die vielfältige Unterstützung durch den Staat ist politisch und materiell unabdingbar. All das war in der Sowjetunion nicht gewährleistet. So kam es dazu, dass das Kolchossystem schlecht funktionierte und die Versorgung der Bevölkerung mit Nahrungsmitteln und der Industrie mit Rohstoffen nicht gesichert war.

Aber es gab auch Vorteile, z.B. machte sich niemand große Sorgen, wenn durch Hagel, Sturm oder Trockenheit die Ernte kaputt ging. In dem großen Land mit ihren vielen klimatischen Zonen konnte man das durch Staatshilfen ausgleichen. Ganz anders war es noch vor der Kollektivierung bei den Einzelbauern gewesen, die keine Versicherung gegen Schäden hatten, die durch höhere Gewalt verursacht wurden. Schon ein starker Hagel konnte in kurzer Zeit einen Bauern zu einem armen Bettler machen. Solche Fälle sind in meinem Buch „Der steinige Weg" (Geschichte einer Tempelgemeinde mennonitischer Herkunft in Russland) beschrieben. Eine Versicherung gegen Naturkatastrophen gab es in Russland damals nicht, sodass das Wirtschaften für einen privaten Bauern immer mit viel Risiko verbunden war.

Hier eine Geschichte aus der Bauernpraxis: Aus den Erinnerungen von *Johannes Lange,* dem Gründer der Tempelgemeinde in Russland. Der Fall ereignete sich im Nordkaukasus in der Nähe der Stadt Pjatigorsk. Dort befand sich die Kolchose „Proletarischer Wille", die oft durch starken Hagel litt. Der Hagel richtete streifenweise, auf relativ kleiner Fläche, mal hier, mal dort, Schäden an, während es im Großbetrieb nicht zur Katastrophe kam. Ganz anders war es jedoch beim Einzelbauern.

„Am Sonnabend, den 19. Juli 1886, war es in Tempelhof und Orbeljanowka vom frühen Morgen an ungewöhnlich warm. Am Tag vorher war es sehr heiß gewesen, und über Nacht hatte keine Abkühlung stattgefunden. Der Himmel war wolkenlos, und kein Lüftchen wehte. Alle Bewohner gingen ihrer gewohnten Beschäftigung nach. Viele Menschen arbeiteten auf den Feldern; die Erntezeit war noch nicht vorbei. Durch den besonders trockenen und heißen Sommer war die Getreideernte mittelmäßig ausgefallen. Dafür versprachen die Weintrauben eine gute Ernte und einen hervorragenden Qualitätswein. Das machte allen Mut und Hoffnung auch für die Zukunft.

Gegen Mittag des begonnenen Tages sahen wir am Himmel im Westen die ersten Wolken. Wir freuten uns und dachten, dass es eventuell den lange ersehnten Regen geben würde. Nur allmählich näherten sich die Wolken. Sie nahmen aber, je näher sie kamen, eine immer drohendere Gestalt an. Um zwei Uhr sah man eine gewaltige Wolkenbank, die im oberen Teil tiefschwarz und ungeheuer aufgetürmt und buschig aussah. Der Hintergrund war von gelblich-rötlicher Färbung und gleichsam in drei nebeneinander herziehende Massen geteilt. Die Wolkenmassen bewegten sich von West nach Ost mit großer Geschwindigkeit. Als die Wolken die Sonne verdeckten, wurde es ganz dunkel, grelle Blitze leuchteten auf und schlugen in den Boden. Eine Sekunde später rollte ein Donner an uns vorbei. Man bekam den Eindruck, als wäre der Blitz direkt in der Nachbarschaft eingeschlagen.

Um halb drei Uhr trat der Vorbote des Wetters, ein staubaufwirbelnder Sturm mit staubfeinen Regentropfen, ein. Die Menschen eilten den Wohnungen zu, um unter das schützende Dach zu gelangen. Hier versuchte man, rasch Türen und Fenster zu schließen. Eine Minute später schlugen mit furchtbarem Geprassel die ersten Hagelkörner nieder. Erst kamen sie vereinzelt, dann immer dichter. Von Sekunde zu Sekunde wurden die Eisstücke immer größer, und manche erreichten die Größe eines Hühnereis. Sie legten alles Zerbrechliche in Trümmer. In weniger als einer Minute waren an allen Häusern beider Kolonien sämtliche Fenster der westlichen Seite ohne Glas, als wenn dasselbe mit Bomben weggeschossen worden wäre.

Während die Zimmer mit Glassplittern und Eisstücken angefüllt wurden, fiel der Hagel so dicht, dass die

Aussicht auf die Weinberge und Obstgärten verdeckt war. Die Erde war mit einer dicken Schicht Eis bedeckt.

Es dauerte nicht mehr als zehn Minuten, und der Hagel zog weiter. Es wurde wieder heller, und den Augen bot sich ein solch trauriges Bild der Verwüstung dar, dass man schockiert und schweigend da stand und seinen eigenen Augen nicht trauen wollte. Mutlosigkeit und Schmerz ergriffen uns alle.

Gemüsegarten, Kleewiesen, Getreideäcker, auf denen noch Getreide auf dem Halm gestanden hatte oder abgemäht in Haufen zusammengetragen war, sahen aus wie eine glatt gefegte Tenne. Bäume und Weinstöcke waren nicht nur ohne Früchte und Laub, sondern auch ihre Rinde war abgeschlagen und abgeschält, und viele Zweige und Äste waren wie zu Häcksel zerschlagen. Viele Bäume waren umgebrochen oder zerspalten.

Auch an den Häusern war der Schaden sehr groß. Die glaslosen Fenster waren nicht das Einzige. Zerrissene Dächer, an den Wänden abgeschlagener Putz, zerbrochene Zäune ergänzten die Verwüstung der Natur.

Mit Bangen erfüllte sich indes das Herz bei dem Gedanken, dass gewiss auch manche Leute während des Hagels auf freiem Feld ohne Schutz durch ein Dach hatten bleiben müssen. Man konnte es kaum glauben, dass diese ohne großen Schaden die Katastrophe überstanden hatten. In der Tat stellte es sich später heraus, dass manche, darunter auch Kinder, das Unwetter auf dem Feld erlebt hatten. Es gab blutende Wunden, blaue Flecken an den Körpern und Beulen an den Köpfen. Aber mit Dank an Gott können wir berichten, dass es in unseren beiden Kolonien kein Menschenleben gekos-tet hat, während in der Umgebung Menschen, und hier bei uns ein Pferd und mehrere Kälber, vom Hagel erschlagen wurden. Das arme Wild hingegen und die Vögel des Waldes sind fast total vernichtet. Auch viel Geflügel, Gänse, Enten, Hühner, die nicht rechtzeitig unter ihr Obdach gelangten, kamen um. Wie auf einem Schlachtfeld sah es aus. In den Weinbergen und im Wald fand man tote Wachteln, Drosseln, Rebhühner und andere Vögel oft zu Dutzenden unter Büschen und Weinstöcken, wo sie anfangs wohl einen Schutz gefunden hatten, später aber, als das Laub abgefallen war, dort erschlagen wurden. Am anderen Morgen brütete über den Feldern der dumpfe stille Tod; jeglicher Vogelgesang hatte ein Ende.

So sind unsere blühenden Kolonien, die vor kurzem noch als Vorbild den Kosakenstanitzen und als Muster einer Gelegenheit zum Lernen empfohlen wurden, plötzlich in die bitterste Not versetzt worden.

Man wusste wirklich nicht, wie Gemeindeinstitutionen, Progymnasium, Gemeindeschulen usw. aufrechterhalten werden sollten und wie für viele Familien Brot und Saatgetreide beschafft werden konnte.

Es vergingen nur vier Jahre, und die Kolonien hatten sich noch nicht richtig erholt, da traf im Frühjahr 1890 ein ähnliches Hagelwetter mit schweren Überschwemmungen die Tempelkolonien erneut und verursachte wieder große Schäden an Häusern, Gärten, Feldern und Weingärten. Die Kolonisten begannen, an ihrer Zukunft zu zweifeln."

Landwirtschaft war schon immer ein Risikogeschäft. Naturereignisse können erbarmungslos die Früchte der Arbeit zunichte machen. Dazu gehören Hagel, Überschwemmungen, Dürre, Bodenerosion, Pilzkrankheiten, Blattläuse, Heuschrecken, Seuchen bei Tieren und vieles andere mehr. Immer wieder müssen die Bauern von neuem anfangen. Schon deswegen verdienen die Bauern Ehre und Respekt.

4. Selbstversorgung und private Hauswirtschaften
Rettungsmaßnahmen gegen den Hunger

In der großen Sowjetunion konnten die Kolchosen und Sowchosen die eigene Bevölkerung und die Industrie nicht ausreichend mit Nahrungsmitteln und Rohstoffen versorgen. Die Kommunisten hatten es nach der Liquidierung der privaten Bauernwirtschaften bald begriffen, dass man auf die Selbstversorgung durch die kleinen privaten Hauswirtschaften nicht verzichten konnte, wenn man den Hunger in den 30er Jahren und während des Zweiten Weltkrieges und danach bekämpfen wollte. Das betraf nicht nur die Leute auf dem Lande, sondern auch die Stadtbewohner und Einrichtungen, wie Krankenhäuser, wissenschaftliche Institute, Fabriken, Waisenhäuser und viele andere. Jeder dieser Einrichtungen wurde ein Betrieb zugeordnet, den man „Podsobnoje Chosjaistwo" nannte. In Deutschland gibt es so etwas nicht, und dem Leser muss erklärt werden, welche Rolle so eine Podsobnoje Chosjaistwo im Leben der zugeordneten Einrichtung spielte. Ein Krankenhaus z.B. benötigt, um Kranke zu ernähren, nicht nur Brot aus einer Großbäckerei, sondern auch Obst und Gemüse. Der wichtigste Lieferant dabei war das Podsobnoje Chosjaistwo. Ein solcher Erzeugerbetrieb konnte während saisonaler Arbeitsspitzen (Unkrauthacken auf Kartoffel- und Gemüseflächen, Erntearbeiten) auch auf Arbeitskräfte aus den Partnereinrichtungen zurückgreifen.

Aber eine noch wichtigere Funktion hatten die Selbstversorgerwirtschaften, weil sie für die Stadtbewohner das Land darstellten, auf dem jeder Arbeiterfamilie die Möglichkeit gegeben wurde, Kartoffeln und Gemüse anzubauen. Dazu wurden 500 Quadratmeter Ackerland pro Familienmitglied kostenlos bereitgestellt. Die Mehrheit der Arbeiter nutzte diese Möglichkeit. Die Organi-

Bauer und seine Scholle.
Auch ohne Traktoren musste der Acker bestellt werden.

sation übernahm die Gewerkschaft. Mit Bussen fuhr man am Wochenende aufs Land und erledigte die Arbeit.

Eine besonders wichtige Rolle bei der Selbstversorgung der Stadtbevölkerung mit Obst und Gemüse spielten die Datschen. „Datscha" bedeutet auf Russisch einen Wochenendgarten. Das Wort ist zu einem internationalen Begriff geworden. Datschas gibt es bestimmt in allen Ländern Europas, so auch in Deutschland. Doch ihre Funktion, ihre Aufgabe, hat sich wesentlich geändert. In der ehemaligen Sowjetunion und in der DDR dienten die Datschen wegen der mangelhaften staatlichen Versorgung der Selbstversorgung mit Obst und Gemüse. Um eine Datscha zu bekommen, die 1000 bis 1500 qm groß war, musste man mehrere Jahre warten, bis eine wieder frei wurde. In den Datschen wurden auch Hühner und Kaninchen gezüchtet. Die DDR stimulierte den privaten Datschenbetrieb, indem man die Produkte mit höheren Preisen aufkaufte, um sie dann in Konsumläden billiger zu verkaufen. Die DDR war sehr stolz auf die konstanten Lebensmittelpreise für die Verbraucher.

In der Bundesrepublik Deutschland dienen die Datschen überwiegend der Erholung und der Blumenzucht. Durch die gute Versorgung mit Lebensmitteln in den Geschäften sind die Deutschen träge und faul geworden. Niemand geht mehr freiwillig zur Spargel-, Erdbeer- oder Apfelernte. Sogar gesunde Arbeitslose lehnen solche Arbeitsangebote ab. Die Arbeit erledigen Saisonarbeiter aus ärmeren Ländern.

Über die privaten Hauswirtschaften der Kolchosbauern in der Sowjetunion berichtet ausführlich *Jakob Bergen* in seinem Buch „So lebten wir in Russland". Ich zitiere etliche Passagen aus diesem Buch:

„Während jeder Mennonitenbauer früher, im Jahr 1900, als die Orenburger Steppe und andere Teile Russlands besiedelt wurden, etwa 70 Hektar Land, hatte, bewirtschaftete jede Familie in der Zeit der Kolchosen noch 0,25 Hektar Land. Dieses kleine Stückchen Land musste die Bauernfamilie das ganze Jahr über ernähren. Der Garten neben dem Haus wurde deshalb zweckmäßig genutzt, weil alles von dessen Ertrag abhing. Die Menschen in den Kolchosen arbeiteten fast für umsonst. Der Garten war somit die sicherste Nahrungsquelle. Wenn es keine Ernte gab, bedeutete das Hunger.

Außer einem Garten war es jeder Bauernfamilie gesetzlich gestattet, eine Kuh, ein Kalb, ein Schwein, fünf Schafe und zehn Hühner zu halten. Es gab ein Sprichwort: ‚Ein Bauer ist ein guter Arbeiter, solange er hungrig ist.'

Die sowjetische Macht war immer darum bemüht, die Entwicklung der privaten Hauswirtschaften zu bremsen. Sie war bestrebt, die gemeinsame Kolchoswirtschaft zu fördern, um damit dem absoluten Kommunismus näher zu kommen. Wie sehr die Entwicklung der Privatwirtschaft auch gebremst wurde, fuhr man doch damit fort, viel Gemüse, Kartoffeln, Fleisch, Milch, Honig und vieles mehr in diesen kleinen privaten Wirtschaften zu produzieren.

Während eine Sau unter Kolchosbedingungen im Durchschnitt je Wurf sechs Ferkel bekam, gab es im privaten Stall doppelt so viele. Während in der Kolchose trotz aller Bemühungen jedes vierte Kalb verendete, war das im eigenen Stall der Bauern eher eine Seltenheit. Außerdem verbrauchte ein Bauer für die Aufzucht eines Schweines oder eines Mastbullen viel weniger Futter, als es in der Kolchose der Fall war. Auch eine Kuh gab in der Kolchose viel weniger Milch als die eines Bauern. All diese Beispiele zeigen, dass die Kolchosen nicht gewinnbringend waren. Das wollten die Kommunisten nicht zugeben und hielten stur am Kolchossystem fest.

Der eigene Garten konnte nur in der freien Zeit bewirtschaftet werden: an Feier- und Sonntagen, abends und in den Mittagspausen. Es gab viel Arbeit und keine Zeit zum Ausruhen.

Als nach Stalins Tod Chruschtschow an die Macht kam, beschloss er, mit dem Aufbau des Kommunismus nicht bis zu seinem Lebensende zu warten. Er beschloss, dem privaten Eigentum ein schnelles Ende zu bereiten. Es wurden Weideflächen in Ackerland umgewandelt und der Kuhhaltung damit die Grundlage entzogen.

Zu der Zeit beschloss die Regierung auch, die kleinen Kolchosen zusammenzuschließen und die Dörfer nach Städteart mit Hochhäusern auszubauen, so dass auch die privaten Hauswirtschaften verschwanden. Außerdem wurden viele zutiefst verschuldete Kolchosen in Sowchosen umgewandelt. Was daraus geworden ist, ist bekannt. Das Land stand vor einer neuen Hungersnot. In Verkaufsläden verschwanden Fleisch- und Fleischwaren, Butter, Käse und vieles andere. Den Kindern fehlte die frische Milch. Wie immer wurden die Kolchosbauern nicht gefragt, wie sie leben und arbeiten wollten. Die Kommunisten handelten unüberlegt spontan. Und wie schon 1930 beging die Sowjetregierung dieselben Fehler. Genau wie damals zerstörte sie zuerst alles, begann überall mit der Liquidation der privaten Wirtschaften, schaffte es aber nicht, Neues aufzubauen. Daran hat die Landwirtschaft im Endeffekt sehr gelitten.

Während die Pläne für grandiose neue Dörfer mit allen Bequemlichkeiten noch auf den Schreibtischen der Architekturbüros lagen, machten sich die örtlichen Parteibosse an die Beschlagnahme der kleinen Privatwirtschaften. Eine bevollmächtigte Kommission ging von Hof zu Hof mit dem Ziel, das Vieh der Kolchosbauern zu registrieren. Viele Bewohner hatten im Hof bereits zwei Schweine, kinderreiche Familien hatten statt einer zwei Kühe und ein paar Schafe mehr als vorgeschrieben. Dieses ‚überflüssige' Vieh musste schnellstens abgeschafft werden. Die Gartenfläche wurde verkleinert, falls jemand mehr als 0,25 ha bearbeitete. Dieses Land, das den Bauern weggenommen wurde, blieb brach liegen und wurde von niemandem genutzt. Es wurde von Unkraut überwuchert. Besonders die kinderreichen Familien litten sehr unter diesen Maßnahmen. Das Ergebnis war, dass auf den Basaren in den Städten wegen der erheblich verringerten Viehbestände alles teurer wurde. Auf dem Markt gab es weniger Milch, kein Fleisch, keine Butter und manch anderes mehr zu kaufen, weil die Bauern nichts mehr zu verkaufen hatten.

1964 wurde Chruschtschow abgesetzt. An seine Stelle kam ein neuer Erster Sekretär, der sich erneut bemühte, mit seinen eigenen Methoden den Kommunismus aufzubauen.

Mit der Zeit, aber nur sehr langsam, wandte man die strengen Gesetze nicht mehr so gründlich an. Die Bauern fingen wieder an, den Vieh- und Geflügelbestand zu vergrößern. Es gab jedoch ständig Probleme mit dem Futter für die Tiere.

Als die Leute merkten, dass sie beim Diebstahl ungeschoren blieben, fingen sie damit an, alles Mögliche aus der Kolchose mitzunehmen, was nicht niet- und nagelfest war und was sie selber nötig hatten. An erster Stelle war es das Futter für die Tiere. Die Leute wussten, dass sie gegen das Gesetz verstießen, dass es riskant und eine Sünde war. Aber was sollte man tun, wenn das ganze System einen dazu zwang? Es war allgemein bekannt, dass die Vorgesetzten für sich und die Obrigkeit im Kreis dreimal mehr nahmen als einfache Arbeiter. Außerdem gab es geschlossene Läden, in die ein einfacher Bürger gar keinen Zugang hatte. Was sollte man machen, wenn es nirgends ein paar Bretter, einen Sack Zement oder ein paar Schieferplatten zu kaufen gab, um zum Beispiel das Dach zu reparieren? All das war gestohlen worden.

Betrachtet man die Gründe für den Diebstahl näher, kommt man zum Schluss, dass der Staat davon profitierte, und zwar aus folgenden Grund: Die Dorfbewohner bemühten sich, bei sparsamem Futterverbrauch möglichst viele Nahrungsmittel zu erzeugen. Genau dafür ‚holten' sie das Nötige, um möglichst viel Vieh und Geflügel damit züchten zu können. Den Überfluss verkauften sie auf dem Basar. Es war allen klar, dass die private Hauswirtschaft nicht nur für die Kolchosbauern selbst von Nutzen war, sondern auch für die Stadtbewohner. Aber Privateigentum war für die kommunistisch-sowjetische Moral trotzdem immer ein Dorn im Auge.

Die Kommunisten wollten unter der mutigen Führung ihrer Partei den Kommunismus aufbauen. Nicht nur zur Zeit Chruschtschows, sondern auch in der Breschnew-Ära gab es ständig Kampagnen zur Liquidierung des Privateigentums. Aber wie sehr man sich auch bemühte, es gelang nie. Trotz allem wusste man, dass hungrige Menschen mit Protestkundgebungen auf die Straße gehen würden. Schule machte der Aufstand der Kohlengrubenarbeiter 1963 im Kohlenrevier Donezk."

Im Jahr 1960, als in den Kolchosen angefangen wurde, die Arbeit mit Geld zu entlohnen, bekamen die Bauern noch einen sehr mickrigen Lohn. Deshalb blieb die Haupteinnahmequelle immer noch der Verkauf eigener Produkte auf dem Basar. Zum Vergleich nennt *Jakob Bergen* folgendes Beispiel: Eine gute Hose kostete zu der Zeit etwa 20 Rubel. Er selber als Postbote verdiente im Monat nur 15 Rubel. Für die Rentner wurde eine Rente von 12 Rubel im Monat eingeführt. Von diesem Betrag konnte man eine Steppjacke oder ein Paar Arbeitsstiefel und zwei Kilogramm Zucker kaufen.

Ohne seine Hauswirtschaft konnte ein Kolchosbauer nicht überleben. 90 Prozent des Fleisches, das in der Stadt auf dem Basar verkauft wurde, stammte von den Bauern aus den Dörfern. Das gleiche galt für die Milchprodukte, das Gemüse, die Kartoffeln und die Früchte. Im Land herrschte ständiger Mangel an Lebensmitteln.

5. Meine Zugehörigkeit zur Landwirtschaft der Sowjetunion

Ich kann mich mit klarem Gewissen als Bauernsohn bezeichnen. Zwar bin ich in der Familie eines Buchhalters geboren worden, aber daran sind die Kommunisten schuld. Alle meine Vorfahren waren in mehreren Generationen echte Bauern. Ihr dramatisches Schicksal endete 1929 mit der Enteignung und der Zwangskollektivierung. Die Folge dieser Maßnahmen, die in der Sowjetunion *Große Stalinsche Bodenreform* genannt wurden, war eine schreckliche Hungersnot. Im großen russischen Reich, das sich nach 1917 Sowjetunion nannte, gab es immer wieder Hungerjahre. Durch die 75-jährige Geschichte der Sowjetunion zieht sich der Hunger wie ein roter Faden. Die kommunistische Regierung konnte mit vielen Anstrengungen und großem Aufwand erst ca. 10 Jahre nach dem Zweiten Weltkrieg durch strenge Rationierung der Lebensmittel die eigene Bevölkerung vom massenhaften Sterben durch Hunger bewahren.

1941 war ich fünf Jahre alt und wurde mit meiner Familie aus Georgien nach Kasachstan deportiert. Aufgewachsen bin ich in einem Sowchos „Wtoraja Pjatiletka", der Anfang der 30er Jahre in der kasachischen Steppe nordöstlich der Stadt Semipalatinsk errichtet worden war. Als Schüler der fünften Klasse musste ich mit elf Jahren, wie alle anderen auch, in den Sommerferien in der Landwirtschaft arbeiten. Auf den Feldern bekämpften wir Unkraut. Aus dem Stallmist formten wir für die Schule Briketts als Heizmaterial für den Winter, halfen bei der Heuernte und anderem. Zum Schwänzen gab es keine Zeit. Die Ferien dauerten drei Monate, vom 20. Mai bis zum 1. September. Kinderarbeit war damals nicht verboten. Sie war im Gegenteil für den Betrieb und die Familie unverzichtbar. Die Schüler sechster und siebter Klasse (es gab nur sieben Klassen) waren besonders gefragt bei der Heuernte, bei der Getreideernte und beim Pflügen der Felder mit Traktoren. Mit 14-15 Jahren mussten alle, ob Mädchen oder Jungen, ohne Berufsausbildung an dem Arbeitsprozess teilnehmen. Die Armut in den Kriegs- und Nachkriegsjahren zwang die Jugendlichen dazu, diesen Weg zu gehen. Zum Weiterlernen gab es weder Zeit noch Möglichkeit. Sehr wenige haben es geschafft, einen Beruf zu erlernen. Zu diesen habe ich gehört, weil ich und meine Mutter den starken Willen dazu hatten und sie mich beim Lernen und Studieren tatkräftig unterstützte.

Aber ich komme wieder zurück auf meine persönliche Teilnahme am Arbeitsprozess in den Schuljahren im Sowchos „Wtoraja Pjatiletka".

Der Winter dauerte sechs Monate. Nachdem der Schnee weggetaut war, gab es viel Arbeit. Es mussten die Felder bestellt, die Gärten bearbeitet und bepflanzt, der Stallmist in Brennstoff verwandelt und schon wieder für den nächsten Winter vorgesorgt werden. Bald danach kamen Heu- und Getreideernte.

Nach drei bis vier Jahren Ackerbau ließ man die Felder als Brache ruhen. In dieser Zeit wuchs auf ihnen Unkraut, überwiegend wilder Hafer. Diese Flächen wurden den Arbeitern zur Heugewinnung für die privaten Rinder, Schafe und Ziegen zugeteilt. Das Gras wurde mit Handsensen gemäht, in der Sonne getrocknet und als Heu nach Hause gebracht. Für den Transport diente ein Ochsengespann. Ochsen (kastrierte Bullen) sind in der Arbeit sehr zuverlässige Zugtiere. Nur wenn es heiß wird und Bremsen* aus der Haut der Tiere ausschlüpfen und versuchen, erneut Eier abzulegen, wird es gefährlich. Mit gehobenen Schwänzen rennen die Tiere in unbekannte Richtung und sind nicht aufzuhalten. So etwas passierte auch mit Kühen und Kälbern, wenn sie nur das Summen der Bremsen hörten. Sie suchten einen Unterschlupf in den Ställen oder rannten in die Woh-

Kinderarbeit in Russland. Schüler bei der Heuernte.

nung, wenn die Tür offen stand. Die Bremsen schlüpften aus den Häuten der Tiere Ende Mai und im Juni.

(*Bremse = ein Insekt, das in voll entwickelter Form einer großen Biene oder Wespe ähnelt. Voll entwickelte Bremsen leben nicht lange. Ihre Aufgabe ist, auf dem Fell der Rinder Eier abzulegen. Die Larven bohren sich in die Haut der Tiere ein und wandern in deren Körper. Dabei entwickeln sie sich zu geschlechtsreifen Insekten. Nach einem Jahr schlüpfen sie im Sommer, und so schließt sich der Lebenskreislauf.)

Mit Ochsen hatte ich in meinen jungen Jahren viel zu tun. Die Ochsen musste ich am Strick führen von einer Kopize (kleiner Heuhaufen) zur anderen, bis Mutter das Heu in die Fuhre geladen hatte. Wenn die Fuhre voll war, stieg ich hoch und presste das Heu zusammen und befestigte es mit einem Bastryk (eine Stange so lang wie die Fuhre). Während der Fahrt saß ich auf der Fuhre und schrie laut „*zobzobe*". Diesen Ruf verstanden die Ochsen und zogen die Fuhre Richtung Siedlung. Beim Lenken rief man entweder „*zob*", dann drehten sie nach rechts, oder „*zobe*", dann ging es nach links. Diese Kommandos übte man mit jungen Ochsen, sobald sie in das Joch eingespannt wurden.

Nach der 5. und 6. Klasse arbeitete ich in den Ferien im Betrieb bei der Heuernte mit. Mit einer „Wolokuscha" (eine Schleppe aus acht Balken), in die zwei Ochsen eingespannt wurden, sammelte ich das Heu auf dem Feld und zog es zur Sammelstelle, wo ein großer Heuschober (Skirda) gesetzt wurde. Am Abend ritten wir auf den Ochsen zur Brigade zurück. Oft waren das vier bis fünf Kilometer. So ein Einsatz bei der Heuernte dauerte 40 bis 50 Tage im Juni und Juli. Das war schon ein Zuverdienst für die Familie. Damit wurden auch neue Schuhe und Kleider für das nächste Schuljahr gekauft.

Die Arbeit bei der Heuernte war zwar eine bezahlbare Arbeit mit einem niedrigen Verdienst, aber jeder Schüler nach der 5. Klasse war verpflichtet, zwei Wochen lang in den Sommerferien unmittelbar für die Schule selbst umsonst zu arbeiten. Das Wichtigste dabei war, Brennstoff für den Winter zu besorgen. In der Nähe gab es keinen Wald, also blieb nur eins – aus Stallmist Briketts zu machen und sie in der Sonne zu trocknen. Oft wurde der Stallmist in einem anderen Betrieb weit weg von der Schule gekauft. Ich kann mich an einen Einsatz im Dorf *Kalinowka* erinnern, 15 km von Pjatiletka entfernt am *Fluss Uba*. Es war nach der 6. Klasse im Sommer 1948. Am Tag haben wir den mit Pferden durchgetretenen Mist brikettiert und uns am Abend im Fluss gebadet. Geschlafen haben wir im Kuhstall. Die Kühe übernachteten im Freien und wurden dort auch manuell gemolken. Unser Pferdetreiber und Organisator war der Schuldirektor selbst *Kalantschin, Michail Pawlowitsch*. Mit uns arbeiteten auch drei Lehrerinnen. Zwei von ihnen waren unsere Mathematiklehrerinnen *Schubert, Antonina Bogdanowna, und Lange, Hilda Iwanowna* (Ehefrau meines Onkels Dietmar Lange, der zu dieser Zeit noch im Gefängnis saß). Sie sorgten für die Verpflegung. Auch bei der Brikettierung waren sie dabei. In zwei Wochen haben wir einen riesengroßen Haufen Stallmist verarbeitet. Die Schule war mit Brennmaterial für den Winter versorgt. Solche Einsätze gab es jedes Jahr. Ich war aber nur einmal dabei. Nach der 7. Klasse übernahm ich eine etwas verantwortungsvollere Arbeit.

Zu Ferienbeginn Ende Mai 1949 entwickelte ich zusammen mit Mutter und Tante Beate eine Idee, um Geld zu verdienen. Kälberhirt wollte ich werden. Jede Familie im Sowchos hatte eine Kuh, also gab es auch Kälber. Die meisten von ihnen wurden im Februar, März oder April geboren. Zu Beginn der Ferien waren die meisten schon drei Monate alt. Alle hatten die Sorge: wohin mit dem Kalb? Die Idee wurde von den meisten Besitzern begrüßt, auch mein Honorar war abgesprochen; aber die Umsetzung in die Praxis war nicht einfach. Die Kälber wollten nicht in der Herde bleiben, sie rannten

Kinderarbeit in Russland. Schüler der fünften und sechsten Klassen besorgen Brennstoff für die eigene Schule.

zurück nach Hause, und ich konnte sie nicht zusammenhalten. Ganz anders ist es in einem Großbetrieb, wo sich die Kälber von Geburt an an eine Gruppe gewöhnen, so dass man sie als kleine Herde auch auf die Weide treiben kann. Die Idee war gescheitert, ich gab auf.

Im Sowchos gab es einen ziemlich großen Pferdebestand. Allein in der Zentrale waren es mehr als 100 Stuten mit Fohlen, Wallache für die Arbeit und auch Hengste. Jede Brigade, es waren drei an der Zahl, hatte einen eigenen Pferdebestand. Ein leidenschaftlicher Pferdeliebhaber war *Kalantschin, Pawel Michailowitsch*, Vater des schon erwähnten Schuldirektors. Er leitete den Pferdestall und sorgte auch für die Reproduktion. Dazu gab es in der Zentrale fünf Hengste einer Rasse, die sich als Reitpferd ebenso wie auch als Zugpferd eignete. Schön sahen die Hengste aus, ich bewunderte sie oft. Der oberste Stallknecht war ein Tschetschene, *Malzagow Ramasan*, mit dem ich mich anfreundete, und dessen Vertrauen ich gewann. Eines Tages, als ich die Kälber nicht mehr am Hals hatte, bot er mir an, Pferdehirt zu werden. Ich nahm das Angebot mit Freude an. Als Kalantschin zustimmte, konnte ich mit der Arbeit beginnen. Jeden Tag bildete sich eine Herde von 25 bis 30 Tieren. Es waren überwiegend Stuten mit Fohlen und von der Arbeit wegen Krankheit oder Verletzungen befreite Wallache und Stuten ohne Fohlen. Zum Reiten bekam ich einen fünfjährigen Wallach, der durch schwere Arbeit im Wald irgendwo im Norden so heruntergewirtschaftet worden war, dass er kaum noch laufen konnte. Er hatte nur noch Haut und Knochen und dazu noch kranke Beine. Es war ein gutmütiges Tier, und zwischen ihm und mir entwickelten sich bald Freundschaftsbeziehungen. Zum Reiten bekam ich keinen Sattel. Ich musste frühmorgens die kleine Herde auf die Weide treiben und sie dort bis Mittag betreuen. Dann wurde sie zur Tränke gebracht, und bis 15 Uhr brachten die Pferde die Zeit in einer Koppel zu. Von 15 bis 20 Uhr musste ich sie wieder auf der Weide in der Steppe betreuen. So war ich jeden Tag, auch am Wochenende, bis zum 25. August 1949, Pferdehirt. Mein Wallach hat sich gut erholt. Er wurde nach mir auf den Namen *Walter* getauft. Der Abschied von ihm fiel mir ziemlich schwer. Wie ich erfuhr, kam er später wieder in den Wald.

5.1. Studium in Semipalatinsk

Ich absolvierte im *Juli 1952* die 10. Klasse mit relativ guten Noten. Besonders gut war ich in Mathematik und Physik. Als ich mein Reifezeugnis in der Hand hatte, stand ich vor der Frage: wo werde ich studieren?

Ich hatte den Wunsch, einen Ingenieurberuf zu erlernen, und bewarb mich in der Hochschule für Eisenbahningenieure, die es in der sibirischen Stadt Tomsk gab. Dorthin schickte ich auch meine Dokumente. Auf eine Antwort wartete ich mehr als einen Monat. Anfang *August 1952* wurde ich zum Kommandanten eingeladen. Meine Dokumente lagen auf seinem Tisch. Er schaute mich von Kopf bis Fuß an und sagte nach einer kurzen Pause offen und ehrlich:

„Die Reise nach Tomsk ist für einen Deutschen nicht möglich. Außerdem ist ein Studium dort an der Hochschule für Eisenbahningenieure für einen Deutschen ebenfalls nicht möglich. Wählen Sie sich etwas Einfacheres aus, junger Mann!"

Ich fragte ihn, ob ich mich überhaupt für ein Studium an einer Hochschule bewerben könne. Auf diese Frage konnte er nicht sofort antworten und bat mich, nach ein paar Tagen nochmals bei ihm anzufragen. Als ich wieder zu ihm kam, sagte er: „Für Sie, Herr Lange, kommt nur unsere Gebietsstadt Semipalatinsk in Frage. Wenn Sie in Semipalatinsk studieren möchten, dann stellen Sie sofort einen Antrag. Geben Sie im Antrag das Ziel und die Zeit der Abreise an. In Semipalatinsk müssen Sie sich sofort bei der Miliz melden. Dort werden Sie dann dem zuständigen Kommandanten zugeordnet."

Um die Dokumente per Post abzuschicken, war es schon zu spät, denn die Aufnahmeprüfungen hatten begonnen. Deshalb stellte ich beim Kommandanten noch am selben Tag einen Antrag auf Ausreise. Von ihm bekam ich dann eine Bescheinigung, die mir als Personalausweis und als Genehmigung für eine Reise in die Gebietshauptstadt diente. Die Genehmigung war auf einen Monat begrenzt und musste notfalls bei der Komendatura in Semipalatinsk verlängert werden.

Am anderen Tag fuhr ich per Anhalter nach Semipalatinsk. In dieser Stadt gab es zwei Hochschulen, eine Pädagogische und die Zoologisch-Veterinärmedizinische. Es war warm, und ich konnte auf einer Bank im Park übernachten. Am nächsten Tag ging ich zum Pädagogischen Institut in der Hoffnung, dass ich dort wegen meiner guten Noten in Mathematik und Physik nach abgelegten Prüfungen aufgenommen würde. Aber ich hatte mich getäuscht. Nach zwei Tagen bekam ich meine Dokumente mit den Worten zurück: „Die Aufnahmekapazität ist bereits erschöpft".

Ob der „rote Stift" an dieser Rückgabeaktion beteiligt war, ist mir nicht bekannt. Aber ich vermute, dass es so war. Jedenfalls bedeutete es einen Verstoß gegen die Aufnahmeregeln an Hochschulen und Universitäten der Sowjetunion. Jeder, der die 10. Klasse einer Mittelschule absolviert und ein Reifezeugnis erhalten hatte, erhielt damit automatisch das Recht, an Aufnahmeprüfungen teilzunehmen. Ob er oder sie von der Hochschule aufgenommen wurde oder nicht, entschieden zwei Faktoren: die Prüfungsnoten und die Zahl der Studienplätze. Die Abiturienten waren einem richtigen Wettbewerb ausgesetzt. Eine Rückgabe von Dokumenten vor den Aufnahmeprüfungen galt als Verstoß gegen die gesetzliche Praxis. Das läßt darauf schließen, dass der „rote Stift" doch die wahre Ursache war.

Es blieb mir nichts anderes übrig, als mich an die Zoologisch-Veterinärmedizinische Hochschule zu wenden. Ich dachte bei mir, dass Veterinärmediziner kein schlechter Beruf sei. Aber auch in dieser Beziehung habe ich mich getäuscht.

Vor dem Zimmer mit dem Schild „Veterinärmedizinische Fakultät" stand eine Schlange von jungen Leuten, die alle die Absicht hatten, ihre Bewerbungen für ein Studium an dieser Fakultät einzureichen. Ich stellte mich an. Bald kamen neue Abiturienten hinzu, die dieselbe Absicht hatten wie ich. Unter den Wartenden gab es einen inoffiziellen Informationsaustausch, der sicher etwas Wahres beinhaltete. So wurde erzählt, dass für das Studium als Veterinärmediziner schon mehr als 200 Anträge abgegeben worden seien; es gebe aber nur 150 Studienplätze. Also gibt es Konkurrenz. Doch umgekehrt fehlten, behauptete ein „allwissender" Kasache, an der Zootechnischen Fakultät, wo es 150 Studienplätze gäbe, noch Bewerber. Das würde bedeuten, dass dort jeder einen Studienplatz erhielte, der gute Noten bei den Aufnahmeprüfungen hatte.

Jetzt war ich dran. Ich klopfte an die Türe und hörte von innen: „Wchodite!" Ich trat ein und sagte laut: „Sdrawstwuite!" Am großen Schreibtisch saß eine ältere Kasachin mit einer schweren Brille auf der Nase. „Treten Sie näher, junger Mann, und geben Sie mir Ihre Bewerbung", sagte sie in gutem Russisch. Ich legte meine Mappe auf den Tisch und wartete stehend. Sie las meinen Antrag und studierte das Reifezeugnis. Dann betrachtete sie mich von oben bis unten und sagte: „Setzen Sie sich, Herr Lange, es dauert eine Weile."

Sie nahm meine Papiere und verschwand hinter der mit Leder gepolsterten Nebentür. Dort saß ihr Chef – ein molliger Kasache, den ich durch die kurz geöffnete Tür zu sehen bekam. Es dauerte ca. drei bis vier Minuten, dann kam die Frau wieder zurück, setzte sich auf ihren Platz und schwieg einen Moment. Dann sagte sie:

„Es tut mir sehr leid, Herr Lange, Ihre Bewerbung muss ich leider ablehnen. Die Zahl der Bewerber ist schon auf weit über 200 gestiegen. Es ist mir verboten, neue Anträge anzunehmen." Dabei reichte sie mir meine Unterlagen zurück. Ich verließ das Zimmer mit einem gesenkten Haupt ohne „doswidanija" zu sagen. Dieses Mal war es nicht der „rote Stift", sondern der KGB-Beauftragte persönlich, der die Entscheidung an Ort und Stelle getroffen hatte.

Ich stellte mich gestresst im Korridor ans Fenster und konnte vor Aufregung lange nicht begreifen, was passiert war. Als ich wieder zu mir kam, beobachtete ich die jungen Männer, die hinter mir in der Warteschlange standen. Es waren insgesamt noch drei. Einer nach dem anderem kam mit einem Lächeln im Gesicht und mit einem gelben Zettel in der Hand aus dem Zimmer, was bedeutete, dass sie alle zu den Aufnahmeprüfungen zugelassen worden waren.

Was tun? Ich überlegte mir alles noch einmal. Zurück in den Landwirtschaftsbetrieb, wo ich schon als Pferdehirt den zweiten Sommer gearbeitet hatte, um dort eine unqualifizierte Arbeit zu übernehmen? Nein, das war für mich keine akzeptable Lösung. Es gab in Semipalatinsk auch ein Dutzend Fachschulen. Aber diesen Weg zu gehen, war ich auch innerlich nicht bereit. Dazu brauchte ich nicht zehn Jahre in die Schule zu gehen. Es genügten auch sieben oder höchstens acht Schuljahre. Meine weitere Ausbildung sollte in einer Hochschule erfolgen und nicht darunter liegen. Was tun? Ich stand 10 oder 15 Minuten lang am Fenster und beschloss dann, einen letzten Versuch zu starten.

Jetzt stand ich vor der Tür, an der „Zootechnische Fakultät" stand. Da gab es keine wartenden Abiturienten. Ich klopfte an und öffnete die Tür, ohne den Ruf „Wchodite" abzuwarten. In einem relativ kleinen Zimmer an einem alten, kleinen Schreibtisch saß eine junge hübsche Kasachin. Sie begrüßte mich freundlich und fragte: „Wollen Sie bei uns studieren?" Ich antwortete mit „Ja". „Dann geben Sie mir ihre Bewerbung". Sie las sie aufmerksam durch und fragte mich weiter: „Ja, in Ihrer Bewerbung heißt es, Sie hätten den Wunsch, Veterinärmedizin zu studieren." „Na ja, ich hatte es vor", antwortete ich, „aber meine Bewerbung wurde mir mit der Begründung zurückgegeben, es gäbe schon mehr als 200 Bewerber, denen nur 150 Studienplätze gegenüberstünden". „Wenn das so ist, dann schreiben Sie doch eine neue Bewerbung für ein Studium bei uns und kommen dann nochmals zu mir."

Sie gab mir ein neues unbeschriebenes Blatt Papier und sagte dabei: „Im Sportsaal, wo Sie künftig schlafen werden, gibt es Tische mit Tinte und Federhalter. Dort können Sie Ihre Bewerbung neu schreiben." Freudig verließ ich das Zimmer. Als ich wieder zurückkam, war der gelbe Zettel schon fertig. Sie überreichte ihn mir und sagte zum Abschied: „Ich wünsche Ihnen viel Glück, junger Mann!" Ich dankte mehrmals und sagte laut „Doswidanija".

Mir war bewusst, für welchen Beruf ich mich nun entschieden hatte. Meine Eltern würden aber bestimmt nicht begeistert sein. Unter schwierigen, oft katastrophalen Bedingungen in der kasachischen Landwirtschaft so einen Beruf auszuüben, war keine einfache Aufgabe. Nicht umsonst gab es vor der Tür mit der Überschrift „Zootechnische Fakultät" keine Warteschlangen. Trotzdem habe ich mich gefreut.

Ich kehrte in den Sportsaal zurück und bekam vom Aufseher ein eisernes Bett ohne Bettsachen zugewiesen. Was braucht ein junger Mensch mehr als einen geschützten Raum und ein Dach über dem Kopf? Zum Essen hatte ich in meinem Rucksack noch einen Vorrat, der eine Woche ausreichen sollte. Etwas Geld hatte ich auch noch. Ich besorgte mir in der Bibliothek die notwendigen Bücher und machte mich ans Wiederholen dessen, was ich in der Schule schon einmal gelernt hatte.

Die Aufnahmeprüfungen legte ich mit „gut" und „sehr gut" ab. Bis zum ersten September, dem offiziellen Beginn des ersten Semesters, blieb nur noch eine Woche. Ich wollte abwarten, bis die Listen der immatrikulierten Studenten ausgehängt würden. Am Montag war es dann soweit. Aber auf der Liste fand ich meinen Namen nicht. Ich konnte es nicht glauben. Solche guten Noten hatten nur sehr wenige. Ich eilte zu der jungen hübschen Kasachin und fragte, was denn los sei. Sie gab meine Dokumente zurück und sagte nur: „Die Aufnahmekommission hat es so entschieden, ich kann nichts dafür. Wenn Sie mit der Entscheidung nicht einverstanden sind, gehen Sie zum Rektor der Hochschule. Vielleicht kann der Ihnen helfen."

Mit Tränen in den Augen ging ich sofort in das Wartezimmer des Rektors und meldete mich für einen Besuch bei ihm an. Die Sekretärin gab mir ein Blatt Papier und sagte, ich solle meine Beschwerde schriftlich vorlegen. Ich tat es auch und wurde am nächsten Tag vom Rektor *Taschmuchambetow* empfangen. Er hörte mir aufmerksam zu und sagte nur, dass er als Rektor keinen Einfluss auf die Entscheidung der Aufnahmekommission habe und die Entscheidung nicht ändern könne. Aber er könne mir einen Vorschlag machen. Ob ich den Vorschlag annähme oder nicht, müsse ich selber entscheiden. Nach seinen Befugnissen sei Folgendes möglich: er erteilt mir die Genehmigung, die Vorlesungen von Professoren und die Seminarstunden zu besuchen, ohne dass ich einen Studentenausweis und ein Stipendium bekomme. Er sei sicher, dass mit der Zeit etliche Studienplätze frei würden. Wenn das passiere, bekäme ich so einen Platz zugewiesen, vorausgesetzt, dass es bei mir keine Ausfälle beim Unterrichtsbesuch gäbe und ich im Lernen fleißig sei.

So ist es dann auch geschehen. Nach einem halben Jahr wurde ich zu einem ordentlichen Studenten gekürt und bekam auf Grund meiner guten Studienerfolge ein erhöhtes Stipendium, so dass ich ohne finanzielle Hilfe von zuhause auskommen konnte. Außerdem war ich im Sport erfolgreich. Im Radsport wurde ich Champion der Republik Kasachstan und verteidigte die Ehre der Republik Kasachstan in den Wettkämpfen der gesamten Sowjetunion.

Nach fünf Jahren Studium und sehr guten Noten bei den Staatsexamen bekam ich ein Diplom mit Auszeichnung. Im Alter von 33 Jahren promovierte ich in Moskau bei der Veterinärmedizinischen Akademie, und es wurde mir der Titel eines „Doktor der Agrarwissenschaften" zuerkannt. Mehr als 35 Jahre beschäftigte ich mich mit züchterischen Arbeiten an Milchkuhrassen. Überwiegend war es das Rote Deutsche Milchrind.

Ich bereue nichts. Es ist ein schöner Beruf. In der Zucht hat man in den letzten Jahrzehnten große Fortschritte gemacht. Nur einige Stichworte: Künstliche Besamung, Nachkommenprüfung der Zuchtbullen, Methoden zur Erzeugung hoher Milchleistung bei Kühen.

Ich konnte als Deutscher in den Nachkriegsjahren eine Hochschule absolvieren, weil mich meine Eltern moralisch und finanziell tatkräftig unterstützt haben und ich den starken Willen hatte, voranzukommen. Die Zwangsansiedlung der Deutschen in Sibirien und Kasachstan „auf ewige Zeiten", die Diskriminierung und Erniedrigung wie auch die Armut standen den meisten jungen Deutschen in einer Ausbildung im Wege.

Im *März 1957* legte ich mein Staatsexamen ab. In allen Fächern bekam ich die höchste Note „FÜNF" und als Ergebnis ein Diplom mit Auszeichnung. Aber ehe ich zu meinem Berufsleben übergehe, möchte ich von einem kuriosen Fall erzählen.

Schon zwei Jahre zuvor hatten wir einen neuen Rektor bekommen. Es war *Professor Sadykow*. Er leitete gleichzeitig den Lehrstuhl Rinderzucht. Seine Vorlesungen waren ziemlich langweilig, und ich war nicht immer aufmerksam genug. Es wurden einzelne Rinderrassen charakterisiert: Herkunft, Produktivität, Züchtungsareal usw. Dementsprechend waren die Fragen auf dem Zettel, den man bei der Prüfung ziehen musste. Auf meinem Zettel stand als dritte Frage kurz und bündig „Suksunskii Skot". Als ich diese Frage las, machte ich große Augen. Von dieser Rasse wusste ich nichts; sie war mir vollkommen unbekannt. Was tun? Auf einen Zettel schrieb ich „Suksunskii Skot" und schob ihn meiner Nachbarin zu. Als Antwort bekam ich: „Raswoditsja w Karpatach" („Wird in den Karpaten gezüchtet"). Das reichte mir schon. Karpaten – bergiges Gelände, saftige Alpenwiesen usw. Das konnte nur eine Kreuzung des aborigenen Rindes mit dem Schweizer Braunvieh sein.

Die ersten zwei Fragen beantwortete ich mit Bravour, ebenso die dritte, obwohl das reine Fantasie war. Mein Professor nickte mit dem Kopf, und ich bekam wieder eine „FÜNF". Um sicher zu sein, ging ich sofort in die Bibliothek und verlangte das dicke Buch „Rinderzucht". Und was las ich dort? „‚Suksunskii Skot' ist eine selten vorkommende Rasse, die in wenigen Rayons an der mittleren Wolga gezüchtet wird. Noch im 19. Jahrhundert hat der reiche *Pomestschik Wereskow* als Hobbyzüchter mehrere Rassen aus Europa importiert und sie miteinander gekreuzt. So entstand eine eigenartige Mischung, die keine große wirtschaftliche Bedeutung hatte." Jetzt war ich schlau geworden und wusste, dass auch mein Professor, genauso wie ich, die Vielzahl der Rinderrassen in der großen Sowjetunion nicht kennt.

Der „Betrug" lohnte sich. Wirklich ein kurioser Fall. An ihn erinnere ich mich oft.

Am *30. März 1957* bekam ich mein Diplom und gleichzeitig eine Delegierung an den mir zugewiesenen Arbeitsplatz. Das bedeutete, dass damit mein Berufsleben begonnen hatte. Ich war erst 21 Jahre alt.

Ich wurde nach Taldy-Kurgan delegiert. Es gab eine Auswahl, und ich entschied mich für diese Oblast aus zweierlei Gründen: *Erstens* liegt Taldy-Kurgan im Südosten von Kasachstan, also verglichen mit Semipalatinsk in der wärmeren Gegend mit fruchtbaren Böden und viel Wasser, das von den Bergen herunter kommt. Und *zweitens* wohnten in der Stadt Tekeli, die auch zur Taldy-Kurganskaja Oblast gehört, *Günter Lange* mit Familie und seine *Schwester Margot*, also Cousin und Cousine meines Vaters *Rolf Lange*.

Meine Eltern sind im dritten Jahr meines Studiums nach Turinsk (Swerdlowskaja Oblast, jetzt Ekaterinburgskaja) gekommen, wo Mutters Bruder Dietmar Lange mit Familie nach der Entlassung aus dem Gefängnis wohnte. In dieser Zeit wurde auch meine Großmutter *Elisabeth Lange* von ihrer Tochter *Beate Doktorski* zu sich geholt, so dass meine Eltern nicht länger in Pjatiletka bleiben wollten. Ich war jedoch an Kasachstan gebunden, weil man mich in einer anderen Republik nicht zur Arbeit zugelassen hätte. Es war Pflicht, mindestens zwei Jahre dort zu arbeiten, wohin man delegiert wurde. Diese Maßnahme wurde mit Geld unterstützt. Man bekam eine relativ kleine Summe als Startkapital. Ich glaube, es waren drei Monatsstipendien, also um die 750 Rubel. Man hatte das Recht, nach Beendigung des Studiums zwei Monate Urlaub zu machen. Erst am *1. September* musste man mit der Arbeit auf der zugewiesenen Stelle beginnen.

Dietmar Lange mit Familie zog es in den Kaukasus, wo er als Spezialist für Weinbau wieder arbeiten konnte. Deshalb wollten meine Eltern auch nicht mehr im Norden hinter dem Ural bleiben. Ihr Wunsch war, dass ich mit ihnen unter einem Dach wohnte. Also wurde wieder alles verkauft und in Tekeli im unteren Teil der Stadt (Stanzija) bei einem Tschetschenen ein kleines Haus gekauft. Dort wohnten wir zusammen. Mittlerweile hatte ich schon im *Mai 1957* mit der Arbeit begonnen und lebte anfangs bei Günter Lange.

Als ich nach *Taldy-Kurgan* kam, meldete ich mich zuerst bei der Landwirtschaftsverwaltung und wurde in die Kolchose „*Komintern*" im Dorf *Karatalsk* geschickt. Karatalsk und die Stadt Tekeli sind nur durch den relativ kleinen Bergfluss *Karatal* (Schwarzes Wasser) getrennt, der bei Hochwasser im Frühling sehr gefährlich werden konnte. Im *März 1959* gab es eine gewaltige Überschwemmung mit vielen Menschenopfern.

Die Kolchose ‚Komintern' war sehr armselig, mit vielen Schulden und sehr niedrigen Erträgen. Die Dorfbewohner waren überwiegend Kasachen und Russen. Es gab auch ein Dutzend deutsche Familien, die aus dem Kaukasus stammten. Ich wurde als verantwortlicher Zootechniker für die Viehwirtschaft eingesetzt. Gezüchtet wurden Rinder und Schafe. Es gab auch Schweine und Hühner, die aber keine große Bedeutung hatten.

In dieser Kolchose arbeitete ich zwei Jahre, zu denen ich verpflichtet war, ehe ich kündigen konnte. Es war für mich eine anstrengende Zeit. Erstens fehlte mir die Erfahrung im Umgang mit dem Vorsitzenden, mit dem Parteisekretär und den Mitgliedern des Vorstandes. Zweitens hatte ich mit vielen Problemen zu kämpfen: Futtermangel, fehlende Tierpfleger, Schafhirten, Melker und Melkerinnen, Betrug bei den Abrechnungen, Alkoholmissbrauch während der Arbeit, Schlamperei, Diebstahl.

Das *Dorf Karatalsk* und die *Stadt Tekeli* liegen am Rande des Dshungargebirges. Das ist eine Bergkette mit bis zu 2000 Meter hohen Berggipfeln, die sich vom Süden in den Norden zieht und im Süden in das Tien-Schangebirge mit dem höchsten Gipfel von 7439 Metern (Pik Pobedy) übergeht. Dort verläuft auch die Grenze zwischen Kasachstan und China.

Im Flachland um das Dorf Karatalsk herum gab es wenig Weideland, fast nur Felder. Es wurden Zuckerrüben, Getreide, Mais, Luzerne, Äpfel, Gemüse und anderes angebaut. Die Felder konnten auch bewässert werden. Die Schafe, Jungrinder und auch Kühe wurden im Sommer in die Berge getrieben, wo es ausreichend Weideland gab. Problematisch war es mit den Kühen. Sie mussten täglich mindestens zweimal gemolken werden. Von Melkmaschinen hat man damals nicht einmal im Traum Vorstellungen gehabt; alles war nur Handarbeit. Schlechte Wege erlaubten es nicht, die Milch täglich in die Molkerei zu bringen. So wurde ein Separator installiert und einmal in der Woche Schmand ins Tal gebracht und zu Butter verarbeitet. Magermilch wurde teilweise den Kälbern verfüttert. Aus dem Rest machte man Quark, der getrocknet und zu Kasein* verarbeitet wurde.

(*Kasein = wichtiger Rohstoff als Bindemittel für die Herstellung von Farben und Bindemitteln in der chemischen Industrie.)

Die Melkerinnen und Hirten wohnten mit ihren Familien in Jurten – Zelten aus Schafwolle. Oft hat es geregnet, wie es in den Bergen so üblich ist. Unter solchen Umständen wurde Milch produziert und der Staatsplan erfüllt, der ständig unter Kontrolle der Parteiführung stand. Auf den Vorsitzenden, auf seine Spezialisten, wie auch bis nach unten auf die Arbeiter, wurde Druck ausgeübt. Unter diesem Druck stand ich als Zootechniker auch. Im zweiten Jahr meiner Arbeit war der Vorsitzende der Kolchose Parteigenosse *Sopikow, Sergej Sergeewitsch*, der kurz vor meiner Kündigung seinen Platz räumen musste. Dann kam in den zwei Jahren meiner Arbeit in der Kolchose „Komintern" schon der dritte Vorsitzende. Jedes Jahr wurde von der Parteiführung ein „Neuer" delegiert und von den Mitgliedern der Kolchose „gewählt", weil der Vorgänger die Staatspläne nicht ausreichend erfüllt hatte. Man wählte immer einen aus, der von der Sache wenig verstand, aber laut fluchen konnte „matt peremat", loyal und gehorsam zu der Partei- und Kreisverwaltung war und auf seine Spezialisten, Brigadiere und Kolchosbauern starken Druck ausübte. Das alles hat nichts gebracht. Die Staatsauflagen wurden nie erfüllt, egal wer an der Spitze stand.

In diesem Zusammenhang rief mich eines Tages der Vorsitzende Sopikow, Sergej Sergeewitsch, zu sich in sein

Kabinett und sagte: „Genosse Lange, es sieht so aus, dass unser Milchplan wieder nicht erfüllt wird. Wir müssen etwas unternehmen, sonst kriegen wir im Rayon tüchtige Dresche." Ich konnte es nur bestätigen, dass der Plan „ins Wasser gerutscht" sei, und die Perspektive nicht rosig aussehe. Sopikow weiter: „Ich war gestern in Taldy-Kurgan und nahm an der Beratung beim *Ersten* (gemeint war der erste Parteisekretär) teil. Zu ihm waren nicht nur die Vorsitzenden der Kolchosen, sondern auch die Direktoren der Molkereien eingeladen worden. Ich nutzte die Möglichkeit und sprach mit zwei von ihnen. Sie versprachen, mir zu helfen, den Milchplan zu erfüllen. Das, was ich jetzt dir, *Walter Rolfowitsch*, sage, darfst du nicht weitertragen, sonst sehen wir ziemlich beschissen aus. Gehe zur Kasse. Dort bekommst du 5.000 Rubel in die Hand. Draußen wartet *Karibshanow* mit dem Auto auf dich. Zuerst fahrt ihr nach *Troizkoje*. Dort kaufst du eine Tonne Butter. Die Butter bringt ihr in unsere Molkerei nach *Tekeli*, wo wir Milch und Schmand von den Bergen abliefern. Die Quittung gibst du persönlich unserem Hauptbuchhalter *Sensebajew* ab. Das Geld bekommen wir über die Bank."

Gesagt, getan! An einem einzigen Tag wickelten wir das Geschäft mit Erfolg ab. Erreicht wurde ein kräftiger Schub bei der Erfüllung des Milchplanes. Der Haken daran war nur: die Butter war in hölzernen Kisten zu je 10 Kilo verpackt, so wie es damals üblich war, sie kiloweise in Geschäften zu verkaufen. So verpackt wurde sie auch abgeliefert. Aber die Molkerei in Tekeli sollte von der Kolchose nur Rohbutter, die in den Bergen erzeugt wurde, zum Kaufpreis von 2,5 Rubel je kg annehmen. Unser Verkaufspreis für die 1.000 kg war deshalb nur 2.500 statt der erwarteten 5.000 Rubel. Für 2.500 Rubel musste ich nun ein ganzes Jahr arbeiten! So hat man damals die Staatspläne erfüllt und dabei sogar Orden verdient.

Taldy-Kurganskaja Oblast war ein Gebiet, in dem viel Zuckerrüben angebaut wurde. Der Kampf um hohe

Erträge stand bei der Parteiführung an erster Stelle. Dabei glänzte der Vorsitzende der *Amangeldy-Kolchose,* ein Parteigenosse *Aldabergenow*, der an der Brust schon zwei goldene Sterne als Held der sozialistischen Arbeit trug.

Den Ruhm hatte er sich für die hohen Hektarerträge bei Zuckerrüben „verdient". Als 1960 in der Sowjetunion *Chruschtschow* an die Macht kam, leitete er eine Kampagne gegen Korruption und Betrug ein. Eine Kommission kam auch in die Amangeldy-Kolchose und stellte fest, dass Aldabergenow es fertig gebracht hatte, die tatsächliche Rübenanbaufläche auf 50 Prozent zu reduzieren. Also wurden bei 100 Hektar offiziell nur 50 abgerechnet. So hat man die Erträge hochgeschaukelt. Man erzählte, dass *Aldabergenow*, um nicht ins Gefängnis zu kommen, über die Grenze nach China geflüchtet sei.

Der Fall Aldabergenow war typisch für das Wirtschaften in der Landwirtschaft in der Sowjetunion. Man hat zwei Kühe gemolken und nur eine angegeben, man hat zwei Schafe geschoren und nur eins angezeigt usw. *Und wer geschickt lügen konnte, der war ein Held.* Die Obrigkeit wusste vieles, drückte aber die Augen zu. Bestochen wurde sie mit Geld, aber überwiegend mit Dienstleistungen und mit teuren Paketen mit Esswaren: Fleisch, Butter, Obst und Gemüse. Man schickte den persönlichen Kraftfahrer in die Kolchose und holte sich das Nötige umsonst oder es wurde den Parteibossen und der Obrigkeit direkt ins Haus geliefert.

So verging der erste Sommer meiner Arbeit in der Kolchose „Komintern". Es näherte sich Herbst und Winter. In den Bergen wurde es kalt, und der erste Schnee bedeckte die Gipfel. Schafe und Jungrinder wurden ca. 150 Kilometer entfernt in die Gegend um den *See Balchasch* getrieben, wo sie überwinterten. Kühe und Kälber kamen zurück ins Dorf. Der Umtrieb geschah in der Zeit um den großen sowjetischen Feiertag *7. November* (Tag der Großen Oktoberrevolution). Da wurde tüchtig gefeiert. Es floss viel Wodka. Die Schafe und die Jungrinder blieben über die Feiertage im Dorf und wurden in provisorischen Koppeln unter freiem Himmel untergebracht. Die Verantwortung für die Versorgung mit Wasser und Futter trugen die Brigadiere. Genau am 7. November hatte ich Dienst. Ich ritt auf dem Pferd und kontrollierte die Lage. Es war ein kalter, trüber Tag. Es hatte geschneit. Überall stieß ich auf Untätigkeit. Kein Mensch war zu sehen, kein Futter und auch kein Wasser. Die Tiere froren, und manche waren schon am Verrecken. Die Rinder machten ein Gebrüll. Nur die Schafe waren still, weil es Tiere mit viel Geduld und Ausdauer sind. Trotzdem kamen sie alle ans Tor und schauten mich mit hungrigen Augen an. Ein schreckliches Bild, das mich zutiefst aufregte. Ich versuchte, den Vorsitzenden *Sopikow* zu erreichen und mich bei ihm zu beschweren. Ich konnte feststellen, dass er, sein Hauptbuchhalter, sein Stellvertreter mit allen Brigadieren sich im Haus des Parteisekretärs *Dawletbajew* versammelt und dort ein Bairam (kasachisch – Feier) mit Beschparmak (kasachisches Nationalgericht) und viel Wodka organisiert hatten. Meine Wut war grenzenlos. Ich stieg vom Pferd und klopfte an die Türe. Einer der Diener öffnete. Ich trat in das verrauchte Zimmer und sah sie alle auf dem Fußboden sitzen und teilweise faul mit vollen Mägen glücklich und zufrieden auf den Kissen liegen. Auf einmal wurde es still, und alle schauten mich mit verzogenen Gesichtern an. Mit viel Wut, aber auch mit Tränen in den Augen rief ich laut ins Zimmer; mein Appell war an alle gerichtet: „Ihr sitzt hier, fresst, und sauft; was dort draußen passiert, macht euch keine Sorgen. Die Jungrinder und die Schafe harren dort ohne Futter und Wasser aus. Alles, was im Sommer an Fleisch und Fett angewachsen ist, geht jetzt verloren. Es gibt schon tote Tiere. Schande, ich schäme mich für euch, ihr seid Verbrecher!"

Ich war noch nicht fertig mit meinem Appell, da erhob sich der Parteisekretär *Dawletbajew* und kam mir entgegen: „Junger Mann, was erlauben Sie sich? So eine

Frechheit! Heute ist unser großer Feiertag! Sie sind noch zu jung, um uns zu belehren. Gehen Sie nach Hause! Sie sind von der Pflicht, uns zu kontrollieren, befreit. Die Probleme lösen wir auch ohne Sie!" Ich drehte mich um und verließ den Raum, brachte mein Pferd in den Stall, gab ihm Futter und ging zu Fuß nach Hause. Noch am selben Tag entschloss ich mich, nicht länger mehr hier zu bleiben. Aber es dauerte noch eine ganze Weile. Noch manches Wichtige geschah in meinem Leben.

Im selben Herbst reiste ich mit den Schafen und Jungrindern in die trockene Wüste um den See *Balchasch*. Dort war das Winterquartier für unsere Tierbestände. Die erste Reise mit den Mutterschafen fand schon im Oktober statt. Ich sollte die Besamungskampagne organisieren. Um die Technik zu beherrschen, bekam ich im August eine zweiwöchige Schulung in *Taldy-Kurgan*. Es mussten um die zehntausend Mutterschafe besamt werden. Die Merinoböcke australischer Herkunft, zehn Stück an der Zahl, bekamen wir von einem Spezialbetrieb ausgeliehen. Die Spermagewinnung fand unmittelbar zum Besamungszeitpunkt statt. Das Sperma wurde mit 1-prozentiger Kochsalzlösung verdünnt und gleich danach verwendet. Die Besamungskampagne sollte in einem Monat abgeschlossen sein, damit die Lämmer im März zur Welt kommen konnten.

Nach einem Monat, noch im Dezember, reiste ich wieder nach Balchasch und blieb dort mit Unterbrechungen den ganzen Winter über. Ich hatte Glück, dass der Winter nicht so streng war und die Schafe sich von den wenigen Pflanzen, die in der Wüste wuchsen, ernähren konnten. Das war aber nicht immer so. Eine dramatische Situation, die oft stattfindet, nennen die Kasachen „Dshut". Dshut ist eine Katastrophe. Es passiert in einem schneereichen Winter. Auch in der Wüste kann die Schneedecke 10 bis 15 cm dick werden. Wenn der Schnee locker ist, scharren die Schafe mit den Füßen den Schnee weg und finden die Pflanzen. Aber wenn es einen relativ warmen, sonnigen Tag gibt und die obere Schicht zu tauen beginnt und danach wieder Frost kommt, bildet sich eine harte Eisschicht. Diese Eisdecke können die Schafe nicht mehr durchstoßen, und an den Füßen bilden sich blutende Wunden. Die Schafe verhungern und sterben massenhaft. Meistens haben die Betriebe keinen Futtervorrat und können die Katastrophe nicht verhindern. Unter Dshut leiden auch die Pferde, die genauso wie die Schafe ihr Futter unter dem Schnee finden.

Schlimmer war es mit den Jungrindern, die ihr Futter nicht in der Wüste finden konnten und stationär gefüttert werden mussten. Das heuartige Futter (Schilf mit Sumpfgräsern), das im Sommer am Ufer des Flusses Karatal und des Sees Balchasch geerntet wurde, hatte schlechte Qualität und reichte auch nicht für den ganzen Winter. Besonders kritisch wurde es im Februar und im März 1958. Die Futtervorräte waren verbraucht, und man musste einen Ausweg finden. Für die Problemlösung wurde ich vom Vorstand an den Balchasch geschickt. Meine Brigade bestand aus einem Traktoristen mit einem Traktor „Belarus", der am Heck einen Häcksler und einen Anhänger hatte, und fünf Männern mit Sensen. Die Aufgabe war, auf dem Eis des Flusses und des Sees trockenes Schilf zu mähen, es zu häckseln und damit das Vieh zu füttern. Kraftfutter hatten wir keines. Man kann sich gut vorstellen, dass das durch Frost ausgedörrte trockene Schilf nicht viel helfen konnte, die abgemagerten Tiere zu retten. Besonders betraf das die tragenden Färsen, die abkalben mussten. Um die 100 Stück hatte ich zu betreuen. Sie blieben einfach liegen, hatten nicht die Kraft, das Kalb auszutreiben. Mit dem Veterinärarzt *Kirjuchin* kämpften wir um das Leben jedes Tieres, um eventuell noch das Kalb zu retten, aber vergeblich. Um die 20 Tiere wurden notgeschlachtet. Das wenige magere Fleisch, das an den Knochen noch dran war, wurde an die Familien der Tierpfleger und der Schafhirten verteilt. Auch heute noch sehe ich bei geschlossenen Augen die grausamen Bilder der hilflosen Tiere vor mir, die nicht die Kraft hatten, ihre Kälber zur Welt zu bringen, und geschlachtet werden mussten.

In der Region Balchasch musste ich mit kurzen Unterbrechungen fast den ganzen Winter, auch den März und April, verbringen. In diesen beiden Monaten kamen die Lämmer zur Welt. Die Mutterschafe mit Lämmern kamen näher auf Taldy-Kurgan zu, wo es bessere Weideflächen gab und auch Schafställe – ein Schutz vor Unwetter und Wölfen. Im Mai kehrten die Schaf-, Rinder- und Pferdeherden zurück nach Karatalsk. Das alles musste ich organisieren und kontrollieren.

Im Sommer 1959 waren meine zwei Pflichtjahre abgelaufen, und ich kündigte. Ich zog mit meiner jungen Familie an den Kaukasus. Dort fand ich Arbeit als Zuchtleiter in der Kolchose „Proletarischer Wille". Über diese außerordentliche Kolchose berichtete ich schon im Abschnitt „Warum die Kolchosen verlustbringend arbeiteten".

5.2. Meine Arbeit in der Kolchose „Proletarischer Wille"

Ich berichtete schon, dass es eine schwere, aber interessante Arbeit war. Die Kuhfarm der Brigade Nr. 4 bestand aus Hochleistungskühen. Sie gehörten zu einer Rasse, die vom „*Deutschen Milchrind*" abstammt, in der Sowjetzeit umbenannt wurde und jetzt in Russland „Krasnaja Stepnaja Poroda" („Rotes Steppenrind") heißt. Die Geschichte dieser Rasse ist eng verbunden mit der Übersiedlung der Mennoniten aus Deutschland in den Süden des russischen Reiches, jetzt Ukraine. Sie siedelten in der trockenen Gegend am Fluss Dnjepr und am Flüsschen Molotchnaja (Saporoshje, Taurien). Von dort stammen auch meine Vorfahren (Lesen sie bitte das von mir verfasste Buch „*Der steinige Weg*" mit dem Untertitel

„Die Geschichte einer Templergemeinde mennonitischer Herkunft in Russland").

Noch im 19. Jahrhundert war diese Gegend bekannt geworden durch die Zucht von Merinoschafen, besten Pferderassen und Rindern. Von dort stammen die weißen Edelschweine und das Rote Steppenrind. Das alles war ein Verdienst der Mennoniten, die 1941 durch die Sowjetmacht unter kommunistischer Führung enteignet und vertrieben wurden. Mit der Vertreibung der Bauern ist alles langsam untergegangen. Ich besuchte diese Gegend 1970, um Zuchtbullen für die Region Stawropol zu kaufen, konnte aber keine Hochleistungstiere mehr finden, die mit den Bullen aus der Kolchose „Proletarischer Wille" vergleichbar gewesen wären.

Die Geschichte der Stammherde von Kühen, mit der es mir geglückt war, 22 Jahre lang zu arbeiten, erzählte mir der langjährige Zuchtleiter der Kolchose „Proletarischer Wille", *Naumenko, Fjodor Davidowitsch*, von dem ich diese Arbeit übernahm. Sie ist im Buch von *S.W. Luzenko* „Kolchos Proletarskaja Wolja" beschrieben. Hier die Geschichte:

1921 wurde auf dem Territorium der Brigade Nr.4 eine Kommune gegründet. Die Kommune besaß einen Kuhbestand von 20 Tieren. Es gab nur Kühe unbekannter Herkunft, die auch zu keiner bestimmten Rasse gehörten. Erst 1926 hat man sich für eine bestimmte Rasse entschieden, und die war das Rote Steppenrind.

F.D. Naumenko wurde nach Dnepropetrowsk und Saporoshje delegiert und kaufte bei den Mennoniten 16 Färsen dieser Rasse. 1928 wurden noch 45 Färsen und ein Zuchtbulle gekauft. So entstand die Herde, mit der ich zehn Jahre unmittelbar als Zuchtleiter gearbeitet habe und dann noch zwölf Jahre bis zur Ausreise nach Deutschland in engem Kontakt geblieben bin. Als ich antrat, waren es schon 450 bis 470 Kühe, mit Kälbern und Färsen sogar mehr als 1000 Tiere. Mein Glück war es, dass ich keine Futter- und Personalprobleme hatte.

Darum kümmerte sich der Brigadier *Nikolai Dmitriewitsch Usatschow*. Meine Aufgabe war, die Arbeit in den Ställen zu organisieren. Dazu zählten Fütterung, Milchkontrollen, künstliche Besamung, Kälber- und Färsenaufzucht, Selektion von Kühen, Aufzucht von jungen Bullen und vieles mehr. Besondere Aufmerksamkeit widmete ich den Hochleistungskühen. Für diese Tiere stellte ich Sonderfutterpläne auf und achtete täglich auf ihre Gesundheit. Die Leistung stieg in diesen Jahren von 3.800 Kilogramm Milch pro Kuh und Jahr auf 4.600 kg. Für sowjetische Verhältnisse war das eine Spitzenleistung. Einzelne Kühe, die ich individuell betreute, erreichten eine Milchleistung bis zu 12.000 kg, umgerechnet auf 305 Laktationstage.

Die Arbeit war schwer, weil ich fast täglich von früh bis spät auf der Farm beschäftigt war. Nur von 10 bis 12 Uhr und von 15 bis 18 Uhr konnte ich zuhause etwas machen. Mein Arbeitstag begann um 4 Uhr und endete mit den erwähnten Pausen um 21 Uhr.

Ich organisierte monatlich die Entnahme von Milchproben von jeder laktierenden Kuh und untersuchte sie auf Eiweiß- und Fettgehalt. Mein Ziel war es, Tiere mit hohem Gehalt an Inhaltsstoffen zu finden. Ich stellte dabei fest, dass der Gehalt an Eiweiß und Fett positiv korrelierte. Dieses Ergebnis war für diese Milchrasse neu. Außerdem überzeugte ich die staatlichen Kontrolleure davon, dass es sinnvoll sei, „frisches Blut" durch Kreuzung mit verwandten, aber züchterisch vorangeschrittenen Rassen in die Stammherde einzubringen. Das kostete viel Überzeugungsarbeit.

Das bestehende Tabu wurde erst 1970 gebrochen. In dieser Zeit arbeitete ich schon im Agrarforschungszentrum bei Stawropol und konnte diese Versuche mit der Stammherde der Kolchose „Proletarischer Wille" fortsetzen. In Frage kamen die Rote Dänische und die Anglerrasse. Aus Westdeutschland konnte ich Bullensperma bestellen, später auch Bullen und Färsen kaufen, die

Unkrautbekämpfung auf den Maisfeldern in den Kolchosen.

in den baltischen Republiken Estland, Lettland und Litauen gezüchtet wurden.

Für meine berufliche Zukunft wäre es am besten gewesen, wenn ich in der Kolchose geblieben wäre, aber ich schmiedete schon neue Pläne. Mich beunruhigte die Tatsache, dass es für die Kolchosbauern keine staatliche Rentenversicherung gab. Nur die Kolchosen selber zahlten an die langjährigen Mitglieder kleine Renten. Auch eine Gewerkschaft gab es nicht.

5.3. Aspirantur in Moskau

Den Ausweg aus meiner unklaren Zukunft sah ich nur darin, Staatsangestellter zu werden. Aber wie konnte man das erreichen? Ich hatte den Wunsch, in die Forschung zu wechseln. Dazu war eine Promotion notwendig. Ich bewarb mich in Moskau bei der Veterinärmedizinischen Akademie für ein Fernstudium als Aspirant. Ich beantragte Urlaub und fuhr auf eigene Kosten nach Moskau, legte dort mit Erfolg die Prüfungen ab und wurde auch angenommen. Das war im September 1964. Ich bekam einen Studienplatz am Lehrstuhl „Skotowodstwo", auf deutsch „Rinderzucht". Ich überlegte mir, dass die züchterischen Erfolge der vergangenen Jahre und die von mir geleistete Arbeit eine gute Grundlage für eine solide Dissertation sein könnten. Mein Mentor wurde Professor *Stephan Nikitich Lastochkin*. Das Programm für das Fernstudium sah die Fortsetzung der von mir begonnenen Arbeiten mit der Stammherde in der Brigade Nr.4. der Kolchose „Proletarischer Wille" vor. Außerdem sollte ich im Laufe der vier Jahre einmal im Jahr in Moskau vor meinem Professor über die geleistete Arbeit Rechenschaft ablegen und die Möglichkeit bekommen, Literatur-Recherchen in der Bibliothek zu meinem Thema durchzuführen. Die Reisekosten und den Urlaub sollte mein Betrieb mir erstatten. So war es gesetzlich in der Sowjetunion geregelt. Den Gesetzesauszug bekam ich schriftlich und legte das Dokument dem Vorsitzenden der Kolchose, *Semjen Wasiljewitsch Luzenko*, vor. Er schaute es sich verwundert an und sagte: „Ich zahle dir keine Kopeke. Das Fernstudium ist deine private Angelegenheit. Deine Ausbildung und Qualifikation reicht für die Kolchose vollkommen aus. Deine Arbeit in der Brigade wird anerkannt und geschätzt. Wenn du weiter studieren möchtest, so nutze deinen regulären Urlaub."

Mit dieser Antwort war ich nicht einverstanden und wollte meine Rechte mit Hilfe eines Gerichts durchsetzen. Als ich bei einem Amtsgericht mit meiner Beschwerde erschien, verlangte man von mir eine Bescheinigung über meinen Monatsverdienst. Diese Bescheinigung konnte ich wiederum nur beim Vorsitzenden bekommen. Damit drehte sich das Karussell. Eine solche Bescheinigung konnte ich nicht bekommen. Wieder ging ich zum Gericht und erhielt dieselbe Antwort: „Ohne Bescheinigung können wir nichts machen, und den Vorsitzenden können wir auch nicht zwingen, Ihnen eine Bescheinigung auszustellen."

Ich ging noch einmal zum Vorsitzenden und versuchte, mit ihm in ein ernstes Gespräch zu kommen. Genosse Luzenko schaute mich an und sagte: „Genosse Lange, hier in der Kolchose habe ich das Sagen. Deine Hartnäckigkeit führt zu keinem Erfolg. Was du verlangst, ist ein Sonderfall. So etwas gab es bei uns noch nicht. Wenn die Kolchose die gesamten Kosten übernimmt, so kommen zu mir morgen auch andere Spezialisten (er nannte drei oder vier Familiennamen), die weiter studieren oder sogar in die Aspirantur gehen möchten. Dazu musst du in einen Staatsbetrieb gehen. Dort gelten diese Gesetze, bei uns nicht." Luzenko stand auf, drehte mir den Rücken zu, ging zum Fenster und schaute etliche Sekunden auf den Hof. Dann drehte er sich ganz entschieden zu mir um und machte einen Vorschlag: „Ich sehe, du meinst es ernst mit deiner Aspirantur. Wenn du deine Forschungsarbeit vor dem Wissenschaftsrat verteidigen willst, kommst du bestimmt wieder zu mir und wirst um ein Gutachten bitten. Ich verspreche es dir, es wird positiv ausfallen, weil wir deine Arbeit kennen und schätzen. Damit gewinnst du mehr, als jetzt mit mir zu streiten".

Ich stand auf und reichte ihm die Hand. Nach vier Jahren kam ich mit meiner Dissertation und einem Referat in der Hand nach Jutza. Ich bekam ein Gutachten mit vielen lobenden Worten.

5.4. Der Umzug nach Kabardino-Balkarien

Ich büßte 800 bis 1.000 Rubel ein, konnte keinen Urlaub mit meiner Familie verbringen und war unzufrieden. In den Ohren klangen mir immer noch die Worte nach: „Du musst in einen Staatsbetrieb gehen…" Ich beriet mich mit meinem Onkel *Dietmar*, der in Kabardino-Balkarien in einer landwirtschaftlichen Versuchsstation als Agronom arbeitete. Er schlug mir vor, die Kolchose zu verlassen und in der Station neu zu beginnen. Nach einem Gespräch mit dem Direktor *M.B.Berbekow* entschied ich mich dann, den Wechsel zu vollziehen. Es wurde mir ein bezahlter Urlaub und die Erstattung der Reisekosten versprochen. Auch mein Verdienst sollte etwas höher sein. Eine Wohnung für die Familie war gesichert.

Das bedeutete, das Haus in Jutza zu verkaufen und mit drei Kindern und Ehefrau nach *Kujan* umzuziehen. Doch da begannen schon die ersten Unannehmlichkeiten. Das Haus, in dem uns die Wohnung versprochen wurde, befand sich noch im Bau, der immer wieder ins Stocken geriet. Es dauerte noch ein halbes Jahr, bis wir die relativ kleine 3-Zimmerwohnung beziehen konnten. In der Übergangszeit wohnten wir bei Verwandten meiner Ehefrau. Als wir in die neue Wohnung umzogen, nahmen wir eine alte Dame zu uns, *Beate Näg*, Cousine meiner Mutter, die auf die Kinder aufpasste. Alles passte schlecht zusammen. In der Familie entstand Nervosität und Streit. Auch für mich gab es bei der Arbeit große Probleme. Ich übernahm als Zootechniker eine schlecht funktionierende Viehwirtschaft.

Die Station besaß einen Kuhstall mit ca. 150 Kühen, einen Schweinestall mit 2000 Tieren, einen kleinen Hühnerstall und eine Putenaufzucht. Am Anfang dachte ich, den Kuhbestand rassenmäßig durch Ankauf von zwei Dutzend Jungrindern zu verbessern. Das wurde mir auch genehmigt. Aber als ich die Wirtschaft näher kennenlernte, kam ich zum Schluss, dass meine Pläne utopisch waren. Es herrschte ein totales Durcheinander: es wurde immer noch mit der Hand gemolken, die Melkerinnen waren ungeschult und kamen nicht pünktlich zur Arbeit. In der Futterversorgung gab es keine Kontinuität. Besonders wunderte ich mich über den offenen Diebstahl. Die Kabardiner fuhren mit ihren Eselwagen auf die Felder und holten sich das Grünfutter für ihre private Wirtschaft, und niemand unternahm etwas dagegen. Auch im Stall wurde das Kraftfutter sackweise gestohlen. Besonders aufgeregt hat mich die kommunistische Herrschermentalität. Drei Kabardinerinnen, die als Melkerinnen arbeiteten, waren Mitglieder der Kommunistischen Partei. Der Parteisekretär kam kurz vor einer Parteiversammlung in den Stall und sagte laut: „Heute Abend um 19 Uhr gibt es im Plenarsaal der Stationsverwaltung eine Parteiversammlung. Eure Teilnahme ist sehr wichtig. Ich möchte euch, bitte, pünktlich um diese Zeit in sauberen Kleidern ohne Stallgeruch dort sehen!" Er fragte mich nicht, auch nicht den Brigadier, Herrn *Jakob Schlegel,* ob wir eine Vertretung parat hätten. Die hatten wir nämlich nicht. Und so mussten wir zwei abends die Ärmel hochkrempeln, um die Kühe zu melken. Meine Proteste halfen nichts, niemand schützte die Interessen des Wirtschaftsbetriebs.

Und nichts anderes als ein Selbstbedienungsladen war die Stationswirtschaft für die Obrigkeit der Station und für die Ministerien und Kommunisten in *Naltschik* (Hauptstadt von Kabardino-Balkarien). Der Direktor *Berbekow* oder sein Stellvertreter *Kastujew* schrieben an den Stallleiter oder Brigadier einen Zettel, auf dem stand: „Dem Überreichenden dieses Zettels übergeben Sie so und soviel Eier, geschlachtete Hühner oder Puten, 10 oder 20 Liter Wein, Gurken, Tomaten, Wassermelonen usw." Solche Versorgungsboten erschienen in der Station fast jeden Tag. Die Station hatte keinen Plan, keine festen Lieferauflagen und wurde regelrecht geplündert. Von den 1000 Puten blieben bis zum späten Herbst ca. 100 Tiere, die als Prämie an ausgewählte Arbeiter verteilt wurden, alle anderen „krepierten". Der Tierarzt musste das bestätigen.

5.5. Direktstudium als Aspirant in Moskau

Ich musste diesem allen zusehen, wobei ich noch gezwungen war zu schweigen – eine unannehmbare Zumutung. Ich habe es mit Schmerzen bereut, dass ich die Kolchose verlassen hatte. In Kasachstan wollte ich das nicht dulden und mitmachen, und jetzt in Kabardino-Balkarien war es dasselbe! Was tun? Ich schrieb einen Brief an meinen Mentor Professor *Lastochkin* und schilderte ihm meine Lage. Als Antwort bekam ich das Angebot, die Versuchsstation zu verlassen und auf ein Jahr nach Moskau zu kommen und aus dem Fernstudium ins Direktstudium umzusteigen. Das war ein attraktives Angebot. Ich konnte meine Dissertation in einem ganzen Jahr zu Ende bringen, hatte eine reichhaltige Bibliothek und ein Laboratorium zur Verfügung und konnte mich jederzeit mit meinem Mentor treffen.

Aber meine Familie sollte in Mitleidenschaft gezogen werden: meine Ehefrau allein mit drei Kindern und der alten Tante Beate! Über meine Entscheidung freute sie sich überhaupt nicht. Ich musste mich hartnäckig durchsetzen, um im Januar 1967 nach Moskau gehen zu können. Auch finanziell war meine Familie im Nachteil, weil mein Stipendium nur 90 Rubel im Monat betrug, die Hälfte meines Verdienstes als Zootechniker in der Station. Das reichte kaum für mich allein in Moskau. Also musste die Familie das ganze Jahr nur mit dem auskommen, was meine Ehefrau als Hebamme verdiente.

Die Zeit in Moskau habe ich effektiv genutzt. Aus der Stammherde der Kolchose „Proletarischer Wille" habe ich noch etliche Monate von Hochleistungskühen Milchproben bekommen und sie im Labor auf Trockensubstanz, Eiweiß, Fett und Mineralstoffe untersucht, das gesammelte Material mit biometrischen Methoden statistisch bearbeitet und im Januar 1968 die Dissertation dem Sekretär des Wissenschaftsrates übergeben. Die Verteidigung sollte erst im Dezember desselben Jahres stattfinden.

5.6. Umzug mit meiner Familie nach Spakowka

Jetzt tauchte die Frage auf, wo ich Arbeit und Wohnung für meine Familie finden würde. Für mich war es ganz klar, dass ich nicht in einer Nationalrepublik arbeiten und wohnen wollte. Die Gründe dafür: angespannte Beziehungen zwischen Russen und Menschen anderer Nationalität und das totale Wirtschaftschaos, Korruption, Vetternwirtschaft und Bestechungen. In der russischen Gesellschaft war das alles nicht so ausgeprägt. Jedenfalls gab es in Russland nicht das Meckern: „Die Russen unterdrücken und beuten uns aus, plündern unsere Bodenschätze, vernichten unsere Kultur, verbieten den moslemischen Glauben usw."

Ich wandte mich noch vor Ende meiner Aspiranturzeit an den Direktor des landwirtschaftlichen Forschungsinstituts in Spakowka bei Stawropol, Professor *Alexander Alexandrowitsch Nikonow*, mit der Bitte, mir einen Arbeitsplatz zuzuweisen. Ich deutete an, dass ich kurz vor der Verteidigung meiner Forschungsarbeit stehen würde, dass ich ein Familienvater bin und auch eine Wohnung benötige. Ich hatte Glück. Das Forschungsinstitut befand sich im Aufbau, und ich bekam eine positive Antwort. Außerdem war mein Name im Gebiet Stawropol durch die Erfolge in der Kolchose „Proletarischer Wille" bekannt. Die tatkräftige Unterstützung des Vorsitzenden der Kolchose, *S.W.Luzenko*, half mir dabei.

Im Februar 1968 kam ich in Spakowka an und konnte sofort in der Abteilung „Tierproduktion" als Starschij Nautschnyi Sotrudnik (Oberster wissenschaftlicher Mitarbeiter) mit der Arbeit beginnen.

Das Forschungsinstitut war auf dem Territorium eines ehemaligen militärischen Fliegerstützpunktes errichtet worden. Wohnhäuser für die Mitarbeiter waren erst gebaut worden. Aber es gab ein großes „Weißes Haus", in dem früher Offiziere mit Familien wohnten. In diesem Haus wurde uns eine Dreizimmerwohnung angeboten. Noch im Februar holte ich meine Familie nach Spakowka. Tante Beate wurde von meinen Eltern zu sich genommen. Das Leben normalisierte sich langsam. Mein Verdienst war am Anfang nicht hoch. Er verdoppelte sich, nachdem ich meine Forschungsarbeit (Dissertation) am *13. Dezember 1968* in Moskau mit Erfolg verteidigt und das Diplom „Kandidat selskochosjastwenych Nauk" (Doktor der Agrarwissenschaften) ausgehändigt erhalten hatte.

Als ich in der Abteilung „Tierproduktion" mit der Arbeit begonnen hatte, fungierte als Abteilungsleiter ein Jude mit Namen *Boris Jakowlewitsch Rubinstein*. Er war als Abteilungsleiter provisorisch berufen worden, weil sein Vorgänger *Dr. Lebedew* plötzlich verstorben war. Genosse Rubinstein hatte noch keine Forschungsarbeit hinter sich, war aber dabei, eine durchzuführen, und hatte schon ein Thema, das sehr populär war: „Fleischproduktion von Tieren, die durch Kreuzungen einer

Milchrasse mit einer Fleischrasse erzeugt werden". Der Text dieser Dissertation war so gut wie fertig. Er konnte auch mit hervorragenden Ergebnissen glänzen. Er bat mich, den Text zu lesen und ihn zu beurteilen.

Ich machte mich an die Arbeit, stellte aber bald fest, dass überhaupt kein Experiment dahinter steckte und das Ganze eine unverschämte Fälschung war. Es war für mich sehr einfach festzustellen, dass es die in der Dissertation genannten Versuchstiere überhaupt nicht gegeben hatte. Alles war nur aus der Luft gegriffen und mit Literaturquellen verglichen, eine Lüge von Anfang bis zum Ende. Ich redete mit kompetenten Mitarbeitern der Abteilung und mit dem Zuchtleiter des Vesuchsbetriebes, Herrn *Anochin*, darüber, und wir kamen zu demselben Ergebnis. Was tun? So einen Betrug konnte ich nicht einfach auf sich beruhen lassen! Ich legte meine Enthüllung dem Autor vor. Er wurde rot im Gesicht und versuchte sich zu rechtfertigen. Er bedaure es sehr, es sei aus Zeitmangel passiert. So eine Rechtfertigung konnte ich nicht akzeptieren und ging zum Parteisekretär Genosse *Putinzew* (Rubinstein war Mitglied der KPdSU). Er gab mir keine eindeutige Antwort, versprach aber, die Sache zu klären. Das Ergebnis: Rubinstein musste kündigen und verließ mit seiner Familie das Institutsdorf. Eigentlich war das eine milde Strafe, aber die Institutsleitung wollte diesen Fall nicht an die „große Glocke hängen". Es sollte alles so schnell wie nur möglich wieder vergessen werden. So begann meine Arbeit im Institut. Mit Rubinstein habe ich mich nie mehr getroffen. Der arme Jude tat mir sogar leid.

Die Zeit verging, und im Dezember wurde ich nach Moskau eingeladen, um meine Forschungsarbeit (Dissertation) zu verteidigen. Die Verteidigung fand am 13. Dezember 1968 statt. Meine 20-minütige Rede hatte ich auswendig gelernt, und alles klappte wunderbar. Meine Gäste, mein Vater, Onkel Dietmar und sein Sohn Kurt-Konstantin waren nach Moskau mitgereist. Ihre Anwesenheit beflügelte mich, und ich spürte innerlich ihre Unterstützung.

Als ich nach Spakowka zurück kam und das erworbene Diplom der Kaderabteilung und der Institutsleitung vorlegte, wurde ich ab Januar 1970 zum Abteilungsleiter der Abteilung Tierproduktion ernannt. Mein Verdienst erhöhte sich um das Dreifache. Auf dieser Position arbeitete ich bis 1980, also elf Jahre. Es gab Höhepunkte und auch Enttäuschungen. Ich konnte mich auf das Thema „Verbesserung der produktiven Eigenschaften der Roten Steppenrasse" konzentrieren. Das war im gewissen Sinne die Fortsetzung der Arbeit, die ich in der Kolchose „Proletarischer Wille" begonnen hatte, aber jetzt war ich für die ganze Stawropoler Region verantwortlich. Mir fehlte, um in der Arbeit erfolgreich zu sein, eine Stammherde von 100 bis 150 Kühen, die mit gutem Futter, Weide, ordentlichem Stall und qualifiziertem Versorgungspersonal ausgestattet sein würde. Wieder schwärmte ich von der Idee, im Versuchsbetrieb des Instituts so einen Stall zu bekommen und zielstrebig eine Stammherde zu bilden. Über solche Pläne sprach ich mit dem Institutsdirektor *Professor A.A.Nikonow* und mit dem Direktor des Versuchsbetriebes *I.P.Karpenko*, bekam aber von ihnen keine tatkräftige Unterstützung. Mein Problem war, dass diese Genossen überhaupt keine Ahnung hatten, was Zuchtarbeit bedeutet und welche wichtige Rolle in diesem Fall eine Stammherde hat. Aus dieser Herde sollten auch Zuchtbullen entstehen. In der zentralen Besamungsstation dominierten Bullen aus der Stammherde der Kolchose „Proletarischer Wille". Mit meinem Vorhaben wollte ich diese Tradition brechen, aber es gelang mir nicht. Trotzdem konnte ich mit Erfolg erreichen, dass Bullen der *Angler Rasse* in Westdeutschland gekauft wurden. Mit dem Sperma dieser Bullen wurden die Kühe des Versuchsbetriebes künstlich besamt. Von der Nachzucht erwartete ich Kühe mit höherer Milchleistung und höherem Fettgehalt. Beim Rind geht es in der Zucht nicht so schnell wie bei Schweinen. Man benötigt mindestens vier bis fünf Jahre, um den ersten Erfolg zu sehen. Und trotzdem, Ende der 70er Jahre, nachdem im Versuchsbetrieb der Anteil der durch Kreuzungen entstandenen Kühe auf 50 Prozent gestiegen war, stieg die Milchleistung um 20 Prozent und der Fettgehalt von 3,5 auf 4,1 Prozent.

Einmal im Monat lag auf dem Tisch von Professor Nikonow der Rapport des Versuchsbetriebes über Milchleistung und Planerfüllung. Er wunderte sich und lobte meine Arbeit. Der Erfolg hätte ökonomisch noch besser ausfallen können, wenn meine Pläne von den verantwortlichen Herren von Anfang an unterstützt und verwirklicht worden wären. Bullen und Färsen als Zuchttiere zu verkaufen wäre ein lukratives Geschäft gewesen.

In diesen Jahren wurde ich auch Mitglied des züchterischen Rates der Russischen Föderation. Den Vorsitz hatte Professor *N.I. Nusow* von der Hochschule für Landwirtschaft der Stadt Krasnodar. Er bat mich, die Ergebnisse der Region Stawropol zu analysieren, sie statistisch zu bearbeiten und daraus eine Doktorarbeit zu machen und sie zur Habilitation vorzulegen. An dieser Arbeit habe ich drei Jahre gearbeitet und eine Menge Material gesammelt. Die angefangene Arbeit habe ich aber nicht zu Ende gebracht. Der Wille, die Sowjetunion zu verlassen, hatte Priorität (Ausführlicheres darüber weiter unten).

Zufriedenheit brachte mir diese Arbeit wenig. In einem Staat, wie es die Sowjetunion mit ihren kommunistischen Verhältnissen einer war, stagnierte alles. Auch in der Landwirtschaft fand eine wirtschaftliche Rückentwicklung statt. Besonders betroffen war die Tierproduktion. Meine Arbeit bezog sich auf die Rinderzucht. Durch züchterische Maßnahmen strebte man eine höhere Milch- und Fleischproduktion beim Roten Steppenrind an. Mangelhafte Pflege der Tiere in den Ställen, unqualifizierte Melkerinnen und Melker, hungrige Tiere und eine flächendeckende „Misswirtschaft" machten meine Bemühungen zunichte. Eine mehr als 24-jährige Tätigkeit brachte mir keine Befriedigung. Das konnte ich seelisch nicht verkraften.

An diesem Punkt ist es angebracht, etwas über die Mentalität der Menschen in der Sowjetunion im Allgemeinen zu sagen. Offensichtliche „Gleichgültigkeit" – das ist das Stichwort. In der Landwirtschaft habe ich vieles erlebt, was mich aus der Ruhe brachte. Zum Beispiel habe ich gesehen, wie morgens früh tote Tiere auf der Koppel lagen, die nachts erfroren waren, weil abends sie niemand in den Stall brachte, oder dass Kühe nicht gemolken wurden, weil die Melkerinnen und Melker am Tag der Oktoberrevolution betrunken waren oder jemand unter ihnen Geburtstag hatte. Genauso war es in der Felderwirtschaft: das Heu wurde nicht geerntet, weil Feierabend oder das Wochenende bevorstanden, dann Regen kam und damit die ganze Ernte futsch war. Das Getreide auf der offenen Tenne vergammelte unter der Einwirkung des Regens, und so weiter und so fort. Die Menschen gingen ruhig nach Hause, niemand regte sich besonders darüber auf. Sogar *Lenins Worte* wurden in diesem Zusammenhang umgekrempelt. Er hatte gesagt: „Der Kommunismus siegt, wenn das ganze Land industrialisiert und elektrifiziert ist". Die Witzbolde spotteten: „Uns allen ist es doch egal, ob Kommunismus oder Sozialismus, Hauptsache das Lämpchen brennt". Man kann behaupten, dass diese verbreitete Gleichgültigkeit und Verantwortungslosigkeit schuld daran war, dass dieses riesengroße Land Getreide auf dem Weltmarkt kaufen musste, um die Menschen vor der Hungersnot zu retten.

Das nächste Merkmal ist „Schlamperei" – „Kak nibudt i tak soidjet" sagen die Russen (auf Deutsch: „Egal wie, es wird schon klappen", auf eine bessere Übersetzung komme ich nicht; sie stimmt nicht ganz, dafür muss man schon die russische Sprache perfekt beherrschen).

Die Unzufriedenheit, die durch die „Misswirtschaft" in mir hochgekocht war, brachte mich auf den Gedanken: „Du musst aus diesem Land heraus". Dazu kamen immer wieder Erinnerungen: „Dein Vater, deine Mutter saßen unschuldig im Gefängnis. Dein *Onkel Johannes* wurde 1938 in Krasnodar erschossen. Du selbst wurdest oft als *Faschist* beschimpft. Deine Freiheit wurde beschränkt. Die Deutschen wurden diskriminiert. Das deutsche Volk hat in der Sowjetunion keine Zukunft". Diese Gedanken haben meine Entscheidung verstärkt.

Jetzt komme ich erstmals zu meiner Familie und will erklären, wie wir uns mit Lebensmitteln versorgten.

Im Sommer 1971 wurde uns eine neue, größere Wohnung angeboten. Das war ein alleinstehendes Haus (Katedsh) mit fünf Zimmern. Am Haus gab es eine große Wiese, auf der ich Heu für unsere gemeinsam mit Schwägerin *Hulda Glaum* gehaltene Kuh machen konnte. Dadurch waren wir auch mit Milch versorgt. Jedes Jahr bearbeiteten wir den ca. 0,25 Hektar großen Garten, in dem wir Kartoffeln und Gemüse ernteten. Wir hatten von allem genug und brauchten nicht zusätzlich etwas auf dem Basar zu kaufen. Tomaten und Gurken wurden in 3-Liter-Gläsern eingeweckt, so auch Kirschen, Stachel- und Himbeeren. Sogar Weißkohl wurde in einem Graben mit Stroh und Erde abgedeckt und für den Winter eingelagert.

Kartoffeln ernteten wir doppelt so viel, wie wir verspeisen konnten. Das gab uns die Möglichkeit, Kartoffeln gegen Weizen einzutauschen (ein Sack Kartoffeln gegen einen Sack Weizen). Den Weizen zum Tausch brachten uns Kolchosbauern aus den trockenen Gegenden, wo es keine künstliche Bewässerung gab, vor die Türe. Den Weizen brachten wir zur Mühle, so hatten wir unser Mehl für Kuchen und Mehlspeisen. Brot gab es im Laden zu kaufen. Schwieriger war das Fleischproblem. Ich fuhr öfters am Wochenende in die Stadt Stawropol, wo es ab und zu im Fleischladen etwas zu kaufen gab. Man musste aber viel Zeit mitbringen, weil es lange „Schlangen" gab und ein kräftiges Gedränge. Diese Variante konnte unseren Bedarf nicht befriedigen. Hühner zu halten wurde uns durch Professor Nikonow verboten (er wohnte in der Nachbarschaft und konnte den Geruch nicht leiden). Eine Alternative war Kaninchenzucht, die wir etliche Jahre betrieben. Im Dezember 1977, als die Kaninchen groß und fett waren, wurden uns nachts die besten neun Stück gestohlen. Enttäuscht haben wir die Zucht aufgegeben.

So lebten wir in Spakowka bei Stawropol vom Februar 1968 bis August 1981. – Ade Sowjetunion, und auf ein neues Leben in der DDR!

6. Agrarwissenschaft und Agrarforschung in der Sowjetunion

In der Sowjetunion gab es ein dichtes Netz wissenschaftlicher Einrichtungen, die für die Landwirtschaft tätig waren. An der Spitze dieser Einrichtungen stand die Akademie der Agrarwissenschaften der UdSSR. Jede Unionsrepublik hatte eine eigene Akademie. Es gab Allunionsforschungsinstitute, die auf konkrete Zweige der Landwirtschaft spezialisiert waren. So gab es z.B. Institute für Futtermittel und Fütterung der Nutztiere, Technologie der Geflügelproduktion, Pflanzenschutz, Düngemittel und Bodenbearbeitung, Mechanisierung und mehrere andere. Außerdem gab es regionale Forschungsinstitute und Versuchsstationen in jeder Oblast (Gebiet) oder Krai. So ein Institut gab es auch im Stawropolskij Krai, wo ich 13 Jahre als Abteilungsleiter für Tierproduktion arbeitete.

Eine regionale Forschungseinrichtung deckte die gesamte Problematik der Landwirtschaft in der Region ab. Ihre Aufgabe war es einerseits, unter regionalen klimatischen und sozialökonomischen Bedingungen Forschung zu betreiben und wissenschaftliche Errungenschaften in die Praxis umzusetzen, und andererseits, was noch viel wichtiger war, für die Obrigkeit auf jede Frage, auf jedes Problem eine Antwort zu haben und Empfehlungen auszusprechen. Um letztere Aufgaben zu erfüllen, wurde viel Zeit und Papier verschwendet. In dieser Beziehung hatten diejenigen Abteilungsleiter besonders viel Arbeit, die vom Direktor des Instituts den Auftrag erhalten hatten, für die Partei-und Staatsführung ein Dokument (Sprawka) vorzubereiten und Empfehlungen auszuarbeiten. Oft war das mit mehrtägigen Dienstreisen in Rayons verbunden, wo die Lage besonders kritisch war. Über eine solche Dienstreise nach Tscherkessien berichtete ich schon im Abschnitt „Warum die Kolchosen verlustbringend wirtschafteten". Für uns Wissenschaftler war es schon immer eine unerwünschte, zeitraubende Arbeit, solche *Sprawkas* zu schreiben. Wir haben uns oft bei unserem Vorgesetzten, Direktor Professor *A.A.Nikonow*, beschwert. Dazu sagte er: „Solche Sprawkas zu schreiben und Empfehlungen zu erteilen, ist unsere Pflicht. Dazu sind wir ja da. Wir sind das Wissens- und Denkzentrum der Partei- und Staatsführung. Forschungsarbeit ist wichtig, aber noch wichtiger ist es, der Obrigkeit kluge und zielstrebige Empfehlungen zu erteilen. Das ist auch eine von mehreren Möglichkeiten, unsere Forschungsergebnisse in die Praxis umzusetzen. Wir betreiben keine Grundlagenforschung, sondern praxisnahe, angewandte regionalspezifische Forschung. Zwar sind die Ergebnisse der Grundlagenforschung für uns auch sehr wichtig. Unsere Aufgabe ist es aber, sie in die Praxis umzusetzen und die Obrigkeit über sie zu informieren."

Als Professor A.A. Nikonow 1978 Präsident der Akademie der Agrarwissenschaften in Moskau wurde, hat er seine Meinung geändert und die Tatsache, viele Sprawkas schreiben zu müssen, kritisiert. Ihre Wirkung sei gering und dem Zeitaufwand nicht angemessen.

Die vielen Dokumente, die ich und meine Kollegen der Obrigkeit übergeben haben, waren nicht nur zeitaufwendig, sondern es wurde oft dasselbe Problem erneut aufgegriffen und in einem neuen Zuschnitt übergeben. Wir hatten damals noch keine Computer, sonst hätte man sich die Arbeit leichter machen können. Man hätte nur das aktuelle Datum eingesetzt und den alten Text neu ausdrucken lassen.

Die Sprawkas sollten auch dem aktuellen und politisch gewollten Trend angepasst sein. Zum Beispiel habe ich über die Effektivität der Industrieanlagen in der Milchproduktion bestimmt ein Dutzend Sprawkas geschrieben, obwohl ich selbst innerlich gegen diese Technologie stand, weil viele Probleme noch ungelöst waren.

So gab es noch keine Lösung für die Gülleverwertung. In der Region Stawropol wurden in den 70er Jahren schon mehrere Anlagen mit tausend bis zweitausend Kühen gebaut und in Betrieb genommen. Aber es gab noch keine Technik, um die Gülle auf den Feldern auszubringen. Man hat sie einfach in ein Tal gepumpt oder dorthin bergab fließen lassen. Riesengroße Flächen wurden dadurch verseucht und die Nährstoffe dem Boden entzogen und nicht zurückgegeben. Außerdem war es eine gewaltige Umweltverschmutzung. Auch die Konstruktion der Melkanlagen war nicht vollkommen ausgereift. Man probierte eine Fischgrät- und eine Tandemkonstruktion und kam nicht zur Entscheidung, welche Anlage für eine bestimmte Stallgröße geeignet sei. Auch Probleme der Hygiene und Fütterung der Tiere waren ungelöst. Die Milchleistung der Kühe war sehr niedrig. Sie lag oft unter zweitausend Kilogramm Milch pro Kuh und Jahr. Wirtschaftlich waren diese Anlagen uneffektiv und verlustbringend.

Einer meiner ehemaligen Kollegen im Stawropoler Forschungsinstitut, Professor *Boris Prokofjewitsch Goncharow*, der die Abteilung Technologie der Pflanzenproduktion leitete, veröffentlichte, als er Rentner war, ein Buch „Aspirantur und das Leben". Hier ein Zitat aus diesem Buch: „Die Aufgabe eines Wissenschaftlers in einer regionalen Forschungseinrichtung war nicht nur Forschung zu betreiben, sondern er musste unendlich viele Sprawkas mit Analysen und Vorschlägen schreiben. Man könnte diese Tätigkeit als eine normale Aufgabe hinnehmen, wenn diese Sprawkas, Vorschläge, Analysen sich nicht immer wieder einem und demselben Problem gewidmet hätten. Es kam allerdings vor, dass in einer neuen Sprawka kleine Veränderungen stattfanden, die so von der Obrigkeit verlangt worden waren.

Auch der Dumme wird Folgendes einsehen: *Erstens:* Wenn ein und dasselbe mehrmals verlangt wurde, waren die Vorschläge nicht nur in der Praxis nicht angewandt, sondern auch in den Köpfen der Auftraggeber nicht gespeichert worden. *Zweitens* bedeutet das auch, dass die Arbeit der Gelehrten nicht ehrenhaft geschätzt ist. Bei denen ganz oben herrscht die Meinung, dass ein Doktor der Agrarwissenschaften oder ein Professor dazu da ist, um Sprawkas zu schreiben. Und niemand stellt sich auf die Seite des Wissenschaftlers. Es wird nicht geschätzt, dass der Gelehrte auch kreative Ideen entwickelt und sie verwirklichen möchte, dass er mit seinen Versuchen auf den Feldern eng an die Jahreszeit gebunden ist, dass er an seinem Forschungsbericht oder sogar Buch arbeitet und sich dabei konzentrieren muss. Nein, dass zählt alles nicht! Eine neue Sprawka muss her zu einem bestimmten Termin. Das ist wichtig! Und wenn die Sprawka geliefert wurde, dann erst kann der Gelehrte sich mit seinen wissenschaftliche Experimenten beschäftigen, wenn er noch die Zeit dazu hat." So emotional geladen schildert B.P. Goncharow die undankbare Rolle eines Wissenschaftlers in einem regionalen Forschungsinstitut.

Das beweist noch einmal, wie irrational in jeder Hinsicht das sowjetische System auch in der Forschung, in der Landwirtschaft und überall organisiert war und wie schlecht es funktionierte.

Der aufgeblähte Parteiapparat war bestrebt, die diktatorisch beherrschende Funktion im ganzen Land in allen Wirtschaftszweigen, auf allen Ebenen aufrecht zu erhalten und über alles zu entscheiden. Sehr oft waren die Entscheidungen sinnlos. Dabei war die Partei selbst für nichts verantwortlich. Die Regierung und die regionale Verwaltung sollten für alles verantwortlich sein. Am Ende hatten alle das Sagen, aber keiner die Verantwortung. Das starre Wirtschaftssystem führte das Land in eine Krise, die mit dem Zerfall der Sowjetunion endete.

7. Fehlerhafte politische Entscheidungen in der Landwirtschaft

Fehlerhafte politische Entscheidungen der Kommunistischen Partei in der Landwirtschaft der Sowjetunion sind vielfältig und haben das Land, um Hungersnöte zu vermeiden, vom Import von Nahrungsmitteln abhängig gemacht.

Der erste Schritt nach der Oktoberrevolution 1917 war das Dekret über die Verstaatlichung des Grund und Bodens in der ganzen großen Sowjetunion. Das bedeutete, dass das Land nicht mehr verkäuflich war und die Bauern gezwungen waren, es beim Staat zu pachten. Im Programm der Partei der Bolschewiki WKP(b), sprich Kommunisten, die die provisorische Regierung Russlands zum Sturz gebracht hatten, war die Kollektivierung auf dem Lande vorgesehen. Um sie zu verwirklichen, war die Zeit noch nicht reif. Es kam der Bürgerkrieg 1919 bis 1921, nachfolgend die große Hungersnot, die mit unterschiedlicher Intensität bis 1925 dauerte. *W.I. Lenin*, der Führer der Kommunisten, war gezwungen, einen Schritt zurückzugehen. Er verkündigte 1924 eine „Neue ökonomische Politik" (NEP). Das bedeutete, dass die Bauern ihr Land behielten und mit ihren Produkten frei handeln konnten. Die Bauern schauten wieder optimistisch in die Zukunft und steigerten ihre Produktion. Schon zuvor, in den Jahren 1918/19, waren die Großgrundbesitzer enteignet und das frei gewordene Land unter den landlosen Bauern verteilt worden oder es wurden Kommunen gegründet, die aber keine Zukunft hatten und später in Kolchosen oder Sowchosen umgewandelt wurden. Unter dem Dach einer Kommune versammelten sich Obdachlose, Bettler, Alkoholiker, Landstreicher und andere, die früher keinen Bezug zur Landwirtschaft gehabt hatten. Viele Arbeitsscheue verließen ihre Kommune bald wieder und kamen dann ins

Gefängnis. Neue Gesetze verpflichteten jeden Sowjetbürger zur Arbeit. Überall gab es Losungen: „Wer nicht arbeitet, soll auch nicht essen!" So entstanden die ersten Umerziehungslager, die das Ziel und die Aufgabe hatten, einen gehorsamen sowjetischen Menschen heranzubilden (Homo Sowjetikus).

Durch die Neue Ökonomische Politik trat Ruhe auf dem Land ein. Auch dem Hunger wurde ein Ende bereitet. Aber es passte etwas nicht in das Programm der Kommunisten. Die privaten Bauern waren immer noch Eigentümer der Produktionsmittel, was mit dem Sozialismus nicht vereinbar war.

Die Idee, auf dem Land Kollektivwirtschaften einzuführen, stammt noch von *Karl Marx* und *Friedrich Engels*. In einem Artikel „Die Bauernfrage in Frankreich und Deutschland" in der Zeitung der Sozialisten, *„Vorwärts"*, schrieb Friedrich Engels: „Wir haben die Aufgabe, die kleinen Bauernwirtschaften, ihr privates Wirtschaften, ihr Eigentum in eine Genossenschaft umzuwandeln. Das darf nur auf *freiwilliger Basis* geschehen. Als erstes müssen Beispiele geschaffen werden, die auch vom Staat und der Gesellschaft unterstützt werden."

Diese Idee hat W.I. Lenin aufgegriffen und die breite Kollektivierung auf dem Land verkündet. Ein Wort hat er dabei jedoch nicht mehr erwähnt, und zwar das Wort *„freiwillig"*. 1924 starb Lenin, und I.W. Stalin übernahm das Ruder. Wie die Kollektivierung durchgeführt wurde, ist schon berichtet worden.

In der Sowjetischen Enzyklopädie finden wir eine Reihe merkwürdiger Sätze: *„Schon im ersten Jahr der Sowjetmacht wurden die Pomeschchiki (Großgrundbesitzer) als Klasse liquidiert."* Das bedeutet, sie wurden physisch vernichtet.*„Bis zum Jahr 1938 war die Kampagne zur Gründung der Kolchosen im ganzen Land abgeschlossen. Die Kulaken (reiche Bauern) wurden als Klasse liquidiert"*.

So einfach war das. Die Leistungsträger, die wichtigsten Produzenten von Nahrungsmitteln, wurden liquidiert. Sie wurden vertrieben, physisch vernichtet, in GULAG-Lager gesteckt. Dass die Zwangskollektivierung eine schreckliche Hungersnot mit Millionen von Toten verursachte, steht in der Enzyklopädie mit keinem Wort.

In der Enzyklopädie werden auch Zahlen genannt: „Aus 25 Millionen Bauernwirtschaften wurden 236.000 Kolchosen gegründet". Die Zahl reduzierte sich von Jahr zu Jahr. Die Kolchosen wurden immer größer. 1972 waren es nur noch 32.100. Eine Kolchose hatte im Durchschnitt 6.200 Hektar landwirtschaftliche Nutzfläche, davon 3.500 Hektar Ackerland. Eine Bauernwirtschaft vor der Revolution hatte nur 4,0 Hektar Ackerland.

1992 löste sich die Sowjetunion auf. Mit ihr verschwanden auch die Kolchosen. Eine neue Struktur ist schwer zu erkennen. Wieder steckt die Landwirtschaft Russlands in einer tiefen Krise. Der große Hunger wird von der Regierung Putin-Medwedjew durch massive Käufe von Nahrungsmitteln aus dem Ausland vermieden. Hauptsächlich werden Nahrungsmittel tierischer Herkunft gekauft: Fleisch, Wurstwaren, Milch und Milchprodukte. Russland ist reich an Bodenschätzen, die auf dem Weltmarkt sehr gefragt sind, besonders die fossilen Energieträger Erdöl und Erdgas. Die Selbstversorgung durch die lahmende eigene Landwirtschaft ist nicht gewährleistet. Trotzdem droht der Bevölkerung keine Hungersnot, solange Gelder aus dem Ausland fließen.

In seiner Rede zur Nation am *12. November 2009* hat der Präsident Russlands, *Dmitrij Medwedew,* die wirtschaftlichen Zustände in seinem Land scharf kritisiert. Russland sei gezwungen, so Medwedew, Rohstoffe auf dem Weltmark zu verkaufen, um den Lebensstandard der Bevölkerung zu gewährleisten. Er verlangte mehr Demokratie und demokratische Veränderungen, um die Rückständigkeit Russlands zu überwinden. Die Probleme in der Landwirtschaft wurden dabei als katastrophal bezeichnet. Was konkret gemacht werden sollte, hat er nicht gesagt. Anscheinend haben er und auch die Regierung Russlands keine klaren Vorstellungen, wie man die Lage verbessern kann. Eins wurde wenigstens aus der dunklen Vergangenheit gelernt: man muss für die Entwicklung privater Bauernwirtschaften optimale politische Rahmenbedingungen schaffen und sie auch materiell unterstützen. Was man aber nicht machen darf, wurde von allen jetzt eingesehen: man darf sich nicht einmischen in das, was die Bauern heute und morgen machen müssen und wie sie es tun.

Die Kollektivwirtschaft in der Sowjetunion ist gescheitert. Aber um das zuzugeben, benötigte man 60 Jahre kommunistischer Diktatur. Die Lösung brachten Gorbatschows *„Glasnost und Perestroika"*, die zur Auflösung der Sowjetunion führten.

Die 75 Jahre Sowjetunion sind durch mehrere fieberhafte Entscheidungen und Maßnahmen der Kommunistischen Partei gekennzeichnet, die immer das gleiche Ziel hatten: das Volk mit Nahrungsmitteln zu versorgen und sich von Getreideeinkäufen im Ausland frei zu halten. Am Ende sind alle Maßnahmen gescheitert und ohne Erfolg geblieben.

Besonders viel Geld kostete dem sowjetischen Volk die *Meliorationkampagne*. Über die Trockenlegung von Sumpfgebieten im ursprünglichen Gebiet Russlands und was daraus geworden ist, berichtete Mark Popowskij am Anfang dieses Buches. Ich möchte ergänzend die Kampagne zur Bewässerung der Wüsten in Mittelasien und der Steppen im Nordkaukasus erwähnen.

Die Wüsten in der Sowjetunion befanden sich überwiegend in Mittelasien in den Republiken Turkmenien, Usbekistan und Kasachstan. Die Wüsten Karakum (schwarzer Sand) und Kysylkum (roter Sand) werden von mehreren Flüssen durchzogen, die ihren Ursprung in den Bergen von Tien Schan haben. Die größten und wasserreichsten von ihnen sind Syrdarja und Amudarja. Das Wüstengebiet und die Mittelasiatischen Republiken hatten für die Sowjetunion eine strategische Bedeutung. Einerseits hoffte man, aus dieser Region reichlich mit Nahrungsmitteln beliefert zu werden, anderseits gibt es dort günstigste klimatische Bedingungen für die Produktion von Baumwolle. Diese ist ein wichtiger Rohstoff zur Herstellung von Textilien, aber auch für die Herstellung von Schießpulver. In der Zeit des Kalten Krieges brauchte die Sowjetunion große Mengen von diesem Zeug.

In diesem Zusammenhang investierte man in dieser Region gewaltig. Schon vor dem Zweiten Weltkrieg begann man mit dem Bau von Staudämmen, Kanälen und der Anlage von Reisfeldern, auf denen nicht nur Reis, sondern auch Baumwolle, Futterpflanzen, Obst und Gemüse wuchsen. Neue Siedlungen wurden gebaut, um Arbeitskräfte anzulocken. Nach dem Krieg wurde diese Kampagne fortgesetzt. In der Sowjetischen Enzyklopädie wird sie als große Errungenschaft dargestellt und als kluge Politik der Kommunistischen Partei präsentiert. Ich nenne einige Zahlen aus der Enzyklopädie: Allein in der Hungrigen Steppe, das ist das Gebiet nördlich der Stadt Taschkent bis zum Aralsee, wurden 200.000 Hektar Fläche bewässert. Das Wasser kommt aus dem Fluss Syrdarja. Mit dem Wasser aus dem zweiten großen Fluss, Amudarja, wurde eine Fläche von bis zu 2 Millionen Hektar versorgt. Das ist ein Gebiet zwischen der Hauptstadt der Republik Turkmenistan, Aschchabad, dem Kaspischen Meer, den Städten Buchara und Nukus und dem Aralsee. Über die Fehler und Umweltschäden, die dabei gemacht wurden, steht in der Enzyklopädie kein Wort. Aber sie sind gravierend, und aus dem erhofften Gewinn ist nicht viel geworden. Ich besuchte diese Gegend in den Jahren 1977 und 1978. Hier mein Eindruck: Die vielen Kanäle sind mehrere Jahre nicht geputzt worden und mit Schilf zugewachsen, und das Wasser kommt nicht dorthin, wo es gebraucht wird. Auch die Verteileinrichtungen (Akwiduks) sind in einem maroden Zustand und werden nicht erneuert. Das ist das eine, aber in einem noch schlimmeren Zustand sind viele Felder, auf denen nichts mehr wächst, weil der Boden versalzen ist.

Die Versalzung passiert wie folgt: Das viele Wasser, das auf das Feld kommt, verbindet sich mit dem salzigen Grundwasser. Auch in der oberen Wasserschicht steigt die Konzentration des Salzes. Durch die heiße Sonne verdunstet das Wasser, und das Salz bleibt auf der Oberfläche des Bodens liegen. Der Boden wird unfruchtbar. Es gibt Methoden, wie man den Boden wieder fruchtbar machen kann. Man kann ihn mit viel Wasser durchwaschen, das man mehrmals abfließen lässt. Dann gibt es noch Grünpflanzen, die auch auf dem versalzten Boden wachsen und das Salz mit der Ernte mitnehmen. Dazu gehört zum Beispiel Luzerne, die man vier bis fünf Jahre wachsen lässt und drei- bis viermal im Jahr zur Heugewinnung erntet. Die Methoden muss man miteinander kombinieren. Aber so, wie ich das sah, blieben viele versalzene Felder brach liegen.

Außerdem wucherte auf noch nicht versalzenen Feldern und auf den Erdwällen, die die Reistschecks umrahmten, Schilf, das die Kulturpflanzen unterdrückte und die Ernte verminderte. Am Ende blieb der erwartete Erfolg aus.

Das ist noch nicht alles. Das ökologische System wurde durch den Eingriff in die Natur zerstört. Besonders gelitten hat der Aralsee. Das Wasser der zwei großen Flüsse Syrdarja und Amudarja wird für die Bewässerung verbraucht, und ein großer Teil versickert im Sand. So wird der See Jahr für Jahr immer kleiner und trocknet bald ganz aus. Der wirtschaftliche Schaden ist immens groß. Der ehemals fischreiche See ist zu einem armen, toten Gewässer geworden. Eine riesengroße, vom Wasser freigewordene Fläche ist zu einer fruchtlosen, sandigen Wüste verwandelt.

Die Kommunisten brüteten in den 70er Jahren des 20. Jahrhunderts an einem noch größeren, gewaltige-

Winderosion auf dem Neuland in Kasachstan und Nordkaukasus. Umgebrochene Ursteppe.

ren Projekt. Es sollten die wasserreichen Flüsse Sibiriens, Tobol, Irtysch und sogar Ob, in die trockene Steppe von Kasachstan und Mittelasien geleitet werden. In den Schubladen von Projektbüros liegen heute noch solche Pläne. Es wurde auch praktisch an dem Projekt gearbeitet. Es wurden Sondierungsarbeiten für die Trassenverlegung von Kanälen, Schleusen und Pumpstationen durchgeführt. Darüber berichteten sowjetische Zeitungen. Mit dem Zerfall der Sowjetunion wurden diese Arbeiten aber eingestellt.

In den 70er Jahren wurden auch im Nordkaukasus Meliorationsarbeiten in großem Maßstab eingeleitet. Damit sollte das Wasser aus dem Fluss Kuban in die trockene Steppe der Region Stawropol am Kaspischen Meer geleitet werden. In der kurzen Zeit von fünf Jahren entstand der Große Stawropoler Kanal mit einer Länge von 250 Kilometern. An vielen Stellen überquerte der Kanal Senken und Täler. Das Wasserbett entstand durch von beiden Seiten angeschobene Erde, so dass der Kanal selbst höher lag als die Umgebung. In der Eile wurde das Bett nicht mit Betonplatten ausgekleidet. Das Wasser konnte durch die unbefestigten Wälle ausweichen, und entlang des Kanals entstanden Seen. Nach Schätzungen von Experten gingen bis zu 30 Prozent des Wassers verloren und konnten nicht für die Bewässerung genutzt werden. Außerdem bildete sich durch den gestiegenen Pegel des Grundwassers auf vielen Feldern eine sogenannte *„Zweite Versalzung"*. Der Boden wurde unfruchtbar, so wie in Mittelasien.

Noch eine weitere merkwürdige Kampagne lähmte die Landwirtschaft in allen Regionen der großen Sowjetunion; nennen wir sie einfach *„Maiskampagne"*. Alles begann mit einer Reise des Generalsekretärs der Kommunistischen Partei der Sowjetunion, *Nikita Sergeewitsch Chruschtschow,* in die USA. Dort besuchte er mehrere Betriebe amerikanischer Farmer und wurde davon überzeugt, dass Mais eine wichtige Futterkultur ist, die den höchsten Kalorienertrag im Vergleich zu anderen Futterkulturen pro Hektar auf die Waage bringt. Als er zurückkam, wurde durch Beschlüsse des Zentralkomitees der KPdSU und der Regierung Mais zur *„Königin der Felder"* gemacht. Es wurde Saatgut in den USA gekauft.

Mais und Zuckerrüben sollten helfen, die Landwirtschaft, besonders die Tierproduktion, aus der Krise zu holen und das Land mit Milch und Fleisch reichlich zu versorgen. Nikita Chruschtschow verkündete im Namen der Partei, dass die Sowjetunion bis zum Jahr 1980 als erstes Land auf der Erdkugel in die höchste Stufe gesellschaftlicher Entwicklung – in den Kommunismus – einsteigen werde. Dazu wollte man die USA in der Produktion von Nahrungsmitteln pro Kopf der Bevölkerung nicht nur ein-, sondern sogar überholen.

Das visionäre Programm wurde mit viel Tamtam verkündet. Zeitungen, Radio und Fernsehen – das gab es damals schon – überschlugen sich mit Erfolgsmeldungen über das schöne Leben in der Sowjetunion. Die Verantwortung dafür trugen wieder die Kolchosen und Sowchosen. Sie sollten dafür sorgen, dass der Kommunismus Wirklichkeit würde.

Unter Führung der Partei wurden in den Dörfern Seminare mit dem Thema durchgeführt, wie man Mais und Zuckerrüben im Fruchtwechsel mit Getreide zu Höchsterträgen bringen könnte. Sofort wurden auch neue Techniken für den Anbau dieser Kulturen entwickelt.

An den Seminaren mussten alle Spezialisten, Brigadiere und Mechanisatoren teilnehmen. Sogar ich, der den Mais als fertiges Futter sehen wollte, musste aufs Feld fahren und lernen, wie man Mais aussät. Außerdem gab es noch theoretischen Unterricht in Klassenräumen. Das ganze Land war in ein Maisfieber versetzt worden. Sogar im hohen Norden und hinter dem Ural in Sibirien wurde unter Druck der Partei Mais angebaut. Grünfutter aller Art, besonders wertvolle Leguminosen (Klee und

Luzerne) wurden von den Feldern verdrängt. Es war von vornherein klar, dass die Kampagne zum Scheitern verurteilt war. Dafür gab es mehrere Ursachen.

Erstens wurden die erhofften Erträge weder mit Körnermais noch mit Silomais erreicht. Die Felder waren ja nicht unkrautfrei. Nur dort, wo Frauen mit der Hacke das Unkraut bekämpften, konnte man verhältnismäßig gute Erträge erwarten. Oft fehlte das richtige Saatgut oder die komplexe Technik.

Zweitens ist der Mais zwar tatsächlich eine hervorragende Futterpflanze, aber nur in Kombination mit eiweißreichen Futtermitteln. Dazu zählen Sojaschrot, Sonnenblumenkuchen aus der Ölgewinnung u.a. Körnermais ist reich an Energie, aber arm an Eiweiß. Die Umstellung auf Futterrationen, die bei Kühen oft nur aus Maissilage und Stroh bestanden und bei Schweinen aus geschrotetem Körnermais, brachte nicht den gewünschten Erfolg. Die Milchleistung sank auf ein Niveau von 3 bis 4 Litern pro Kuh und Tag. Die Molkereien konnten aus dieser Milch keinen Käse mehr produzieren. Außerdem erkrankten die Kühe durch die übersäuerte Silage an Osteoporose. Die Kälber kamen geschwächt zur Welt, erkrankten an chronischem Durchfall und verendeten massenhaft. Auch die Fruchtbarkeit litt bei den Kühen stark.

Da das Grünfutter auf den Feldern verschwand und das Weideland umgepflügt und in Ackerland umgewandelt wurde, gab es auch kein Heu mehr für die Wiederkäuer (Rinder und Schafe).

Die Maiskampagne im ganzen Land führte dazu, dass in den Lebensmittelgeschäften Fleisch und Wurstwaren wie auch Milchprodukte und Käse verschwanden. Dem Land drohte eine Hungersnot, die in den 60er Jahren in den industriell entwickelten Regionen, z.B. in der Ostukraine (Donbas) und im Gebiet Rostow am Don zu Unruhen und Aufstand führte. Die durch den Generalsekretär N. Chruschtschow eingeleitete Maiskampagne und der Aufruf „In 20 Jahren steigen wir in den Kommunismus ein" begleiteten auch andere gravierende Eingriffe in das Geschehen auf dem Land. Man wollte doch die USA überholen, ohne sie einzuholen. Unter Druck von oben wurden Jungrinder und Schweine mit einem niedrigen, unausgereiften Lebendgewicht geschlachtet. Dadurch verschwanden Fleisch und Wurstwaren aus den Geschäften. Staatsreserven wurden angegriffen. 1967 war ich in meiner Aspiranturzeit in einem Fleischkombinat in der Stadt Tula, ca. 200 Kilometer südlich von Moskau. Dort kamen gerade aus dem Lager „Nowaja Semlja" im Nordmeer Fleischhälften von geschlachteten Bullen an und wurden in Wurstwaren verarbeitet. Die Tiere hatten beim Schlachten ein Lebendgewicht um die 200 bis 250 Kilogramm gehabt. Daraus konnte man schlussfolgern, dass die Bullen schlecht gefüttert worden waren und keine Zunahmen brachten. Nach dem Auftauen sah das magere Fleisch keinem Fleisch mehr ähnlich. Es war nicht mehr rosarot, sondern dunkelgrau. So unappetitlich sah auch die Kochwurst aus, die in der Not trotzdem verzehrt wurde.

In seiner relativ kurzen Zeit von ca. 8 Jahren als Generalsekretär der Kommunistischen Partei der Sowjetunion hat N. Chruschtschow durch seine verfehlte Politik der Landwirtschaft viel Schaden angerichtet. Dabei rede ich gar nicht davon, dass er die Sowjetunion an den Rand eines Atomkriegs mit den USA geführt hat, indem er versuchte, Raketen mit Atomsprengköpfen auf Kuba zu stationieren, und dass er beim Auftritt in der Vollversammlung der UNO mit seinem Schuh auf das Rednerpult klopfte, um Aufmerksamkeit zu erregen. Auf seinem Gewissen liegen schwerwiegende Entscheidungen: Weideland wurde in Ackerland umgewandelt. Damit wurden Erosionsprozesse verursacht, in den trockenen Steppen Russlands und Kasachstans durch Wind und in den Bergen durch Wasser. Dabei wurde auch viel Weideland vernichtet, das die Kolchosbauern für ihr privates Vieh genutzt hatten und damit gezwungen wurden, ihre Kühe abzuschaffen. Dann kam die Maiskampagne, die dazu führte, dass die Kühe nur Maissilage und Stroh als Futter bekamen, weil kein Heu mehr produziert wurde. Grünfutter auf den Feldern wurde durch Mais verdrängt. Ihre Aussaat wurde strengstens verboten. Infolgedessen sank die Produktivität der Kühe, ihre Milch taugte nicht mehr zur Käseproduktion. Sie selber litten an Osteoporose. Die Kälber kamen krank zur Welt und krepierten massenhaft. Die Mastbullen wurden im Alter von zwei Jahren mit einem Lebendgewicht von ca. 200 bis 250 Kilogramm mit einer schlechten Fleischqualität geschlachtet. Genau so bekamen die Schweine als Futter nur Maisschrot und wuchsen sehr langsam. Die gesamte Landwirtschaft erlebte eine schlimme Krise, und dem Land drohte eine neue Hungersnot.

1964 gab es einen Putsch, und N. Chruschtschow wurde abgesetzt. An die Macht kam *Leonid Iljitsch Breschnew*, der 18 Jahre lang die Geschicke der Partei, also auch der Landwirtschaft, leitete. Manches aus der Chruschtschow-Ära wurde kritisiert, als Fehler erkannt oder vergessen; aber die lahme Landwirtschaft kam nie in Schwung. Nur die gewaltigen Einkäufe von Getreide und anderen Nahrungsmitteln im Ausland retteten das Land vor einer neuen Hungersnot. Strukturelle Veränderungen in der Landwirtschaft gab es nicht. Das verkrustete Kolchos-Sowchos-System blieb erhalten und war eine der Ursachen, die zum Zerfall der Sowjetunion 1992 führten.

8. Die Landwirtschaft Russlands heute

Mein ehemaliger Kollege und Freund *Atamanchenko, Pjotor Michailowitsch*, der früher selbst Vorsitzender einer Kolchose war und auch heute noch auf dem Lande lebt und mit seinem Sohn *Wladimir* eine kleine private Wirtschaft betreibt (Garten, Kuh, Mastschwein, Hühner und Gänse), erzählte mir folgendes:

„Die Kolchosen existieren nicht mehr; aber die Privatisierung auf dem Lande verläuft ziemlich schleppend. Die Felder mit bester Bodenqualität befinden sich im Besitz von Firmen oder einzelnen Personen, die bestrebt sind, Getreide (überwiegend Weizen), Zuckerrüben, Sonnenblumen und andere Produkte, die für die weitere Verarbeitung abgeliefert werden, anzubauen. Relativ wenig Futterpflanzen wachsen auf den Feldern, weil sich auch der Bedarf reduziert hat. Die Rinderzucht ist drastisch zurückgegangen, besonders die Zahl der Milchkühe. Der schwierigste Zweig in der Landwirtschaft bei uns ist die Produktion von Milch. In den Lebensmittelgeschäften werden H-Milch in Tetrapackungen und Milchprodukte in Plastikbechern verkauft, die nach Russland importiert werden. Die ehemaligen Kuhfarmen stehen leer, weil niemand mehr die schwere Arbeit im Kuhstall machen will. Wir hoffen, dass mit der Zeit auch hier Bewegung stattfindet. Vom Staat müssen Förderprogramme und Investitionen eingeführt und getätigt werden, um die Tierproduktion anzukurbeln."

Im Internet gibt es eine zusammenfassende Analyse des Zustandes der Landwirtschaft Russlands in den Jahren 1999-2008. In der Präambel heißt es: „Mit Beginn des 20. Jahrhunderts hat die Landwirtschaft Russlands gravierende strukturelle Veränderungen erleben müssen. Stalins Reformen führten von privaten Bauernwirtschaften zum kollektiven Eigentum – Kolchosen und Sowchosen. Ende der 20er und Anfang der 30er Jahre, in der Zeit der Entkulakisierung und in der Zeit der ersten Fünfjahrpläne, verfolgte man das Ziel, das Agrarland Sowjetunion schleunigst zu industrialisieren. Das geschah auf dem Rücken der Landwirtschaft. Sie musste kollektiviert werden. Die Kampagne der Kollektivierung wurde mit Erfolg bis 1937 beendet.

Obwohl sich in den 70 Jahren kommunistischer Gesellschaftsordnung die landwirtschaftlich genutzte Fläche auf das Fünffache vergrößert hat und Betriebe mit viel Technik (denken wir an Lenins Traum – 100.000 Traktoren für die Landwirtschaft – W.L.) ausgerüstet wurden, stieg die Getreideproduktion nicht. ‚Das Russische Dorf' – ein geschichtliches Fundament Russlands – ist praktisch zerstört; die Initiative und die Entwicklung privater Bauernwirtschaften ist auf Null gesunken. Am Anfang des 20. Jahrhunderts wohnten in den Dörfern 87 Prozent der Bevölkerung. Am Anfang des 21. Jahrhundert sind es etwas mehr als 15 Prozent. Der Zerfall der Sowjetunion, ständiger Regierungswechsel, keine klare Landwirtschaftspolitik – alles zusammen brachte der Landwirtschaft keine positiven Ergebnisse, sondern die Situation hat sich sehr verschlechtert."

Als Grundlage für die Berechnung des Zuwachses der Produktion in der Landwirtschaft wird das Jahr 1999 genommen, weil bis dahin die Produktion seit 1992 von Jahr zu Jahr sank. In den letzten acht Jahren erreichte man eine Steigerung von 34,4 Prozent. Seit 2002 verzeichnet man wieder eine Verlangsamung der Steigerung. Es fehlen die private Initiative und qualifizierte Spezialisten, die diesen Wirtschaftszweig modernisieren könnten. Auch ist die Infrastruktur des Marktes unbefriedigend. All das wirkt sich negativ auf die Entwicklung des APK (Agrarindustrieller Komplex) aus.

Ein wichtiger Schritt in der Entwicklung des APK ist, dass die folgenden drei wichtigen Ziele Priorität erhalten: die beschleunigte Entwicklung der Tierproduktion, die Förderung der kleinbäuerlichen Betriebe und die

Schaffung optimaler Lebensbedingungen für junge Fachspezialisten und ihre Familien. Das bedeutet nichts anderes als die Rückkehr zu den privaten Bauernwirtschaften, die so brutal durch Stalins Reformen in seiner Zeit vernichtet wurden.

Im Programm der Entwicklung des APK ist von der Regierung Russlands die Vergabe zinsloser Kredite für die kleinen Bauernwirtschaften vorgesehen.

Das staatliche Programm für den Zeitraum 2008-2012 sieht eine weitere Steigerung der landwirtschaftlichen Produktion um 21,1 Prozent vor. Es wird ein durchschnittlicher Jahreszuwachs von 4,0 Prozent erwartet.

In dem genannten Zeitraum soll die Tierproduktion um 32,9 Prozent wachsen.

Es bleibt nur zu hoffen, dass die Steigerung nicht nur auf dem Papier stattfindet.

Das arme Russland quält sich mit seiner Landwirtschaft schon Jahrhunderte lang. Bauernkriege, Bauernaufstände im Mittelalter, Leibeigentum bis Ende des 19. Jahrhunderts, dann die Oktoberrevolution, Zwangskollektivierung mit Millionen von Opfern und jetzt wieder ein Schritt zurück, der wieder nicht einfach sein wird.

Es bewahrheitet sich meine These: Es war schwer, den privaten Bauern zu zerschlagen und von seiner Scholle zu trennen. Aber noch schwerer ist es, aus einem Land- oder Industriearbeiter wieder einen Bauern zu machen. Ein echter Bauer muss auf dem Bauernhof geboren sein, dort aufwachsen, Landwirtschaft studieren und erst dann den Bauernhof von den Eltern übernehmen und ihn weiterführen. Bauer zu sein ist eine Lebensform. Bauern tragen eine große Verantwortung. Sie haben es nicht leicht und haben es verdient, von der Gesellschaft geschützt und geehrt zu werden.

P.M. Atamanchenko hat mir auch aktuelles Zeitungsmaterial zugeschickt, das ich bearbeitet habe und mit dem ich zu folgender Schlussfolgerung komme:

In den 21 Artikeln aus zentralen und regionalen Zeitungen gibt es nur negative Berichte, die beweisen, dass sich die Landwirtschaft Russlands in einer tiefen Krise befindet. Ich nenne die Schwachstellen dieser Krise.

1. Die Landwirtschaftsbetriebe leiden an *Unterfinanzierung*. Einerseits zahlen sie an die Banken hohe Zinsen von 18 bis 23 Prozent, wenn sie Kredite bekommen haben. Anderseits bekommen sie keine Kredite, weil sie nicht liquide sind und sie verlustbringend arbeiten. Es wird beklagt, dass der Staat, die Regierung Russlands, die Landwirtschaft nicht unterstützt und nicht hilft, die Krise zu bewältigen. Das angekündigte Programm – der Staat übernimmt die hohen Zinsen, und die Kredite werden zinslos vergeben – funktioniert nicht, oder die geplanten Summen reichen nicht aus.

In der Zeitung „APK i Finanzy" vom 16. März 2009 werden Zahlen genannt: im Jahr 2008 hat der Staat über die russische Entwicklungsbank 4,0 Milliarden Rubel für die zinslosen Kredite investiert, im Jahr 2009 sind 10,5 Milliarden Rubel geplant (45 Rubel = 1,0 EUR). *Sergej Borisow* – Präsident der Organisation „Opora Rossii" – schätzt, dass der Bedarf doppelt so hoch ist. Er nennt auch die Schwierigkeiten, die viele Betriebe mit der Rückzahlung der Kredite haben. Hoffnungslose Situationen zwingen die Eigentümer sogar zu Selbstmord.

In derselben Zeitung schreibt *Anton Beljakow*, Mitglied der Staatsduma: Wenn wir der Landwirtschaft nicht helfen, auf die Beine zu kommen, werden wir auch weiter gezwungen sein, teure Lebensmittel im Ausland zu kaufen und verlieren dabei noch unsere souveräne Selbständigkeit. Paradox – über die Probleme der Landwirtschaft reden auch die obersten Persönlichkeiten des Staates, aber gleichzeitig verweigern die Banken den Bauern Kredite. Und wer die Kredite mit hohen Zinsen nicht pünktlich zurückzahlt, dem wird die teure Technik abgenommen. Es kommt soweit, dass die Bauern ihr Land mit Hakenpflug und Hacke bearbeiten müssen.

Gleichzeitig berichtet die Zeitung „APK i Finanzy" über steigende Preise für Lebensmittel. In einem Jahr ist der Preis für das wichtigste Produkt – Brot – um 24,4 Prozent gestiegen. Besonders teuer ist das Brot im fernen Osten des Landes. Auf der Insel Sachalin zahlt man für ein Kilogramm Brot 70 Rubel und mehr. Der erste Stellvertreter des Ministerpräsidenten, *Viktor Subkow*, spricht die Warnung aus, dass die Preise auch weiter steigen werden. Im nächsten Jahr könnten sie noch um 25 Prozent steigen. Die Regierung arbeitet an einem Gesetz, das der Preissteigerung Grenzen setzen soll.

Über hohe Jahreszinsen (18 Prozent und mehr) klagt auch die Zeitung „Rossiiskaja Gaseta" im Artikel vom 17. März 2009 (Autor: *Wjatscheslaw Aiwasow*).

2. *Kleine Hauswirtschaften* und *Datschen* spielen immer noch eine wichtige Rolle bei der Versorgung der Bevölkerung Russlands mit Nahrungsmitteln. Darüber schreibt in der Zeitung „Rossiiskaja Gaseta" vom 27. Februar 2009 der Doktor der Ökonomie *Gennadij Lisitchkin*.

Einerseits beklagt er, dass Eigentümer von Hausgärten keine Unterstützung vom Staat bekämen und ihre Rolle immer noch ignoriert würde. Oft würden sie geopfert und müssten weichen, wenn der Staat große Bauprojekte verwirklichen will oder wenn sie die Rückständigkeit Russlands in den Augen von Touristen und Gästen aus dem Ausland nicht zeigen sollen. Als Beispiel nennt G. Lisitchkin Sotchi, wo 2014 die Winterolympiade stattfinden soll. Dort werden die Datschen- und Garteneigentümer mit Gewalt vertrieben, um eine moderne Stadt zu zeigen.

Anderseits hat die 2008 durchgeführte landwirtschaftliche Zählung gezeigt, dass 40 Prozent der Milch, 60 Prozent des Rind- und Schweinefleisches, mehr als 90 Prozent von Kartoffeln, Gemüse und Obst in 10 Millionen kleinen privaten Hauswirtschaften produziert werden. Dazu kommen noch 40 Millionen Datschenbesitzer, die das Ihrige dazu für den eigenen Bedarf leisten. Alle diese Menschen buddeln in der Erde auch bei Regen und Hitze. Diese Arbeit hat man bis jetzt nicht geschätzt. Eigentlich war sie illegal. In der Sowjetzeit hat man vieles vernichtet. Und jetzt stehen wir vor einem Scherbenhaufen und sind auf den Import von Nahrungsmitteln angewiesen.

Der Anteil der importierten Nahrungsmittel beträgt 40 Prozent (in den Großstädten sogar 70 Prozent), bei Milch 25 Prozent, Butter 41 Prozent, Käse 31 Prozent, Fleisch 34 Prozent und bei Zucker 40 Prozent. Für die Einkäufe von Nahrungsmitteln wurden im Jahr 2007 28 Milliarden Dollar investiert.

Und weiter G. Lisitchkin: „Wir haben alles, um aus dieser kritischen Situation herauszukommen. Von der Natur aus hat uns Gott nicht benachteiligt. Russland verfügt um die 10 Prozent Ackerfläche. Auf einen Bürger Russlands kommen 1,3 Hektar Ackerland. Unsere humusreiche Schwarzerde wird in Paris als Standard höchster Qualität präsentiert. Wir besitzen 20 Prozent des Süßwassers, das auf der Erde so knapp ist, 25 Prozent des Rohholzes in Form von Wäldern. Das ist alles sichtbar. Nicht weniger Reichtum verbirgt sich im Schoß der Erde: 35 Prozent des Erdgases in bekannten Erdgasquellen und 8,0 Prozent des Erdöls. Insgesamt ein Drittel aller Energieträger befindet sich in Russland. Gelehrte haben ausgerechnet, dass das von der Natur gegebene Potenzial in Russland zweimal höher ist als in den USA, fünfmal höher als in Deutschland und 18-20 Mal höher als in Japan. *Was fehlt uns, um nicht abhängig von anderen zu sein, um unseren Lebensstandard und Wohlstand mit dem Lebensstandard und Wohlstand dieser genannten Staaten zu vergleichen?"* Auf diese Frage gibt G. Lisichkin keine Antwort und bittet jeden Leser, von sich aus eine zu finden.

Es ist klar, dass selbst G. Lisichkin auf diese Frage keine Antwort weiß, oder dass er in der Öffentlichkeit, um den russischen Stolz, die russische Seele nicht zu beleidigen, sich nicht klar und ehrlich dazu äußern will.

Auf diese Frage will ich zu antworten versuchen: die Russen sind in der Masse faul, aber sehr neidisch. Leider kann ihnen niemand den Wohlstand schenken. Sie müssen ihn sich selber erarbeiten. Russen sind kriegerisch gestimmt und stecken viel Geld in die Rüstung. Das war schon immer so, auch in der Sowjetzeit. Trotzdem sind sie wiederum in der Masse sehr gleichgültig. Sie brauchen nicht unbedingt ein schickes Haus oder ein schönes Geschirr auf dem Tisch, sind auch im Essen nicht besonders wählerisch. Wichtig ist für sie, dass sie genug Brot, Schweinespeck, Knoblauch und Zwiebeln und dazu Schnaps (Wodka) haben. Der Alkoholismus ist eine Volkskrankheit, die mit keinen Gesetzen oder irgendwelchen strengen Maßnahmen auszukurieren ist.

Russen sind Patrioten und stolz auf ihr Land, weil es das größte und das reichste auf der Erdkugel ist. Unter der Völkergemeinschaft nimmt Russland eine besondere Stellung ein, die man respektieren, aber auch fürchten muss.

Als meine Vorfahren im Nordkaukasus in der NEP-Zeit wohlhabende reiche Bauern waren, wohnten sie in einer Gegend, wo es rundherum arme russische Dörfer gab. Die Russen waren dankbar, wenn sie bei den deutschen Bauern als Knechte arbeiten durften und damit ihr Brot verdienten. Die Deutschen waren arrogant, hochnäsig und spotteten über die Russen. Sie nannten sie *„Bändler"*, weil ihre Wagen und ihr Pferdegeschirr armselig aussahen und mit Stricken und Bändel betriebsfähig gehalten wurden. So sind die russischen Dörfer und ihre Bewohner auch heute noch.

Die ärmsten russischen Dörfer befinden sich nicht an der Peripherie Russlands, sondern im Zentrum, in den Gebieten Tula, Orlol, Rjasan, Twer und anderen. Ich war 1973 in der Gegend als Gast meines Aspiranturfreundes *Kalaschnikow, Jurji Michailowitsch*. Er war Direktor eines Sowchoses, der sich auf Bullenmast spezialisiert hatte. Es war später Herbst, und die Straßen waren nur mit Traktoren befahrbar. Mit einem Jeep mit Allradantrieb hatten wir große Mühe, sein Haus zu erreichen. Es gab dort nur hölzerne, einstöckige Häuser aus runden Baumstämmen. Die Zimmer waren ziemlich dunkel, nicht nur weil die Fenster so klein waren, sondern weil auch die Wände dunkelgrau und unbekleidet waren. In der Mitte stand ein großer Tisch aus dicken Brettern und an beiden Seiten Bänke aus den gleichen dicken Brettern. Die Familie meines Freundes bestand aus fünf Personen: außer ihm seine Ehefrau und seine drei Söhne im Alter von 12 bis 17 Jahren. Am Tisch hatten sechs Personen Platz, je drei an einer Seite. Zum Abendbrot gab es die traditionelle Krautsuppe (Schchi). Eine große, hölzerne Schüssel mit der Suppe stand in der Mitte des Tisches, und jeder bekam einen großen, hölzernen Löffel und ein großes Stück Brot. Als erstes schenkte mein Freund für mich und sich in zwei 200 ml-Gläser Wodka ein. Der Hausherr sprach ein Begrüßungswort, und wir begannen alle, aus der Schüssel zu löffeln. Als zweites Gericht gab es auf hölzernen Tellern Salzkartoffeln mit einem großen Stück Fleisch mit Knochen. Jeder bekam auch ein Messer und eine Gabel. Beim Essen wurde am Tisch nicht geredet. Am Ende wurde Tee aus den Wodkagläsern getrunken. In der Teekanne wurden trockene Apfelschnitze angebrüht. Der Tee war durch die Schnitzel süß genug.

Das ist die russische Lebensart in den Dörfern, und zwar nicht nur im ursprünglichen Gebiet Russlands, sondern auch hinter dem Ural und in Sibirien.

Ich bin sicher, auch im 21. Jahrhundert wird sich daran nicht viel ändern.

So ein Bild, so einen Eindruck der russischen Mentalität habe ich in meinem Gedächtnis.

8.1. Missachtung der Tierzucht
und ihre dramatische Auswirkung auf die Landwirtschaft insgesamt

Über die Probleme der Landwirtschaft Russlands schreiben alle Zeitungen, zentrale und regionale. Besonders dramatisch ist es mit der Produktion von Nahrungsmitteln tierischer Herkunft, weil das der arbeitsaufwendige Wirtschaftszweig ist. Nicht umsonst gibt es in Russland ein Sprichwort: „Arbeit liebt die Dummen". Also: wer Tierzucht betreibt, ist der Dumme. Aber schon lange ist es bewiesen, dass hohe Erträge bei Getreide, Zuckerrüben, Mais, Sonnenblumen und anderen Ackerfrüchten auf die Dauer ohne Fruchtwechsel nicht erreichbar sind. Dabei nehmen die Gräser und Leguminosen eine wichtige Rolle ein. Der Fruchtwechsel garantiert zusammen mit der Anwendung von organischen Düngern die Fruchtbarkeit des Bodens, hilft beim Kampf gegen Krankheiten der Pflanzen und hält den Boden frei von Unkraut. Effektive, moderne Landbewirtschaftung erfordert ein gutes Zusammenspiel der Pflanzenproduktion mit der Tierhaltung. Die Wichtigkeit dieses Zusammenspiels steigt mit der Nachfrage in der Bevölkerung nach Bioprodukten. Die chemisch erzeugten Dünger und Pflanzenschutzmittel werden immer mehr aus der Praxis verdrängt. Das geht nicht ohne die Tierzucht.

Was jetzt in der Landwirtschaft Russlands passiert, kann man nicht anders als eine räuberische Ausbeutung der Bodenfruchtbarkeit bezeichnen. Die Errungenschaften der Landwirtschaftswissenschaften sind über Bord geworfen worden, und man ist in das Mittelalter zurückgekommen. Die sogenannten Bauern haben noch kein Gefühl in sich entwickelt, dass sie nicht nur Produzenten sind, sondern auch Verantwortung für die Zukunft haben. Sie wollen leichtes und schnelles Geld haben und handeln nach dem Motto: *„Nach uns die Sintflut"*.

Der Zustand der Tierproduktion ist in der kommunistisch geprägten Zeitung „*Rodina*" *(Heimat)* vom 19. März 2009 kurz beschrieben. Autor ist *Nikolai Porotow*: „Die Tierbestände aller Tierarten sind nach dem Zerfall der Kolchosen und Sowchosen drastisch gesunken. Mit den Tierbeständen ist auch das Produktionsvolumen tierischer Herkunft zurückgegangen. Damit ist auch die nationale Sicherheit des Staates gefährdet. Wir werden immer mehr vom Ausland abhängig.

Selbstverständlich passierte so etwas nicht zufällig, sondern durch die fehlerhafte antinationale Politik unserer Regierung, die dazu führte, dass sich alle Wunden der ‚marktwirtschaftlichen Reformen' öffneten.

Der Staat beschäftigte sich nicht mehr mit ökonomischen Problemen, zu denen auch die Landwirtschaft und besonders die Tierzucht gehören. Die verantwortlichen Staatsdiener hörten nicht auf zu behaupten, dass der Markt von alleine alles regeln würde und man diese ‚heilige Kuh' nicht schlachten dürfe. Infolgedessen verschwanden Tausende von Tierzuchtanlagen und die zu ihnen gehörenden sozialen und kulturellen Einrichtungen. Damit wurden die Lebensgrundlagen der Menschen auf den Dörfern zerstört.

An dieser Stelle soll erinnert werden, dass nach der Zeit des Sozialismus der Rinderbestand von 57 auf 28 Millionen gesunken ist. Genauso um die Hälfte reduzierten sich die Bestände anderer Tierarten. In der Jelzin-Ära verschwanden die Kuhfarmen und andere Anlagen wie das Geschirr vom Tisch während einer Schlägerei zwischen alkoholisierten Betrunkenen. In der Sowjetzeit wurden in der Russischen Föderalen Sowjetrepublik jährlich 38,3 Millionen Schweine geschlachtet. Im vergangenen Jahr 2008 waren es nur 16,2 Millionen. Der Bestand an Ziegen und Schafen sank von 58,2 auf 20,7 Millionen. Der Anlass für die ‚erfolgreichen Reformen' war ja gegeben; es wurden fleißig Schaschliks gebraten.

Man kann mit Sicherheit behaupten, dass kein Krieg,

auch der letzte nicht, keine Pest oder Cholera, keine Naturkatastrophe einen so großen Schaden an unserer Heimat angerichtet hat wie die ‚Pest der Reformwilligen'. Auch in der Zeit der Präsidentschaft Putins und später Medwedews hat sich nichts geändert. In den letzten zweiundhalb Jahren hat unser Land noch 500.000 Rinder, darunter 320.000 Kühe, verloren.

Wenn man die traurige perspektivlose Zukunft unserer Bauern betrachtet, so kann es im Lande große Unruhen geben. Schon heute ist allen klar, dass der Staat die Verantwortung übernehmen muss. Er kann nicht weiter gleichgültig und mit Abscheu die Situation der Bauern ‚beobachten'. Die Rückständigkeit der Landwirtschaft und die brutale Missachtung der Probleme der Bauern durch den Staat sind schuld an der Armut der Bevölkerung auf dem Lande.

Die heutigen machthabenden Staatsdiener wollen es nicht begreifen, wie wichtig es im strategischen Interesse unseres Staates und seiner souveränen Unabhängigkeit ist, eine gut funktionierende Tierproduktion zu haben. Anstatt die Arbeit in dieser Richtung zu organisieren, wird weiter der falsche Weg, den die Regierung vorgegeben hat, beschritten. Das bedeutet, nichts zu tun und alles dem Markt zu überlassen nach den Motto: ‚Der Markt wird es schon regeln.' Diese Position schadet unserem Land, verarmt die Bevölkerung in den Dörfern. Junge Leute verlassen die Dörfer, ziehen in die Städte und vergrößern die Zahl der Arbeitslosen und belasten unsere Sozialsysteme. Man kann sich kaum die Situation vorstellen, was passieren würde, wenn wir aufhörten, unsere Rohstoffe (Erdöl, Erdgas und viele andere) zu verkaufen, oder die Quellen versiegten, was uns in nicht ferner Zukunft tatsächlich erwartet.

Was dann? Eine große Hungersnot und ein neuer Krieg wären dann nicht vermeidbar. Heute beziehen wir die uns fehlenden Nahrungsmittel aus dem Ausland. Im Jahr 2008 wurden 1.711.000 Tonnen Fleisch importiert, das sind 14,9 Prozent mehr als ein Jahr davor. In der Zeit der Finanz- und Wirtschaftskrise wird der Import noch weiter erhöht, um die Geschäfte zu beliefern. Im Januar 2009 wurden im Vergleich zum Dezember 2008 27,9 Prozent mehr Rind- und Schweinefleisch, 73,7 Prozent mehr Geflügelfleisch, 22,5 Prozent mehr Fisch und 37,6 Prozent mehr Milch und Milchprodukte importiert. Das sind Zahlen, die die Regierung zum Handeln treiben müsste. Aber solches Handeln ist bis heute nicht erkennbar."

So schildert Nikolai Porotow die Situation der Landwirtschaft und besonders der Tierzucht in Russland im Jahr 2009. Ob sie im Jahr 2090 anders aussehen wird, ist fraglich.

Nicht besser sieht es in der Region Stawropol aus, in der ich 25 Jahre lang als promovierter Landwirtschaftsexperte gearbeitet habe und wo meine Vorfahren als reiche Bauern durch die Entkulakisierung und Zwangskollektivierung Ende der 30er Jahre ein unglückliches Schicksal erleben mussten. Darüber schreibt die regionale Zeitung für die Region Nordkaukasus „Argumenty i Fakty – Sewernyi Kawkas Nr.20, 2009" (Autor: *Anton Beljakow*, Mitglied der Staatsduma):

„Statistisch erfasste Zahlen für die letzten 20 Jahre zeigen, dass die Tierbestände, also auch die Tierproduktion, in unserer Region rückgängig sind. Vor der Auflösung der Sowjetunion 1990, als die Kolchosen und Sowchosen noch intakt waren, hatten wir einen Rinderbestand von 1.190.000 Stück – davon waren 410.000 Kühe und 738.000 Schweine, 6.547.000 Schafe und 26 Millionen Stück Geflügel. Im Jahr 1997, also fünf Jahre, nachdem Russland ein selbständiger Staat geworden ist, sind die Bestände schon sehr zurückgegangen. Der Rückgang hat sich auch in den folgenden Jahren fortgesetzt (siehe Tabelle)

**Tierbestände in der Region Stawropol
in den Jahren 1990 bis 2008** (in tausend Stück)

	1990	1997	2008
Rinder gesamt	1190 (100%)	598 (50,3%)	372 (31,3%)
davon: Kühe	410 (100%)	264 (64,4%)	181 (44,1%)
Schweine	738 (100%)	538 (72,9%)	532 (72,1%)
Schafe/Ziegen	6547 (100%)	2443 (37,3%)	1927 (29,4%)

Ähnliches geschah auch beim Geflügel. Im Jahr 2009 sollten laut Prognosen der Gebietsverwaltung 277.000 Tonnen Schlachtfleisch, 615.000 Tonnen Milch, 832 Millionen Eier, 6.300 Tonnen Wolle produziert werden. Das wäre eine Steigerung gegenüber dem Jahr 2008 im Durchschnitt um 8,0%. Es ist sehr fraglich, ob das auch wirklich erreicht wird. Dies wird nur dann gelingen, wenn es genügend Niederschläge gibt und keine Ernteausfälle stattfinden, also wenn die Natur mitmacht. Aber sogar bei solch einem Zuwachs werden viele Jahre benötigt, um das Niveau des Jahres 1990 zu erreichen.

Alle Erklärungen, die die Beamten parat haben, um die Rückständigkeit der Tierproduktion zu begründen, sind nicht überzeugend. Offensichtlich ist nur, dass die Machthabenden in der Region, auch die Regierung in Moskau, sich aus der Verantwortung gestohlen haben, weil das ein schwieriger Wirtschaftszweig ist, der viel Arbeit verlangt und um den man sich kümmern muss. Viel einfacher ist es, Getreide zu produzieren.

Die Situation ist so, dass sogar unsere landwirtschaftlich geprägte Region nicht in der Lage ist, sich selber mit Produkten tierischer Herkunft zu versorgen und darauf angewiesen ist, sie aus dem Ausland zu beziehen..."

Anton Beljakow ist einer von vielen, die sich über die Krise in der Landwirtschaft Russlands Sorgen machen. Dazu Fragen und Antworten von Landwirtschaftsexperten und Abgeordneten der Regionalduma in Stawropol:

Sergej Borisow, Präsident der Vereinigung mittelständischer Unternehmer „Opora Rossii" (Stütze Russlands), beklagt die mangelnde Unterstützung durch die Regierung und warnt: wenn sich nichts änderte, komme eine Zeit, in der es nichts anzuziehen und zu essen gäbe. Importe seien sehr teuer; aber die eigene Produktion falle zusammen. Zeitung „Argumenty i Fakty", Nr. 19/2009.

Ivan Bogatschow, Vorsitzender der noch existierenden Kolchose „Ternowskii", Mitglied der Regionalduma in Stawropol: „Es sind sehr wenige Betriebe geblieben, in denen der Tierzucht die verdiente Aufmerksamkeit geschenkt wird. ...Die heutigen Probleme in der Landwirtschaft sind chronische Probleme von gestern und vorgestern..." Zeitung „Argumenty i Fakty", Nr. 20/2009.

Viktor Dubina, Vorsitzender der noch existierenden Kolchose „Heimat", Mitglied der Regionalduma in Stawropol. Die Fragen stellte die Journalistin Alexandra Raschidowa: „Viktor Grigorjewitsch, *warum wollen in unserer landwirtschaftlich geprägten Region sehr wenige selbständige Bauern werden?*"

Antwort: „Dazu gibt es einen ganz einfachen Grund, weil es eine schwere Arbeit ist und man durch diese Arbeit nicht reich wird. Die Einkaufspreise für Getreide sind sehr niedrig. Trotzdem wollen viele nur Getreide produzieren und vergessen dabei, dass die Fruchtbarkeit des Bodens das auf die Dauer nicht zulässt. Es kann so weit kommen, dass wir morgen eine trockene Kalmykinsteppe haben werden.

A. Raschidowa: *Es ist bekannt, dass Arbeit in der Landwirtschaft kein Zuckerschlecken ist. Wie sieht es mit der staatlichen Unterstützung aus?*

Antwort: Bei uns wird nichts unternommen, was den Wohlstand der Menschen auf dem Lande erhöhen wird. Den Bauern erwarten täglich unangenehme Überraschungen. Für Kredite müssen die Unternehmer bis zu 23 Prozent Zinsen zahlen. Elektroenergie, wie auch Technik und Dieselkraftstoff, ist sehr teuer. Oder nehmen wir noch ein Beispiel: Durch Spätfröste wurden in unserem Betrieb 750 Hektar Zuckerrübenpflanzen vernichtet. Auch Maisfelder mussten neu bestellt werden. Der gesamte Schaden belief sich auf mehr als fünf Millionen Rubel. Die Versicherung zahlte uns nichts.

Wir haben einen großen Betrieb und können solche Wetterkapriolen noch irgendwie verkraften. Viel problematischer ist es für kleinere Bauernwirtschaften. Es müsste staatliche Programme geben, um solche Betriebe finanziell zu unterstützen. Die Bauern verdienen mehr Aufmerksamkeit.

A. Raschidowa: *Welche Probleme im APK verlangen aus Ihrer Sicht eine vorrangige Lösung?*

Antwort: Der technische und technologische Fortschritt erlaubt uns, mit den Arbeiten mit weniger Arbeitskräften fertig zu werden. Viele Menschen werden daher arbeitslos und sehen auf dem Lande keine Perspektive für sich. Infolgedessen ziehen besonders junge Leute in die Städte. Um diesen Prozess zu stoppen, müssten in den Dörfern Dienstleistungs- und Verarbeitungsbetriebe entstehen. Auch die vernachlässigte Tierhaltung müsste sich neu entwickeln. Das muss aber staatlich gefördert werden. Die Probleme auf dem Land sind vielschichtig. Die freie Marktwirtschaft kann sie nicht alle lösen. Kluge politische Entscheidungen sind gefragt.

Den Lesern mit Kenntnissen der russischen Sprache wird es interessant sein zu wissen, wie den Zustand der Landwirtschaft in Russland von Experten geschätzt und beurteilt wird. Dazu ein Artikel aus der Zeitung „Argumenty i Fakty" vom März 2009:

Почему наш пастух не стал ковбоем?

Поразмышлять над этим нехитрым вопросом предлагает известный публицист, доктор экономических наук и сам, кстати, бывший пастух,

Геннадий Лисичкин

«Человек будущего в России - мужик, также, как во Франции - работник».
(А.И.Герцен. «О социализме». Избранное. М. 1974 г. стр. 487).

Летом 1941 года нашу московскую школу № 266 Ростокинского района спешно эвакуировали в глубокий тыл - в Пермскую (Молотовскую) область.

В селе, куда нас привезли, ощущалась острая нехватка рабочих рук, поэтому нас, школьников, колхоз часто привлекал на посильные полевые работы. Мне же, великовозрастному, предложили работать пастухом.

Так я, минуя промежуточную должность подпаска, сразу стал ответственным человеком, командовавшим довольно большим стадом. Моя забота была найти хороший выпас и почаще гонять коров на водопой. Все остальное время я мог резвиться, собирать в лесу ягоды, грибы, измыслить, как умел. Таким раскладом обе стороны были довольны. Но уже тогда во мне по-явилось опасное чувство поиска социальной справедливости. Колхозное стадо, хоть и сытое, возвращалось на ферму без особого энтузиазма, а стадо личного скота колхозников наоборот, - резво и весело. Точно так же ведут себя детишки, которых из детского садика забирают заботливые родители.

Дело в том, что каждая хозяйка привечала свою корову коркой хлеба с солью, а на ужин бросала в кормушку еще и охапку свежей травы. И вот только за эту дешевую, но душевную заботу корова давала больше молока, чем мои сироты. Пастбища-то были одинаковые, а контакт хозяйки со своей кормилицей дает дополнительный эффект. Ласковое слово, говорят, и кошке приятно.

И вот главное отличие пастуха от ковбоя: пастух, даже самый гуманный, остается всегда вохровцем, надсмотрщиком. Между ним и стадом всегда «берлинская стена». У ковбоя со своим стадом «семейные» отношения. У пастуха же стадо чужое, поэтому у него не может быть таких «семейных» отношений. Он в лучшем случае домработница в семье, но не домохозяйка. Отсюда и разные результаты их деятельности. Со своим стадом надо грамотно и душевно обращаться не только во время откорма, но и на конечном его этапе.

Расскажу один такой случай из своей деревенской практики. Когда скот отправляют на мясокомбинат, то всех животных подряд, без разбора, суют в одну машину, которая довозит их до железнодорожной станции, где опять же всех подряд, без разбору, суют в товарный вагон. Животные, как люди, переживают глубокий стресс, не зная зачем и за что их куда-то везут. И вот из дальних степей, в духоте или холоде прибывает мясной эшелон в Москву, на знаменитый комбинат им. А. И. Микояна. Иногда его „пассажиров" кое-как кормят какие-то тетки-дядьки, иногда они же дают даже водицы напиться. Результат предсказуем - за время транспортировки теряется половина того, что нагуляно за лето.

Умный человек, естественно, не я, в одном хозяйстве подрядился сэкономить на транспорте и прогнать стадо пешочком, не торопясь, с удобными привалами, водопоями. На комбинат он пригнал не с нормативной потерей веса («усушка, утряска»), а с привесом. Деньги за полученный привес положил себе в карман, считая, видимо, это справедливой оплатой интеллектуального труда. Мужика судили. Что дали - не знаю. Важно то, что судили. Судили за то, что он поступил как ковбой, а не как пастух, лишенный права рассуждать и принимать самостоятельные решения. Вот еще один из примеров неэффективности наемного труда в сельском хозяйстве.

Работая несколько лет председателем колхоза, я смог очень скоро понять, что хозяином земли являются не колхозники, а райком-обком. Они диктовали сколько и чего сеять, а урожай приказывали сдавать под метелку государству, не оставляя не только фуражного, но и семенного зерна. Поэтому падеж скота был фантастический. Ни один самый матерый американский ковбой не смог бы избежать инфаркта при виде колхозного стада на выходе из зимовки. Тут нужна особая, партийная закалка, которой порой не хватало даже закаленным советским хозяйственникам. Ну, все это описано нашими «деревенщиками», все это выстрадано до того, что при такой системе в конце концов колхозы, совхозы рассыпались как карточные домики. Крестьяне подумали, а власти им пообещали, землю, наконец, дать тем, кто на ней живет и ее обрабатывает. Не тут-то было. Крестьяне получили из «общего котла» свой земельный пай, на котором и одну лошадку с коровенкой не прокормишь. Конечно, теперь можно взять у нищего соседа его пай в аренду, но ведь сельский арендатор такой же нищий, как и все односельчане. Да и сам институт аренды очень ненадежен, поскольку небольшевики сто раз могут поменять ставку арендной платы или просто согнать с земли во имя реализации более грандиозных планов.

Мы помним, какой скандал вокруг земли был в подмосковном Бутове, когда владельцы огородиков зубами вцепились в свои потомственные грядки, не желая покинуть обжитые места. Мэр Лужков обвинил их в «жлобизме», но противостоять ему могли только люди с характером защитников Брестской крепости. Но много ли с тех пор осталось таких героев и в том ли они возрасте, чтобы сражаться с таким титаном, как Лужков? Сейчас более масштабная воинская кампания разворачивается в Сочи, где хотят провести «Олимпиаду-2014» и где садики и огородики населения мешают продемонстрировать величие России.

Читатель может сердито заметить, что обижать садоводов, огородников и домашних животных великий грех, но при чем здесь экономический кризис, сотрясающий страну? Оказывается, очень даже при чем. Многие надеются, что только Медведев и Путин с группой приближенных олигархов и банкиров способны спасти страну от надвигающейся катастрофы. Но это не совсем так. Россию, как всегда это бывало в нашей истории, спасут крестьяне, если наши власти перестанут, как выражается Медведев, их «кошмарить».

Сельскохозяйственная перепись 2008 года показала, что около 40 процентов молока, 60 процентов говядины и свинины, более 90 процентов картофеля, овощей, плодов производится в 10 миллионах личных подсобных хозяйств и трудом более чем 40 миллионов садоводов и огородников. Но все эти люди копаются в земле и в дождь, и в жару полулегально. Правительство решило было их легализовать, объявив дачную амнистию. Но пока «амнистировано» менее 10 процентов трудяг этого фронта.

30 миллионов семей претендуют на свою «реабилитацию». Не хочется верить, что она произойдет традиционно, т.е. посмертно. На своих участках эти люди работают не как наемники, не как тот пастух, которому все по фигу, как тому солдату, который спит, а служба идет. Все они наши возможные будущие «ковбои», но у них связаны руки, ноги и нет, кроме мотыги, тех орудий труда, которыми работает свободный человек в свободном обществе.

Нельзя забывать, что племя ковбоев стало у нас быстро расти и крепнуть после отмены крепостного права, а начиная с 1906 года при Столыпине население Сибири увеличилось на полмиллиона человек в год. Валовой сбор зерна повысился с 174 млн. пудов в год до 287. Пришлось, чтобы оградить от конкуренции помещиков из центра России, вводить в Челябинске таможенный барьер. В огромных количествах из Сибири пошло за границу сибирское масло. А все потому, что не пастухи, не люмпены, а «ковбои-профи» получили землю и поддержку властей. Потом советская власть их истребила и мы имеем то, что имеем. А что именно? Отвечу: импорт продовольствия превышает 40 процентов, в крупных городах более 70 процентов. Причем доля импортного молока достигла 25 процентов, сливочного масла - 41, сыра - 31, мяса - 34, сахара - 40 процентов. На закупку продовольствия в 2008 году израсходовано почти 28 млрд. долларов.

Запад был в страшном шоке, когда произошли недавно перебои с поставкой газа. А что если, не дай Бог, и нам завтра перекроют «кислород» в поставках самых жизненно важных продуктов? Будем ли мы спокойно, как прежде, смотреть на пустые прилавки магазинов и терпеливо стоять в очередях, чтобы «отоварить» незабываемые продуктовые карточки? Не знаю.

И все-таки при чем же наше сельское хозяйство и экономический кризис? Да прежде всего при том, что по экспертным оценкам «свыше половины прироста инфляции обусловлено именно приростом розничных цен на продовольствие». А борьба с кризисом это, в первую очередь, борьба с инфляцией. Ведь инфляция бьет по карману миллионов покупателей, что сокращает рынок до такого предела, что даже ходовые товары оседают на торговых складах и производство их сворачивается, увеличивая и без того опасную армию безработных.

Что же делать, чтобы сельское хозяйство стало тем главным рычагом, который позволит повернуть всю экономику вспять от пропасти? Об этом много, подробно, аргументированно говорят наши ведущие экономисты, но их голоса пока не доходят до тех, кто отвечает за состояние дел в экономике. А у нас есть абсолютно все, что необходимо грамотным людям для налаживания нормальной жизни в стране. Природными условиями Бог нас не обидел. На долю РФ приходится почти 10 процентов мировой пашни. На каждую душу выпало 1 га пашни и 1,3 га сельхозугодий. Наши черноземы выставлены в Париже как стандарт высшего качества. К тому же мы располагаем 20 процентами дефицитной в мире пресной воды, 25 процентами древесины. Это то, что на виду у всех. А в недрах таятся не меньшие богатства - 35 процентов разведанных запасов газа и 8 процентов нефти. Одна треть мировых запасов энергоносителей в России. Ученые подсчитали, что природный потенциал России в 2 раза выше потенциала США, в 5 раз выше, чем в Германии, в 18-20 раз выше, чем в Японии. Чего же нам не хватает, чтобы не нищенствовать, а кататься как сыр

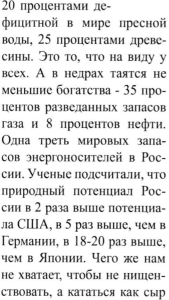

И сам не гам, и другому не дам.

в масле? Денег? На этот вопрос так отвечает А. Аганбегян, учитывая тот дождь нефтедолларов, который пролился на Россию за последние годы: «На эти деньги можно было бы построить новое государство». Так чего же тогда нам все-таки не хватает? На этот вопрос пусть ответит каждый читатель самостоятельно. Автор же этой статьи продолжает искать свой ответ.

Геннадий ЛИСИЧКИН,
доктор экономических наук.

Schlusswort

Das riesengroße Land Russland mit seinen unerschöpften Möglichkeiten hatte schon immer Probleme mit der Landwirtschaft gehabt. Denken wir an das Mittelalter. Schon im Mittelalter gehörte das Land den Großgrundbesitzern (Pomeschchiki), den Kirchen und den vielen Klöstern. Die Masse der Bauern bildeten landlose Landarbeiter oder Knechte. Durch Gesetze der Jahre 1497 und 1550 wurden die Bauern zu Eigentum von Großgrundbesitzern erklärt. Die Zeit der Leibeigenschaft begann. Sie durften ihre Dörfer ohne Genehmigung ihres Besitzers nicht verlassen. Viele junge Männer suchten einen Ausweg aus dieser Situation, indem sie heimlich in die Grenzregionen des russischen Reiches flohen und kazu den Kosaken kamen, die die Rolle der Landverteidiger übernahmen. Kosakentum war aber die Ausnahme. Die Mehrzahl der Bauern litt unter der Strenge der Leibeigenschaft. Man durfte sie schlagen, ins Gefängnis stecken, kaufen und verkaufen.

Die Unzufriedenheit der Bauern, ihre Rechtlosigkeit veranlasste sie zu Protesten, sogar zu Bauernkriegen. Ein großer Bauernkrieg unter Führung des Bauern *I. Bolotnikow* fand Anfang des 17. Jahrhunderts statt. Die Bauernarmee wurde brutal zerschlagen. Bolotnikow selbst wurde durch Ertränken in einem Kloster hingerichtet.

Der nächste Bauernkrieg unter Führung von *Stepan Rasin* fand in demselben Jahrhundert von 1667 bis 1670 statt. Und 100 Jahre später, von 1773 bis 1775, gab es einen neuen Bauernkrieg unter Führung des Kosakenataman *Jemeljan Pugatschow*.

Die von mir hier erwähnten waren die großen Bauernkriege, an denen Tausende, ja Hunderttausende Bauern teilnahmen. Es gab aber auch viele kleinere, lokale Aufstände. Die Bauern kamen nie zur Ruhe. Sie kämpften für ihre Freiheit, für die Abschaffung der Leibeigenschaft. Und immer waren sie auf der Verliererseite.

Das Bauernproblem musste auf andere Art gelöst werden. Am 30. März 1856 gab es ein Treffen von Vertretern des Adelsstandes mit Zar Alexander II. Im Protokoll dieses Treffens stand: *„Auf Grund der angespannten Lage im Lande ist die beste Lösung der Bauernfrage eine Lösung von oben."* Somit wurde eine große Bauernreform eingeleitet. Sie sollte der Leibeigenschaft ein Ende setzen. Am 19. Februar 1861 unterschrieb Zar Alexander II. das Manifest, mit dem den leibeigenen Bauern die Freiheit gewährt wurde. Dabei wurde jedem Bauern (es zählten nur die Männer) ca. 4,0 Hektar Land als Eigentum zugewiesen. Später, vor der Oktoberrevolution 1917, ist diese Fläche auf 6,0 Hektar erhöht worden.

Die Reform von 1861 wirkte sich positiv auf die landwirtschaftliche Produktion aus. Sie stieg von Jahr zu Jahr und erreichte ihren Höhepunkt 1913, also kurz vor dem Ersten Weltkrieg. In der Sowjetzeit wurde dieses Niveau nie mehr erreicht. Das bestätigen die sowjetische Statistik und führende Landwirtschaftsökonomen.

Nach der Reform von 1861 gab es auch weiter Großgrundbesitzer (Pomeschtchiki). 1918 wurden sie durch die *Leninsche* Bodenreform enteignet. Grund und Boden gehörten im ganzen Land jetzt dem Staat. Auf dem frei gewordenen Boden entstanden die ersten Kommunen und Staatsbetriebe. Die Bauern, die das Land selber bearbeitet hatten und auf dem Land wohnten, konnten weiter in ihren Betrieben wirtschaften.

Nach der Oktoberrevolution 1917 und nach dem Bürgerkrieg 1919 bis 1921 folgte in Russland 1921/1923 eine große Hungersnot. Lenin erkannte die kritische Situation auf dem Land und führte die Neue Ökonomische Politik (NEP) ein. Die Bauern konnten ihre Betriebe auf dem Staatsland weiterführen. Hoffnung und Optimismus kehrten in die Familien zurück, und dem Hunger wurde erst einmal ein Ende gesetzt. Aber die an die Macht gekommenen Kommunisten konnten das so nicht lassen, weil Privateigentum mit dem Sozialismus nicht vereinbar war.

Die Kommunisten waren sich zunächst nicht einig, wie man mit den Bauern weiter verfahren sollte. Nach langen Streitigkeiten siegte Stalins Plattform. Im Programm der Kommunisten stand an erster Stelle die beschleunigte Industrialisierung des Landes, und die konnte nur auf dem Rücken der Bauern stattfinden. Und so entschied man sich für die Enteignung der Bauern und die Kollektivwirtschaften auf dem Land.

Kollektivierung stand nun auf dem Programm. Sie wurde mit Gewalt und mit viel Tamtam durchgeführt. Kolchosen und Sowchosen sollten die Bevölkerung mit Nahrungsmitteln und die Industrie mit Rohstoffen versorgen. 59 Jahre dauerte dieses „Experiment", und in diesen vielen Jahren war die Sowjetunion ständig auf den Import von Getreide und anderen landwirtschaftlichen Produkten angewiesen.

In der Landwirtschaftspolitik, wie auch in anderen politischen Entscheidungen, gab es nie eine Kontinuität. Von der Privatwirtschaft ging es zur Kollektivwirtschaft und dann wieder zur Privatwirtschaft. Was einmal kaputt gemacht wurde, kann man nicht in kurzer Zeit wieder in Ordnung bringen. So kam es dazu, dass nur sehr wenige ehemalige Genossen jetzt das undankbare Schicksal eines privaten Bauern erleben wollen. Die neuen Präsidenten und Regierungen Russlands würden gerne in das Jahr 1913 zurückkehren, aber leider... Und so kränkelt die Landwirtschaft Russlands heute weiter, und ein Ende ist in Zukunft nicht abzusehen.

Eine besondere Rolle in der Landwirtschaftspolitik Russlands spielten die deutschen Bauern. Sie kamen scharenweise nach Russland, als *Ekaterina II.* auf den Zarenthron gestiegen war. Die Bauern wurden mit mehreren Vergünstigungen ins Land gelockt: Befreiung von Steuern auf mehrere Jahre, Religionsfreiheit auf Dauer, Befreiung vom Militärdienst (Mennoniten und Templer), Zuteilung von bis zu 50 Hektar Land pro Familie u.a. Dabei verfolgte die zaristische Regierung mehrere Ziele. *Erstens:* Das freigewordene und dünn besiedelte Land musste nach dem gewonnenen Krieg mit der Türkei besiedelt und kultiviert werden. *Zweitens:* Die deutschen Dörfer entstanden am Rande des russischen Reiches und bildeten so zusammen mit den Kosakenstanizen einen Schutz gegen Überfälle durch Nachbarvölker. *Und drittens:* Die deutschen Bauern sollten den russischen Bauern die modernsten Methoden der Landbewirtschaftung beibringen.

Die ersten zwei Ziele wurden durch die deutschen Übersiedler in passiver oder teilweise auch in aktiver Form erfüllt. Zum Beispiel waren die deutschen Bauern in den Dörfern im Nord- und Südkaukasus gezwungen, ihre Verteidigung gegen Übergriffe der moslemischen Völker selber zu organisieren.

Was das dritte Ziel betrifft, so gibt es keine eindeutigen Nachweise, wie die Erfahrungen der deutschen Bauern auf die russischen übertragen wurden. In mehreren historischen Quellen gibt es Hinweise, dass die deutschen Bauern sehr souverän wirtschafteten und wenig Kontakt zur umliegenden Bevölkerung pflegten. Getroffen hat man sich in den Mühlen und auf den Basaren. Bis 1871 wurde in den Schulen nur auf Deutsch unterrichtet. Durch die Integrationspolitik des Zaren Alexander II. wurden die Schulen gezwungen, den Unterricht auch in russischer Sprache einzuführen. Darüber berichtet *Dietrich Dyck*, der selber als Lehrer tätig war, in seinen Erinnerungen.

Trotzdem hat die Landwirtschaft in Russland vieles von den deutschen Bauern geerbt. Dazu zählt die Dreifelderfruchtfolge in den trockenen Steppengegenden mit Brache im vierten Jahr. Auch die produktivsten Sorten von Getreide und anderen Feldfrüchten wurden übernommen. Am stärksten profitierte die Tierzucht. Die

Deutsche Rote Rinderrasse hat sich im Süden Russlands vom Schwarzen Meer bis nach Westsibirien und die Altairegion verbreitet. Auch die Pferderassen spielten ursprünglich, aber auch heute noch, eine wichtige Rolle. Das Weiße Edelschwein, so auch mehrere Hühnerrassen, wurden von den deutschen Bauern nach Russland eingeführt. Ein wichtiges Zuchtzentrum für feinwollige Merinoschafe, *Askania Nowa,* entstand im Gebiet Saporoshje (heutige Ukraine). Die ersten Zuchttiere wurden von den deutschen Bauern aus Australien nach Russland importiert.

Es gibt keine statistisch relevanten Zahlen über den Anteil von Getreide und anderen landwirtschaftlichen Produkten am Gesamtvolumen, der durch deutsche Bauern produziert wurde. Man kann mit Sicherheit behaupten, dass es ein beträchtlicher Anteil war. Man kann ca. zwei Millionen Bauernhöfe annehmen, die eine Flache von ca. 100 Millionen Hektar Land bewirtschafteten. Jedenfalls gab es im 19. Jahrhundert keine große Hungersnot. Die deutschen Bauern waren überwiegend erfolgreich, führten einen fairen Handel und wurden reich. Dieser Reichtum wurde ihnen später zum Verhängnis.

In der Sowjetzeit nannte man sie Kulaken. „*Kulak*" bedeutet auf Russisch geballte Faust, die zum Schlagen bereit ist. Neidgefühle und Hass waren allgegenwärtig. Die Kommunisten schürten den Hass und haben das Wort „Kulak" zu einem Schimpfwort gemacht. Was damals mit den deutschen Bauern passierte, wiederholt sich heute in manchen afrikanischen Staaten, zum Beispiel in *Simbabwe*. Dort werden die weißen Farmer, die die Ernährung des Landes sicherten, auch enteignet und verjagt.

Die panslawistische Bewegung des 19. Jahrhunderts in Russland, unterstützt durch den Adel, die Mehrheit in der Bevölkerung und die Regierungsbeamten, verlangte die schnelle Integration der Deutschen in die russische Gesellschaft. Der Druck wurde so stark, dass Zar

Alexander II. 1871 per Gesetz alle Privilegien der deutschen Bauern abschaffte. Zu den neuen Auflagen gehörte die Auferlegung von Steuern, die Verpflichtung zum Militärdienst, der Schulunterricht in russischer Sprache u.a. Das bedeutete auch, dass die deutschen Bauern nicht mehr unter dem Schutz der Regierung standen. Die nächste Regierung des Zaren Nikolaus II. schmiedete sogar Pläne, die deutsche Bevölkerung nach Sibirien umzusiedeln. Verhindert haben dieses Vorhaben der Erste Weltkrieg und die Oktoberrevolution. Stalin konnte es aber im Herbst 1941 nach dem Ausbruch des Zweiten Weltkrieges mit höchster Brutalität verwirklichen. Lesen Sie dazu meine Bücher „Schicksal der Deutschen in der Sowjetunion" und „Der steinige Weg – Die Geschichte einer Tempelgemeinde mennonitischer Herkunft".

Quellennachweis

Atamanchenko, P.M.: Boris Goncharov. Aspirantura i Shisn, 2008 (in russischer Sprache)

Bergen, Jakob: So lebten wir in Russland, Lichtzeichen-Verlag 2005

Bretschneider, Max: Erinnerungen. Die Seiten meines Lebens, Erkrath 1998

Dynastien, Die Romanows

Dyck, Dietrich sen.: Mein Weg durch dieses Leben, Tempelgesellschaft Stuttgart 1992

Dmitro Zlepko: Der ukrainische Hunger-Holocaust, Helmut Wild-Verlag 1988

Enzyklopädie der Sowjetunion, Buch 8/9, Moskau 1975

Heimatbücher der Landsmannschaft der Deutschen aus Russland 1990/91, 92/94, 95/96, 97/98, 2000/01

Hermann, Leo: Die Wahrheit über die große Lüge, Buch 1, Die Führer (russisch), Sankt-Petersburg 2001

Jenn, Johanna: Die Geschichte einer Familiengeneration, Meppen 2004

Lange, Walter: Schicksal der Deutschen in der Sowjetunion, 3. Auflage, Lichtzeichen-Verlag 2009

Lange, Walter: Der steinige Weg, Lichtzeichen 2009

Luzenko, Semjon: Kolchos ‚Proletarskaja Wolja' (in russischer Sprache), Stawropol 1955

Mantler, Heinrich: Lager Kimpersai (in russischer Sprache), Kaliningrad 2004

Popowskij, Mark: Artikel aus der Zeitung ‚Washington Post', Juni 1978

Solschenizyn, Alexander: Archipel Gulag, Buch 7 (in russischer Sprache), Moskau 1991

Statistische Daten: Über die Landwirtschaft Russlands. Das Jahr 2008, Internet

Wolter, Gerhard: Die Zone der totalen Ruhe, W. Weber-Verlag 2003

Zeitungen aus Russland der Monate März, April, Mai 2009: ‚Heimat' ‚Argumenty i Fakty' ‚Rossiiskaja Gaseta'

Zeittafel
Geschichte in Daten und Zahlen

1497	Beginn der Leibeigenschaft für die Bauern in Russland. Einführung des
1498	Jurjewtages, 27. November. Nur an diesem Tag hatten die Bauern freie Wahl.
1550	Verstärkung durch neue Gesetze der Leibeigenschaft, Abschaffung des Jurjewtages. Die Bauern wurden zum Eigentum der Pomeschtchiki erklärt.
1606/08	Der große Bauernkrieg unter Führung von Ivan Bolotnikow.
1608	1. März: Hinrichtung des Ivan Bolotnikow durch Ertränken im Eisloch.
1646	Einführung einer Salzsteuer in Russland.
1648	Aufstand der Bauern und Stadtbewohner in Moskau gegen die Salzsteuer.
1662	Gründung der Siedlung 'Deutsche Vorstadt' (Nemezkaja Sloboda) in Moskau.
1667-1671	Der große Bauernkrieg unter Führung des Kosakenatamans Stepan Rasin.
1671	10. Juni: Hinrichtung des Bauernführers Stepan Rasin in Moskau.
1682-1725	Peter der Große, russischer Zar, an der Macht.
1695-1696	Erster Krieg gegen die Türkei, Abgrenzung von den Krimtataren.
1703	Gründung der Stadt Sankt Petersburg.
1705-1708	Bauernaufstände unter Führung von Kondratij Bulawin, die durch Befehle des Zaren Peter der Große brutal niedergeschlagen werden.
1727	Es erscheint die erste deutsche Zeitung in Russland, „St. Petersburger Zeitung" (1916 verboten. 1991 wieder gegründet).

1763	22. Juli – Manifest der Kaiserin Katharina II.: Aufruf an Ausländer zur Einwanderung nach Russland.
1764-67	Gründung der ersten deutschen Kolonien an der Wolga.
1773-75	Großer Bauernkrieg unter Führung des Kosakenatamans E. Pugatschow.
1774-92	Russland erobert in zwei Kriegen mit der Türkei das gesamte Küstenland am Schwarzen Meer zwischen Dnjestr und Kuban, einschließlich der Halbinsel Krim (Taurien, Neurussland).
1789	Gründung der ersten Kolonie der Mennoniten: Chortiz am Dnjepr.
1804	Manifest des Zaren Alexander I. (1801-1825): neue Einladung zur Ansiedlung deutscher Bauern im Schwarzmeergebiet.
1804-24	Gründung zahlreicher Kolonien im Schwarzmeergebiet durch Einwanderer aus Süddeutschland und Danzig.
1825	14. Dezember: Dekabristenaufstand gegen Monarchie und Leibeigenschaft.
1834	Gründung der Kolonie Gnadenfeld an der Molotschna.
1842	Kodifizierung aller Freiheiten, Rechte und Pflichten der Kolonisten und Verleihung der Bürgerrechte an die Kolonisten im ganzen Zarenreich.
1856	Treffen des russischen Adels mit dem Zaren Alexander II.: Verhandlungen zur Abschaffung der Leibeigenschaft.
1861	19. Februar: Manifest des Zaren Alexander II. über die Abschaffung der Leibeigenschaft tritt in Kraft.
1863	Gründung der Tempelgemeinde von Gnadenfeld.

1864-68	Einwanderung der Wolyniendeutschen nach Russland.
1867-68	Übersiedlung der Templer an den Kaukasus und Gründung der Kolonien Tempelhof und Orbeljanowka.
1871	18. Januar: Gründung des Deutschen Reiches; Bismarck erster Kanzler.
1871	4.-16. Juni: Aufhebung des Kolonialstatus der ‚ausländischen' Kolonien, Aufhebung der Selbstverwaltung der deutschen Kolonien in Russland.
1874	Einführung der allgemeinen Wehrpflicht für Kolonisten in Russland; Protest der Mennoniten. Beginn der Auswanderung der Mennoniten nach Nord- und Südamerika.
1879	7. Oktober: Bildung des deutsch-österreichischen Bündnisses. Folge: Verschlechterung der Lage der Deutschen in Russland.
1887	Die deutschen Kontoralschulen in Russland werden unter Aufsicht des staatlichen Schulinspektors gestellt.
1891	In deutschen Schulen Russlands wird der Unterricht in deutscher Sprache eingeschränkt und Russisch als erste Unterrichtssprache eingeführt.
1897-98	Gründung der Kolonien Olgino und Romanowka in der Gegend 'Suchaja Padina', Nordkaukasus.
1905-07	Erste Revolution in Russland gegen die Alleinherrschaft und für soziale Gerechtigkeit.
1908	In der Kulundasteppe (Sibirien) entsteht ein geschlossenes deutsches Siedlungsgebiet.

1914	1. August – Ausbruch des Ersten Weltkriegs. Ca. 300.000 Russlanddeutsche dienen in der russischen Armee. Auch Mennoniten sind als Sanitäter und Versorger dabei. Trotzdem werden die 'inneren Deutschen' zu Feinden des Russischen Reiches erklärt.
1915	2. Februar: Zar Nikolaus II. unterschreibt das Liquidationsgesetz. Der Landbesitz der Deutschen entlang des westlichen Grenzstreifens von 150 km wird annulliert. Ca. 200.000 Kolonisten aus Wolhynien und dem Westen des Schwarzmeergebiets werden enteignet und zwangsweise nach Sibirien und Mittelasien umgesiedelt.
1917	12. März: Februarrevolution, Abdankung des Zaren Nikolaus II.
1917	7. November – Oktoberrevolution, die die Welt veränderte.
1917	7. November – Dekret über die Nationalisierung von Grund und Boden, proklamiert durch W.I. Lenin.
1918	3. März: Frieden von Brest-Litowsk; Repatriierungsklausel zugunsten der Deutschen in Russland.
1918-19	Bürgerkrieg in Russland, Flucht der Olginoer und Romanower vor den Roten in die Berge.
1918	19. Oktober: Gründung der autonomen Kommune der Deutschen an der Wolga.
1921-22	Große Hungersnot in Russland, viele Tausende Menschen verhungern.
1921-27	Neue Ökonomische Politik (NEP); vorübergehende Erholung in den deutschen Kolonien und in Russland allgemein.

1924	6. Januar – 20. Februar. Gründung der Autonomen Sowjetrepublik der Wolgadeutschen mit der Hauptstadt Engels (Prokopjewsk).
1927	Letzte Gründung einer deutschen Siedlung im Osten Russlands am Amur.
1928	Beginn der Zwangskollektivierung in der Landwirtschaft mit begleitender Enteignung und Entkulakisierung; Schließung der Kirchen.
1932	Die letzten Templerfamilien werden gezwungen, Olgino und Romanowka zu verlassen.
1932-33	Die zweite große Hungersnot in Russland, verursacht durch die Zerstörung der privaten Bauernwirtschaften.
1933	30. Januar: Hitler mit seiner NSDAP kommt an die Macht. Die Kommunisten und Sozialdemokraten werden in Deutschland verfolgt.
1934	5. November: Annahme des geheimen Beschlusses des ZK der WKP(B) ‚Über die Arbeit mit der deutschen Bevölkerung in der UdSSR'. In diesem Beschluss wird durch die Partei vorab über die Deportation der Russlanddeutschen nach Sibirien und Kasachstan entschieden. Vollzogen wird die Deportation durch den Beschluss des Obersten Sowjets der UdSSR vom 28.8.1941.
1933-38	Verstärkte Ausdehnung der Diskriminierungsmaßnahmem gegen die deutsche Bevölkerung in der Sowjetunion. In diesen Jahren werden nahezu zweihunderttausend Sowjetdeutsche verhaftet, erschossen, in GULAG-Lagern eingesperrt und dort umgebracht.

1938	Alle deutsche Rayons in der Sowjetunion werden aufgelöst.
1939	23. August: Abschluss des Deutsch-Sowjetischen Nichtangriffspaktes; Okkupation der baltischen Republiken durch die Sowjetunion, Aufteilung Polens. Verfolgung gegen deutsche Bevölkerung lässt vorübergehend nach.
1939	Acht Tage später, am 1. September, Überfall Deutschlands auf Polen. Beginn des Zweiten Weltkriegs.
1941	22. Juni: Überfall Deutschlands auf die Sowjetunion, Fortsetzung des totalen Weltkriegs.
1941	28. August: Erlass des Obersten Sowjets der UdSSR über die Annullierung der Wolgadeutschen Republik und die Deportation aller Deutschen aus dem europäischen Teil der UdSSR nach Sibirien und Kasachstan.
1941	Dezember: Gründung der so genannten Trudarmee (Arbeitsarmee); Zwangsmobilisierung der deutschen Männer im Alter von 15 bis 55 und Frauen im Alter von 16 bis 45 Jahren zu Zwangsarbeit in die GULAG-Lager.
1944	Ca. 350.000 Russlanddeutsche fliehen vor der Roten Armee in den Warthegau, wo sie die deutsche Staatsangehörigkeit erhalten, aber dann 1945/46 aus allen Besatzungszonen nach Sibirien deportiert werden.
1944	Einführung der Sonderbewahrung (Zwangsansiedlung) der Deutschen.
1945	12. Januar: Beginn der sowjetischen Winteroffensive auf deutschem Boden. Viele Deutsche auf der Flucht.

1945	8. Mai: Kapitulation Deutschlands.
1946	26. November: Dekret des Obersten Sowjets der UdSSR: Verbannung der Sowjetdeutschen in die neuen Siedlungsgebiete wird gesetzlich auf ‚ewige Zeiten' festgelegt. Das Verlassen der Ansiedlungsorte ohne Sondergenehmigung wird mit Zwangsarbeit bis zu 20 Jahren geahndet.
1953	5. März: Stalins Tod.
1955	22. Februar: Durch Beschluss des Deutschen Bundestages werden die im Krieg erfolgten Einbürgerungen von Russlanddeutschen anerkannt. 9.-13. Sept. – Besuch des Bundeskanzlers Konrad Adenauer in Moskau. Aufnahme diplomatischer Beziehungen. 13. Dezember – Dekret des Obersten Sowjets der UdSSR über die Aufhebung der Beschränkungen in der Rechtsstellung der Deutschen, die sich in den Sondersiedlungen befinden. Abschaffung der Kommandantur. Aber Rückkehr in die ehemaligen Heimatorte und Rückgabe des konfiszierten Vermögens bleiben verboten.
1957	Erscheinung der ersten deutschen überregionalen Zeitung ‚Neues Leben' im Verlag ‚Prawda' in Moskau.
1959	24. April – deutsch-sowjetisches Abkommen über die Familienzusammenführung. Nur wenige schaffen es, die Sowjetunion zu verlassen.
1964	29. Aug. – Erlass des Obersten Sowjets der UdSSR über die Rehabilitierung der Sowjetdeutschen und Aufhebung des Deportationsdekrets vom 28.8.1941.

	Aber keine Entschädigung und keine Wiederherstellung der Autonomen Republik an der Wolga.
1965	Januar: Erste Delegation der Wolgadeutschen in Moskau mit dem Ziel der Wiedererstellung der Autonomie und Gerechtigkeit. Auch weitere Delegationen und Petitionen sind erfolglos.
1972	3. November: Erlass des Obersten Sowjets der UdSSR, der es den Russlanddeutschen erlaubt, den Wohnort frei zu wählen. Das Wort ‚Entschädigung' wird nicht erwähnt.
1975	Internationale Konferenz in Helsinki. Auch in der Sowjetunion spricht man über Menschenrechte, aber die Breschnjew-Ära ist noch lange nicht zu Ende.
1986	Michael Gorbatschow bringt die Politik ‚Glasnost und Perestroika' (Öffentlichkeit und Umbau) auf den Weg, die 1992 zum Zerfall der Sowjetunion führt.
1986	28. August: Neues Gesetz über Erleichterung von Ein- und Ausreise. Beginn der Massenauswanderung der Russlanddeutschen in die Bundesrepublik. Bis 2006 sind es mehr als 2 Millionen.
1991	26. April: Verabschiedung des Gesetzes ‚Über die Rehabilitierung der repressierten Völker in der Sowjetunion'.
1992	8. Januar: Auftritt des russischen Präsidenten Boris Jelzin im Fernsehen, wo er verkündet, dass es auf keinen Fall ein deutsches Autonomiegebiet an der Wolga geben werde.
1992	Auflösung der Sowjetunion. Es entstehen 15 neue selbständige Staaten, darunter die Russische Föderale Republik.

Dank

Für die Überlassung der Zeichnungen für das Titelblatt und zum Thema „Landwirtschaft in Russland" bin ich Herrn *Harry Lange*, Müllheim im Schwarzwald, zu großem Dank verpflichtet.

Ein herzliches Dankeschön an *Dr. Peter Bulke* für die Fehlerkorrektur und Mithilfe bei Gestaltung des Textes.

Einen besonderen Dank an meinen Freund und ehemaligen Kollegen *Atamanchenko, Pjotor Michailowitsch*, der mir russische Zeitungen zugeschickt und mir persönlich viel über die heutige Situation in der Landwirtschaft Russlands erzählt hat.

Einen herzlichen Dank auch an Peter Lange für Fehlerkorrektur und Satzherstellung in einer PDF-Datei.

25. Februar 2010
Dr. Walter Lange, Kelsterbach

Der Autor

Dr. agr. *Walter Lange* ist am *30. Dezember 1935* im deutschen Dorf Luxemburg (Georgien) geboren. Seine Eltern waren Rolf und Isolde Lange geb. Lange. Der Vater war Buchhalter von Beruf, die Mutter Hausfrau. Nach der Verhaftung des Vaters durch den KGB wurde er mit seiner Mutter und der zweijährigen Schwester nach Kasachstan deportiert. Dort wuchs er in der Folge dieser Zwangsansiedlung in einem kasachischen Dorf auf.

1952 Studium an der Zooveterinär-Hochschule in Semipalatinsk. Ab 1957 tätig in Praxisbetrieben als Tierzuchtleiter. 1968 Promotion in Moskau zum Doktor der Agrarwissenschaften. 1968 bis 1981 Abteilungsleiter der Abteilung Tierproduktion im Forschungsinstitut in Stawropol, Nordkaukasus. 1981 Umsiedlung mit Familie in die DDR. Arbeit im Institut für Energie- und Transportforschung in der Landwirtschaft in der Stadt Meißen bis 1992. 1995 von der Gesellschaft für Technische Zusammenarbeit (GTZ) als Entwicklungshelfer nach Kasachstan delegiert. Dort baute er einen Dienstleistungsbetrieb für die neuen privaten Bauernwirtschaften auf. 1999 Rückkehr nach Deutschland mit der Entlassung in den Ruhestand 2000. Das Schreiben erlebter Geschichten und Schicksale der Deutschen in der Sowjetunion wurde zu seiner alltäglichen Tätigkeit im Ruhestand.

Die erste Erzählung „Meine Begegnungen mit Tschetschenen und Karatschaewer" ist in Band 1 der Anthologie des R.G. Fischer Verlags „Dokumente erlebter Zeitgeschichte" erschienen. Das erste Buch „Schicksal der

Deutschen in der Sowjetunion" wurde vom Verlag Lichtzeichen im Oktober 2005 auf den deutschen Buchmarkt gebracht. 2009 ist die dritte Auflage erschienen. Im Februar 2009 ist sein zweites Buch „Der steinige Weg" mit dem Untertitel „Geschichte einer Tempelgemeinde mennonitischer Herkunft in Russland" erschienen. Vor Ihnen liegt sein drittes Buch „Warum mussten wir in der Sowjetunion und Russland hungern?" Weitere Bücher und Erzählungen sind in Arbeit.

Dr. Walter Lange

Das Schicksal der Deutschen in der Sowjetunion
Überarbeitete Neuauflage mit Zeittafel
Walter Lange

Im Gegensatz zum Faschismus, gibt es wenige Veröffentlichungen über die Verbrechen der Kommunisten in der Sowjetunion in den Kriegsjahren und danach. Sehr wenig bekannt ist das Schicksal der Deutschen in der Sowjetunion, die durch den Krieg und seine Folgen besonders stark gelitten haben.
400 Seiten, Paperback
BN: 70-5-739   € 9,95

Der steinige Weg
Walter Lange

Bauernsöhne, denen das Schicksal eines Soldatensöldners, eines Knechtes oder Tagelöhners zu werden, nicht in ihre Lebensvorstellungen paßte. Sie suchten den Ausweg, erstens, neues Land zu erwerben und zweitens, den kriegerischen Auseinandersetzungen aus dem Weg zu gehen. Dazu bietet die Mennonitenbewegung und später die Bildung einer Tempelgesellschaft eine klare Alternative.
400 Seiten, Paperback
BN: 70-5-898   € 12,80